パンガー県カオラック。
自家用車は私の頭上でまるで前衛芸術のように
超現実的に存在していた。

パンガー県タクワパー郡バーンムアン寺院。
もし地獄というものが存在するのだとしたら、
きっとそこはこんな感じの風景なのだろう。

津波
アンダマンの涙
白石昇
สึนามิ
น้ำตาอันดามัน
หินขาว มังกรบิน
めこん

กระดานที่ 1
MISSING

プーケット県庁舎の掲示板前（2004年12月29日）

目次

■バンコクとタイ南部の被災6県

第1章 プーケットへ

二〇〇四年一二月二六日（日）
クラビと日本からの電話

朝一〇時頃、めったに鳴らない携帯電話が鳴った。

その時、私はバンコク都内にある自分の部屋で起きてから三時間以上もパソコンの前に座っていて、仕事開始からもう一年半以上も経過している翻訳をだらだらといじりながら、ああ来年もこんな気分でこの仕事続けるんだろうな、いったいいつ終わるんだよ？　などと考えていた。そのせいで私は、携帯が鳴っていることにしばらく気づかなかった。

電話から「津波があったんです。逃げてきたんです。一緒に行った人はみんな大丈夫ですから、僕を知っている誰かに聞かれたらそう伝えて下さい」という声が聞こえた。タイ南部のクラビ県に遊びに行ってる友人だった。わかりました伝えますと答えるとすぐに「何人も死んでる人がいると思います。そのうちニュースとかで言うと思います。とにかくこっちは大丈夫ですから、気づいてすぐ走って逃げたから」と友人は言った。わかりました津波ですね大丈夫なんですねと確認して私は携帯電話を切り、それからまた仕事を続けた。

二〇時頃、私はタイ字新聞を読む会の忘年会に参加した。みんなで韓国風焼肉食い放題の食事をしていると参加者の中からクラビに行っている友人の話が出た。彼もこの会のメンバーだったのだ。私は、津波があったらしいですけどちゃんと逃げたみたいですよ、と伝える。そう話しながら私は、津波があったってことはどっかで地震があったのだろうなと考えていた。

そこでまた携帯電話が鳴った。長い電話番号が表示されている。おそらく国際電話だろう。誰だろう？　と思いながら私は携帯電話に手をかける。携帯からはいきなり「ああやっと出てくれた白石さあん」と言う声が聞こえた。友人のカメラマン、Gさんの声だった。

地震どうですかバンコクは？　Gさんはいきなりそう聞いた。何それ？　と答えそうになって私はクラビ県からの電話を思い出し、そのことを伝えた。瞬時に電話の向こうでGさんの声色が変わり、その人と直接連絡取りたいんで連絡先を教えてくれませんか？　と言う。私は普段、許可なく他人の個人情報を教えたりはしないが、なぜかこのときは致し方なく教えなければならないような気がして、友人の携帯電話の番号を伝えた。少しだけ、友達をマスコミに売ったような気持ちになった。じゃとりあえずその人に連絡取ってからまた改めて電話します。あの明日くらいにそっちに行くかもしれませんいや多分行きます。出来たら白石さんに通訳とか仕事頼みたいんで何日か時間取っていただけると有難いんですけど、まあまた電話しますから、とほとんど一方的にそう言ってGさんは電話を切った。

二三時頃にアパートに戻ると、一階の雑貨屋では、何人もの人がテレビに釘付けになっていた。テレビでは主に被害状況と死者数、寄付の受付先などを告げていた。私はテレビ画面に映し出されているサイトのアドレスを頭の中に記憶させる。被災者のリストを公開している保健省のサイトだ。いったん部屋に戻り、パソコンを持って近所のネット屋に行った。情報を集めなければならない。私はネット屋の閉店時間までいろんなサイトからタイ語の情報をパソコンの中に保存していった。作業をしながら時折文字や画像の断片を目にするだけでも事実の重大さが私にのしかかってきた。それは圧倒的な現実だった。

現地で人間が、確実に、何百人も死んでいた。

二〇〇四年一二月二七日（月）

死者六百二十七人

部屋でパソコンを起動すると、Ｇさんからのメールが二通入っていた。一通は取材助手依頼で、もう一通は、携帯が通じないから何とかしてくれ、という内容だった。昨日、電話で話す前に送信したメールだろう。パソコンに取り込んだ情報によると、現在プーケット国際空港は閉鎖されているらしかった。空港が閉鎖されるほどの地震って、そんなにひどかったのか？　と私は思い、保存しておいたタイの日刊紙やニュースサイトの報道ページなどを読んでみる。震源地がインドネシアの洋上だということと、津波が起きて死者が出ていること、現地で輸血用血液が不足していることがわかった。

私は着替えを三日分くらいと、筆記用具、そしてタイ英、日タイの辞書をそれぞれ一冊ずつ準備した。他に持っていくべきものは思いつかなかった。さらに情報を細かく読み進めていったが、昨日の午前中にプーケット島に津波がきて、現在二五七名の死亡者が出ているということ以外はあまりよくわからない。私は出勤時間まで返信が滞っていたメールを書くことにした。眠かったが、眠る気はなかった。メールには明日からプーケット島に行くかもしれないということは伏せておいた。

だんだん空が明るくなってきたので水浴びをすませて出勤した。そして途中で大衆紙タイラットと、値段は国内紙の倍以上もする英字新聞ネイションを買った。事務所に着くとまずパソコンをネットに繋ぎ、メール送信と情報のチェックをする。死傷者をデーターベース化した保健省のサイトは繋がらなくなっていた。各紙のサイトや買ってきた新聞によるとプーケット県よりもカオラックという場所の被害が深刻らしい。だが、カオラックなんて地名、聞いたこともなかった。南部には行ったことがあったが、私はプーケットなど、半島の西側に行ったことはない。

昼食の時間になり、私は事務所の社長であるウドム・テーパーニット氏に、今日か明日からプーケットに行って日本の報道の仕事を手伝おうと思うんだけど問題ないか？　と聞く。彼はタイ国でもっとも有名なコメディアンで、私は彼の本を翻訳する条件で、彼の事務所で仕事するための机と一日二回の食事を与えられていた。ここの仕事納めは明日二八日だから明日から行くのであれば一言断ってから休むべきだと思ったのだ。ウドム氏は、こんな緊急時に現地で仕事を手伝うのはいいことだからぜひ行った方がいい、と言ってくれた。

食事が終わると事務所の人が、プーケット国際空港が閉鎖されたのは昨日だけで、今日からは通常通りだと教えてくれた。テレビで見たらしい。私はまずネットに接続して、タイ航空の時刻表をプリントアウトした。そして保健省のサイトにアクセスして、被害者を国籍別に検索してみる。そこで初めて日本人が見つかった。名前がわからない日本人の女性が一人、プーケット県のワチラ病院にいて重体だということだった。私はすぐにそのことをGさんにメールしてから、何通か届いていた日本の知人からの安否確認メールに「バンコクにいます。プーケットなんか行ってません。無事です。ご安心下さい」という内容の返信をしていった。現在バンコクにいてこれから現地に行くのだからウソではない。返信しているとGさんから電話がかかってきた。今夜こっちに来ることが決まったと言う。二三時に日本からの飛行機でバンコク国際空港に着いたら、ホテルか空港で落ち合って、明日朝の一番早い便で現地に向かいたいらしい。電話が終わると私は事務所が閉まる一八時まで仕事を続けた。信じられないくらい仕事は進んだ。なぜこんなときに限って仕事が進むのが不思議だった。昨夜一睡もしてなかったが全然眠くない。アパートに戻ってもその状態は続いた。ネット屋に行きパソコンを接続して被災者のリストを確認すると、一九時現在で病院に収容されたことが確認された人は死者を含めて六百二十七人。だが、Gさんが求めている邦人被災者の情報はなかった。さらに安否確認のメールが何通も来ていたので、

とりあえず大丈夫です。←

http://d.hatena.ne.jp/whitestoner/20041226

詳しいお返事はまたあらためて。ご心配おかけしましたです。それでは。

という文章をペーストして返信しまくった。そしてネット屋を出てバスに乗ると戦勝記念塔を目指した。空港に行くにせよ都心のホテルで落ち合うにせよ、まずは交通の便がいいところまで出ておいたほうがいい。バスに乗るとすぐにGさんが電話してきて、到着したから、このままホテルに直行すると言った。戦勝記念塔に着くと私は思い切ってタクシーに乗った。プーケット行きの始発便に乗るのであれば、明日の出発は朝七時だから合流するのは早い時間のほうがいい。手持ちの現金は二百バーツほどだったが、キャッシュカードは持ってきたし、正式に雇われることが決まったら彼が何とかしてくれるだろう。

時間は零時を過ぎようとしていた。

■プーケット県、クラビ県、パンガー県

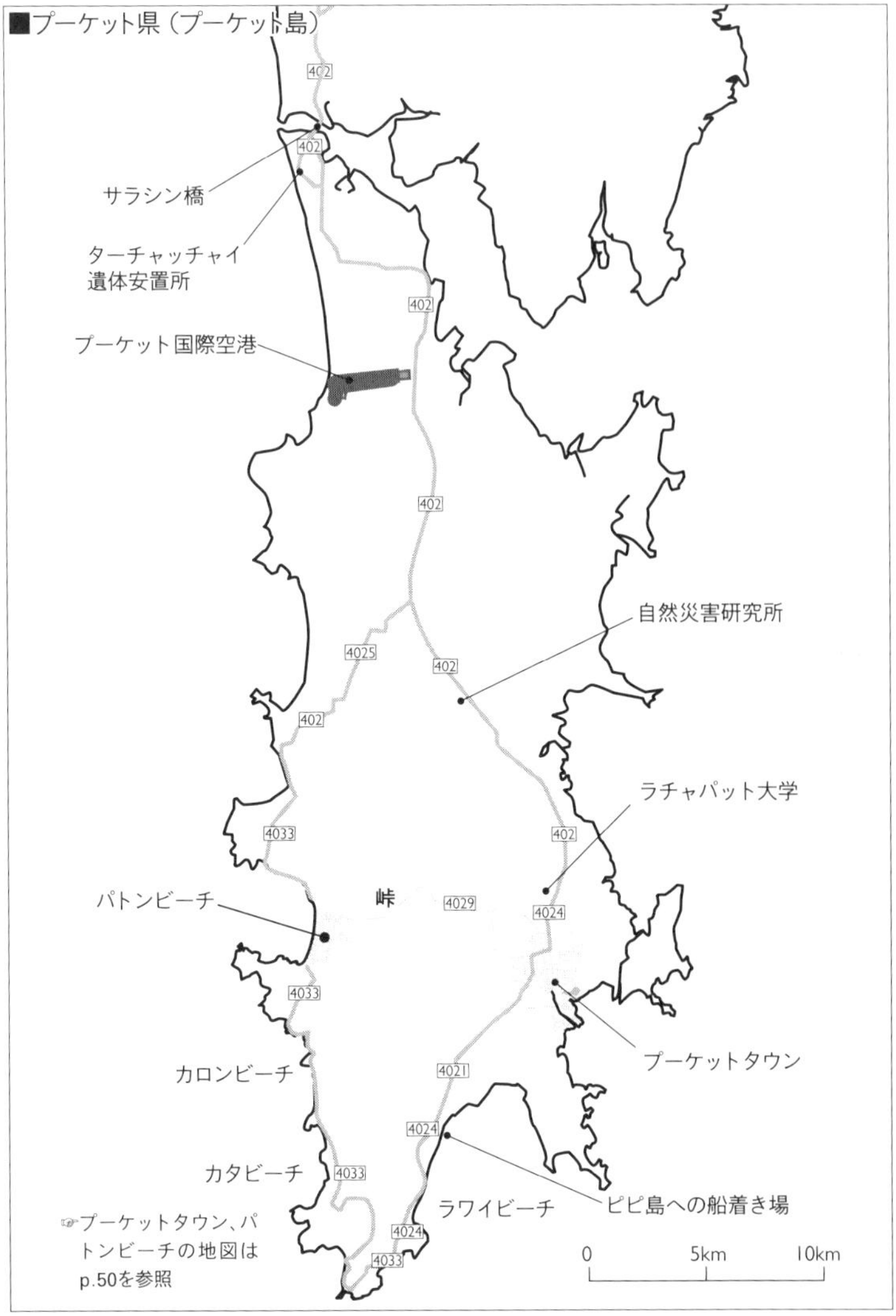
■プーケット県（プーケット島）
402
サラシン橋
ターチャッチャイ
遺体安置所
プーケット国際空港
402
4025
自然災害研究所
402
4033
ラチャパット大学
パトンビーチ
峠
4029
4024
4033
プーケットタウン
カロンビーチ
4021
4024
カタビーチ
4033
ラワイビーチ
ピピ島への船着き場
☞プーケットタウン、パトンビーチの地図はp.50を参照
0
5km
10km

二〇〇四年一二月二八日（火）

初めて見る遺体

　ホテルの部屋に入るとGさんが「すいませんねえ急な話で」と言いながら出迎えてくれたが、私は彼の姿よりもまず部屋を充たしている荷物に目を奪われた。ノートパソコンと数台の一眼レフカメラを持ってきているのはわかるが、何だこの二〇〇一年宇宙の旅のモノリスみたいな四角い物体は？

　これ、インマルなんですよ衛星電話。電話通じないと記事とか写真送れないですから持ってけって言われたんですけどね会社に、しかもよりによってこんなでかいヤツを、と彼は言った。ああそうかそうだな現地のインフラが壊れてて電話使えなかったりしたら取材した情報送れないんだよなあ、と思ってたら部屋のドアがノックされ、長身でしっかりと上体に筋肉がついた男の人が入ってきた。たぶん私と同じくらいの年だろう。まだ四十歳は超えてないはずだ。Gさんから、先輩の記者の人でバンコク支局にいたことがある人なんです、と紹介された。私はあらためて彼が所属している報道会社の規模を思い出す。よくよく考えてみれば今回のように緊急で大規模な災害取材で、カメラマンを一人だけ派遣するということは考えにくい。記事を書く人は別に必要なのだ。私は調べておいた国内線プーケット行きの時刻表を見せ、始発は朝七時だということをふたりに告げた。じゃとりあえずそれに乗るということで、明日五時半頃ロビーに集合しましょう、と言って先輩記者は部屋に戻っていった。

私とGさんは、軽く機材の点検などをかねてお互いのパソコンをネットに繋いでみた。Gさんはモデムを二つと国際携帯電話カード、LANケーブルなどを持っていた。質問すればもっといろんなものが出てくるのだろうが、私は何も聞かずに保健省のサイト内で検索をかけてみる。すると日本国籍の怪我人が七人確認できた。そのことを彼に告げると、とりあえずそのデータ、保存しておいてください、と言われ、私は自分のパソコンに保存した。保健省のサイトはかなり情報がとっちらかった状態らしく、各地で手書きやタイプ打ちの書類をスキャンして画像としてアップロードしていた。これが国籍性別年齢別に検索できるようなデータベースになるには、少なくとも明日にならなければ無理だろうな、と私がつぶやくとGさんは、白石さん、助手の報酬はいくらがいいですか？　と聞いてきた。そんなこと言われてもこんな仕事やったことないし、どれくらいの額なのかまったく予想がつかない。私は彼にそう告げると、いや僕もわからないんですけど、海外取材の助手経費は日当で最低これくらいらしいんですよね、と言って彼は米ドルで金額を告げた。それは私の住んでいるアパートの一ヵ月分の家賃を軽く超える金額だった。私は、うんやるやるいいよそれで、と即答する。緊急でやりがいがある仕事なのは間違いないし、そもそも私は普段収入がないのだから断る理由はない。じゃ、とりあえず寝る前になんか食いに行きましょうか？　と彼は言った。

その瞬間から、私は彼に雇われた報道助手になった。

私はGさんとふたりで部屋を出ると、ホテル前の屋台に向かって歩いていった。時間はとっくに二時を過ぎている。屋台に座ってラーメンを食べながら、要するに通訳のほかに具体的に何をすればいいんですか？　と私は質問した。Gさんは二杯目のラーメンに箸をつけながら、まあ通訳と取材の助手なんですけど、具体的なことは行ってみないとわかりませんね。でも大丈夫ですよ白石さんなら、会社で話が出た時から白石さんしかいないって思ってましたから、と言う。何が大丈夫なのか私にはよくわからなかったが、とりあえずGさんが自信たっぷりな笑顔でそう言うので、それ以上何も考えないことにした。彼とは十年以上の付き合いだが、彼のこの根拠のない笑顔にだまされたことは一度もない。

ラーメンを食べ終えて部屋に戻り、シャワーを浴びて荷物のパッキングをすると、時間は三時近くになっていた。もう眠る時間はほとんどない。考えてみれば私はもう三十五時間以上起きっ放しだった。寝ようとするとGさんがいきなりスプリングの効いたベッドの上で腕立て伏せを始めた。何やってるんですか？　と私は聞く。いやね、炭水化物ダイエットやってるんですよ最近。炭水化物をとらずに食事して、寝る前に腕立てと逆腕立て腹筋背筋を二十回ずつやんなきゃいけないんです、と彼が答えるか答えないかのうちに私はすかさず、炭水化物とらないってさっき二人前もラーメン食ってたじゃないですか、とツッコミを入れる。あ、そういえばそうですね、久しぶりにタイに来たからつい、と答えながらGさんは笑顔を見せた。私はあらためて、この仕事はボスに対して好きな時に突っ込める仕事なのだと思った。それなら彼が言うとおり大丈夫かもしれない。自由なツッコミが許されるなら、私はたいていの命令を苦痛と感じることなく遂行できる。Gさんのトレーニングが終わると私たちはベッドに横になり、電気を消した。集合の時間まであと二時間ほどだった。

朝、時間通り起きると、私は荷物をまとめ一人だけ早めにロビーに行く。そしてまずレセプションの人に「カオラック」のスペリングを聞いた。これまでいろんなところで目にした、最も被害がひどい場所をどう綴るのか知っておく必要があると思ったのだ。この先取材が何日間か続くとなると、被害がひどい場所を避けて通ることは出来ない。だから早めにスペリングをチェックして正しい発音を頭に叩き込んでおかなければならない。私は五年以上もタイ語を使っているが、発音が下手で声調をうまく操れず、自分のタイ語名すらちゃんと発音できない。今回通訳をやるにあたってそのことが不安だった。だがどう書くかさえわかっていれば問題ない。どんなに難しい発音でもスペリングを伝えれば通じる。やがて三人がそろい、ホテルの前からタクシーに乗って空港に向かった。二人はタクシーの中でも日本と電話で話しているようだった。それを盗み聞きしていると、どうやらGさんの所属する報道会社からは何人かがすでに現地に行っていたり、これからさらに来たりするらしかった。

七時発の飛行機に乗り込むと、私はまず客室乗務員にタイラット新聞をもらった。そこにはタクシン首相が昨日、パンガー県のカオラック地区を視察したというキャプションつきの写真が載っていた。首相が歩いているのは爆弾を落とされたような瓦礫の上で、信じられないような写真だった。私はパンガー県の正確な位置を確認しておかなければと思い、メモ帳を開いて客室乗務員にプーケット島との位置関係を聞いた。プーケットは島がひとつの県になっていたが、パンガー県はそのプーケット島の北にあって、アンダマン海に面しており、カオラック地区はその中に含まれるらしい。だが言われたとおりに地図を描いてみてもピンとこなかった。しかたなく私は機内無料情報誌の地図を南部六県の部分だけ勝手に破り取り、それを見ながら説明をしてもらった。私の理解がかなり進んだとき、隣に座っているGさんが口を開いた。白石さん、窓際から写真撮れませんかね？空の上から被災状況が撮れるとありがたいんですけど、とGさんは言った。すかさず私は窓際に座っているタイ人の乗客に着陸態勢に入ったら席を替わってくれるようお願いした。彼は快く承諾してくれたが、自分でお願いしながら私は、我々のような報道の人間は普通の人にとってうざったいものなのだろうなと思う。窓際を楽しみにしている人もいるだろうし、私のように足が伸ばせて客室乗務員と差し向かいの席を好む人間もいる。もし私が彼と逆の立場でいきなり、報道なんだけど至近距離から客室乗務員の写真撮りたいから席替わってくれ、とか言われたら、報道だからそれがどうした？　と思いながら断るだろう。Gさんは一枚のコピーを取り出して、白石さん、現地で動くうちの会社の人間の連絡先がここに書いてありますんでメモしておいてもらえませんか？　と言った。私はすぐに指示された電話番号と名前をメモ帳に書く。書き写し終えて私は少し寝ようと思ったが眠れなかった。しかたなく手元にあるタイラット新聞に書かれているタイ文字を読み、状況を出来るだけ把握しようとする。私は二日間ほぼ徹夜であるにもかかわらず、どうして自分がこんなに眠くならないのかを考えてみた。

もしかしたら、私はワクワクしているのかもしれない。

不謹慎かもしれないが、私は今回の仕事で得た情報を、のちのち自分の言葉で人に伝えることができることに対してワクワクしているのかもしれなかった。気持ちの大部分がそうだというわけではないが、それに近いものを心のどこかに抱いていることは間違いない。だがそれがこの仕事をやるにあたって悪いことなのか、その感情をどれくらい抱けば不謹慎なのかはいくら考えてもわからなかった。ただそういう気持ちが全然ないと、見たり聞いたり感じたりした情報を他者に伝えることが出来ないのは確かだろう。

飛行機がプーケット国際空港に到着して荷物を受け取ると、時間は九時を過ぎていた。私にまず命じられたのは、移動手段の確保だった。私はリムジンカウンターに向かったが、当然のようにどこも通常より高い値段を提示してきた。プーケットタウンまで行くのに私が住んでいるアパートの家賃の一・五倍ほどの値段だ。言い値で車をチャーターして三人で乗り込むと、後部座席の二人はすぐに今日の取材について打ち合わせを始めた。どうやら夜までに記事と写真を送らなければならないらしい。二人はまずホテルにチェックインするか、先に津波を浴びたパトンビーチに行くか迷っているようだった。私は後部座席の二人からこの車と運転手を一日キープしておくようにとの命令を受け、即座に運転手さんにその意志を伝える。運転手さんは当然、自分ひとりでは車の拘束時間を決められず、携帯電話で車のオーナーと話し始めた。しばらくして運転手さんは一日分の車両拘束料および人件費として私の家賃二ヵ月分以上の額を告げてきた。いくらなんでもその額はありえねえと思い、私は携帯を奪い取るようにして、車のオーナーと直接交渉をはじめる。

オーナーは引かなかった。これから普通に観光客がこの島に来る見通しがないのだから、移動手段を必要とする報道の人間から多めに稼いでおくのは当然だ、と思っているのだろう。私は敬語を駆使してオーナーに泣きついたが、下がったのは数百バーツだけだった。そのことを報告しようと後部座席を振りかえるとGさんと先輩記者はすごくしらけた表情でこっちを見ていて、金額を伝えると先輩記者があっさりと、いいですよその額で、と言った。私はオーナーにそのことを告げて電話を切り、運転手さんに携帯電話を返した。結局私たちはパトンビーチに向かうことになった。パトンピーチはプーケット島で一番大きなビーチらしい。私ははじめて訪れたこの島の景色をフロントガラスの向こうに見ながら、自分の生活レベルで物事を考えて時間を無駄にしてはならないのだと思った。取材費を出すのは日本の報道会社であり、私はそこの人間に雇われているのだから、求められない限り値段交渉などする必要はない。そう自分に言い聞かせていると後部座席でGさんが口を開いた。

白石さん、脚立が欲しいんですけど買えませんかね？

脚立？　私は頭の中にあるタイ語の語彙を探ったが出てこなかった。そんなタイ語、使ったことがなかったのだ。私は信号待ちで車が停まったときにメモ帳に脚立の絵を描き、これが欲しいんですけど買えますか？　と運転手さんに聞いた。運転手さんは、ああステンレス梯子ね、と言いながら、大丈夫、プーケットタウンに行けば買えるよ、と言った。私は後部座席にそのことを伝えたが、今はとりあえずパトンビーチに行って被災状況を見ることを優先することになった。確かにパトンを優先するなら市街は後回しにしなければならないから、今すぐに買うというわけにはいかない。

車が峠を越えてパトンビーチに近づくと、砂が路上に積もり、道路脇に小さな瓦礫のようなものが点在しているのが見えた。後部座席でGさんが、ああ、と溜息に似た声をあげる。おそらく現在のこの状況は、彼が何度も来て知っているパトンビーチではないのだろう。だが私にはどう違うかなどわからない。Gさんの指示で車はビーチに直行した。ビーチに一番近い道路脇に車を待たせて三人で車から降りると、いきなり強い日差しが私たちに照りつけた。Gさんは二台のカメラを肩から掛けてすぐにありとあらゆる場所を撮影しはじめる。私はどうしていいかわからなかったのでGさんについていたが、白石さん、とりあえずこのへんの人に話聞くと思うんで先輩についてってあげてください、と言われ、すぐにGさんから離れて先輩記者の後についた。まずは邦人の状況かな、と先輩記者は誰に言うでもなく呟くようにそう言い、砂浜を歩いていった。行動には少しの迷いもなかった。どうやらこの人たちは仕事が始まると取材対象以外あまり見えなくなるらしい。プロだな、と私は思った。私の仕事はその彼らの仕事の中で、タイ人に話を聞いたりすることがあればすぐにそれを通訳することなのだ、とあらためてそう思っていると、正面から女性が歩いてきた。先輩記者が英語で話し掛けると、女性からは流暢な日本語が帰ってきた。日本人だった。彼女はタイ人男性と結婚してパトンビーチで旅行会社を営んでいるという女性で、ご主人と子供が一緒だった。私は先輩記者と彼女の話を背中で聞きながらタイ人のご主人と話した。ご主人は津波は正面からと右のほうから二回来たと言って、持っていたデジカメで撮った写真を見せてくれた。それは考えられないような写真だった。北斎が描いた浮世絵のように白いしぶきをあげた高い波が、海岸をなめるように走ってきていた。遠くから撮ったにもかかわらず、その高さは海岸を軽く飲み込むに十分なものだった。その写真から視線を外して海岸沿いの建物を見ると、ほとんどの建物の一階部分がなにかしらの形で破壊されていた。ジェットスキーがあの建物の二階に突き刺さったんですよ、と先輩記者に説明する奥さんの声が背後から聞こえた。

先輩記者は日本人が多く宿泊しているリゾートホテルに行くことにしたらしく、Gさんに電話をしてそう伝えていた。とりあえず日本人会筋から邦人の状況を聞いてみることにします、ホテルの従業員に日本人がいるみたいですから聞いてみましょう、と先輩記者は言ってビーチを北の方に向かって歩き始める。先輩記者の進行方向三百メートルくらい先の高台にそれらしきホテルが見えた。Gさんはどこかで写真を撮っているらしいが、このビーチのどこにいるのか皆目見当がつかない。私はまだ自分を持て余していた。彼らの取材の中でどう自分を使っていいか、まだよくわからなかった。

ホテルのロビーでGさんと合流した。Gさんはすかさず撮ったばかりの写真をローミング携帯電話を使って日本に送信しはじめる。先輩記者は日本人宿泊客に話を聞いたり、このホテルで一人だけ働く日本人担当者とコンタクトを取りはじめた。このホテルは宿泊客の九割が日本人らしい。ビーチは遊泳禁止なのでさすがに行く人はいなかったが、ホテル内のプールで泳いでいる人はいるようで、水着を着た日本人の姿が見られた。水着姿の日本人の表情には何の曇りもなかった。その様子だけ見ていれば、半径二百メートル以内のビーチに瓦礫が転がったり、建物が破壊されているなんて別世界の話のような気がした。私はロビーにいるタイ人宿泊客らしい人々の話に聞き耳を立ててみたが、そう深刻な話をしている様子はなかった。本当に運が良かったとしか言いようがない。ビーチはすぐそこなのに、このホテルは高台に建てられていたおかげで傷ひとつついていない。ほんの少しの地形的な差が被害の明暗を分けていた。白石さん、もう一台車が要りそうなんで運転手さんに言ってもらえませんか？　Gさんがそう口を開く。私はすぐに運転手さんに電話をかけ、もう一台車を同じリース条件でこっちに回してくれるようにお願いすると、できるかどうかはわからないがやってみる、と運転手さんは言う。声の調子から本気で探してくれるようだった。先輩記者が、とりあえず食事にしましょう、と言ったので、ホテルのレストランで食事をとることになった。レストランには同じ会社の別局の記者も来ていた。いつのまにか連絡をとって合流したようだ。頭の中を少し整理したい気持ちはあったが、いちいち質問するわけにもいかない。おそらくこんな感じで私の中で整理しきれないままに取材というものは進んでゆくのだろう、と思っていたらようやく私に仕事らしい仕事が命じられた。それは料理のオーダーだった。私はメニューの内容を適当に説明して四人分の注文をした。スパゲッティやチャーハンのような簡単な料理だった。チャーハンは私が普段近所の食堂で食べているものの八倍の値段だったが、そのことは考えないことにした。Gさんはテーブルについても、まだパソコンに携帯電話をつないで日本に画像を送り、取材に必要なデータを受信し続けていた。こんな風にローミング携帯でつなぎまくっていたらどれくらいの費用がかかるのだろう？　私は少し余裕が出来たらこっちのプロバイダのアカウントを購入することをすすめようと思った。

先輩記者から別局記者を紹介され初対面の挨拶をした。私に名刺などはなく、向こうから名刺を渡され挨拶はそれで終わった。先輩記者と別局記者は顔見知りらしく、以前お互いが一緒になった海外取材の思い出話などしている。その話を聞いているだけでも、目の前にいる二人が第一線で仕事している記者だということがわかった。まあ、こんな緊急時に派遣されるのだから、かなり仕事ができることは間違いないだろう。

ふと、背後から白紙のメモ用紙が差し出された。後ろを向くとウェイターが立っていた。ノートさんのショーに出演して歌ってた方ですよね。歌最高でした。サインしてもらえませんか？ とウェイターは言った。どうやらこのウェイターさんは私の舞台映像を見て下さったお客様らしかった。私は、ノートことウドム・テーパーニット氏の著作翻訳者として彼のスタンダップ・コメディ舞台で紹介され、弾き語りをさせられたことがあった。そのときの映像がＶＣＤとして発売されて以来、あちこちで声をかけられるようになっていた。

私は普段ならにこやかに署名して対応するのだが、私には関係ない話が続いているとはいえ会議中の今、サインなどしていいのだろうか？ と頭の中でそう考えた。だが、私の手は自動的にウェイターからボールペンを受け取っていた。その様子を見て話を止めた先輩記者が、私が会計のためのサインをしていると思ったらしく口を開きかけた途端、脇からＧさんが、白石さんはこっちでけっこう知られた藝人なんですよ、とフォローを入れてくれた。二人はわけがわからない、という表情をして私の手元を見ている。サインし終わると、先輩記者と別局記者は別段私のことには興味がないらしく、無反応でまた仕事の話に戻った。

携帯が鳴り、もう少しするともう一台の車が来ます、と運転手さんが言った。素晴らしい。私は即座にそのことをＧさんに告げる。Ｇさんもメールで画像ファイルを受信しながら、素晴らしい、と呟いた。どうやら私たちの運転手さんはけっこう頼りになる人のようだ。食事をしながら話し合った結果、Ｇさんと別局記者が二人でプーケット国際空港に向かうことになった。日本から被害に遭われたかもしれない娘さんの確認に来るご両親が、これからプーケットに到着するので、その取材に行くのだ。そして私と先輩記者は各国の対策本部になっているプーケット県庁舎とプーケット日本人会の事務所に行くことになった。もうすでに日本人会の事務所には別局の女性記者が張っているらしい。今何時だろう？　と思い出したように私は携帯電話の液晶画面を見てみる。一三時だった。まだ四時間しか経っていないのか、と思った。私は、その時初めて自分がこの島に着いてから時間を確認することすら忘れていたことに気づいた。二日くらい前から密度の濃い時間がずっと流れていて、確実に疲れているはずなのに、なぜか全然、眠くはなかった。

別局記者とGさんを送り出したあと、しばらくすると新しい車の運転手さんから、着いたとの電話があったので歩いて車を見つける。運転手さんはおそらく四十歳過ぎで、無表情のクールな人だった。私は敬語でその運転手さんに、まず市内に行っていただけませんか兄さん、と伝える。運転手さんはクールに、かしこまりました、と答えて車を走らせた。タイには、国民全部が王様の子であり家族であるという考え方があり、通常、他人であっても目上の他人に敬称をつけ兄さん呼ばわりしたりする。私は普段からたいていの人を目上呼ばわりするのだが、そうすると弟だから面倒を見てやろう、といった感じに面倒見が良くなる。だから今回もこの姿勢で通訳の仕事をしていこうと思った。タイに来るとタイ人に対して露骨に言葉遣いが悪くなる日本人がいる。その理由はわからないが、私は何人もそんな日本人を見てきた。もしGさんや他の記者が強く汚い命令口調であっても、通訳としては敬語で目上の方にお伺いを立てる言い回しに変換しよう、と思った。その方が経験上うまくいくことはわかっていたし、万一向こうに切れられて、もうやらない、と言われたらまた新しい人を探さなければならない、そしたら取材どころではなくなるだろう。

そんなことを助手席で考えていたら携帯電話が鳴った。白石さーん。忘れてたあ脚立脚立う。とりあえずこれから空港にまっすぐ行くけど、帰りに忘れずに脚立買いに行ってくれるようにこっちの運転手さんに言ってくれますか？　とGさんが言うと携帯電話が渡されたらしく、電話の声はむこうの運転手さんになった。私は、これから彼は空港に行きますけど、空港からの帰りに忘れずにステンレス梯子を買いに行ってくださいね兄さん、と敬語でお願いしながら、この先、自分はやっていけるのだろうか？　と思う。電話を切ると、運転席のクールな運転手さんが笑顔で私を見ていた。どうやら私が慇懃に説明するタイ語が面白かったらしい。私は運転席に笑顔を返しながら、兄さん何とかお願いしますよ、と目の前のクールな運転手さんだけではなく、これから取材で話さなければならないタイ人全員に祈りたい気持ちだった。

先輩記者はホテルと県庁舎のどちらを先にするか迷っていたが、結局、県庁舎にしたようだった。一五時頃に到着すると高台の県庁舎には、国際的なお祭りでも開催されているみたいにありとあらゆる人種でごった返していた。各国別の対応窓口テントがあり、日本の窓口では日本語が話せるタイ人が対応していた。同時に飲み物や食事が用意されていて、携帯電話会社各社が大きなパラボアンテナを備えた車を配備させている。すごい物資の量だった。先輩記者と二人で各国の大使館事務所がある建物に向かう途中、掲示板の前を通ると、掲示板は入学試験の発表当日みたいに貼り紙で真っ白になっていた。行方不明の人の情報を求めるための貼り紙だ。建物に入って日本の大使館窓口を探し当てると、先輩記者は大使館員の人と話をはじめた。どうやら顔見知りらしい。大使館員の人はすこし疲れた表情をしていた。寝てないでしょ？　といたわるように聞く先輩記者の声が聞こえた。

日本大使館員の親子もカオラック地区で被害に遭っていた。だから、日本大使館の誰もがこの緊急事態に混乱した思いを抱いて仕事をしているのだろうな、と私は思った。もちろん混乱しているのは日本大使館だけではない。いま私と先輩記者がいる県庁舎のフロアには会議用のテーブルを区切って各国大使館員が座り、被災者と行方不明者の情報を処理したり、来訪者に対応したりしている。狭く区切られたテーブルの上には国旗の小旗が乗せてあり、この部屋だけで百本に近い国旗があるように思えた。部屋の脇に置いてあるパソコンでは、いろんな国の人が被災者確認用のサイトにアクセスしていた。被災者確認用サイトのURLが印刷された紙が配られていて、保健省の他に病院のものもいくつかあった。あちこちで被災者の情報がリアルタイムで整理されているようだった。

一六時前に県庁舎を後にすると私たちはプーケットタウンのホテルにチェックインした。カウンターで伝票を盗み見ると、一泊の宿泊料金は私が住んでいるアパートの一月分の家賃を軽く超えていたが、そのことは考えないことにした。荷物を部屋に置くと日タイ辞書を持ってすぐにロビーに戻り、先輩記者と再び車に乗り込んでメルリンホテルにある日本人会の仮設事務所に向かう。ホテルは市街中心部にあり、十分も経たないうちに到着した。ホテルの真向かいに旅行代理店があって、日本人会の仮設事務所として機能しているようだ。そこには五人以上の報道関係者がいたし、テレビ用のカメラまである。私は、ほんとにどこから湧いてくるんだろうこの日本のマスコミは、と思ったが、すぐに自分もその中のひとりであることに気づく。

先輩記者は中から出てきた人にコメントを取るつもりらしかった。私は立っていた若い女性に、中に人はいるんですか？　と聞いてみた。彼女が私の方に振り返り、口を開きかけた途端、彼女の携帯が鳴った。私の後ろから先輩記者が、ちがうちがう、あれ、うちの人間だから、と言う。どうやらこの女性が、同じ報道会社の別局から派遣された女性記者らしかった。まだ若いのにこういう緊急時に派遣されるなんてすごいなあ、と思っていたら私の携帯も鳴った。

白石さあん、ヘリっ、ヘリなんとかならないですかねえ、私が電話を取るとすぐにGさんはそう言った。ヘリぃ？　ヘリってあのヘリだよなあ、とか私が頭の中で考えているとGさんは、空から被災状況撮りたいんですよね、と言葉を続ける。私は心当たりないです、と即答する。そんな心当たりあるわけがない。一応調べといてもらえませんか？　空港から持ってきたガイドかなんかで旅行代理店に電話して、とGさんは言葉を続けた。私はわかりました探しておきます、と答えて電話を切ったものの、ガイドに書かれている代理店ではウィンドサーフィンやクルーザー、ダイビング設備はレンタルしていても、ヘリをレンタルするサービスは記載されていない。だが、調べてみます、と言ったからには調べなければならない。仕方がないのだ。おそらくはないだろうが、本当にないかどうかは実際に調べてみなければわからない。これはプロとしての仕事なのだ。私はそう思って電話をかけた。その結果、ないです、と冷たくあしらわれた旅行代理店が四軒、そんなのあるわけないだろうと声を荒げて電話を切られた旅行代理店が二軒、そして、何言ってるんだバカ、と明らかな罵倒を含んだ言葉を言い捨てて電話を切られた代理店が一軒、という予想通りのさんざんな結果に終わった。ないものはないのだ。私はGさんに報告の電話をしようと再び携帯電話を持ち替え、短縮番号を押そうとしたが、液晶には何も表示されていなかった。どうやら携帯電話のバッテリーが切れたらしい。

やべぇマジやべぇ。待機状態でケータイ繋がんねえんじゃマジ仕事になんねぇ。

私はとりあえずメルリンホテルの中に入ってコンセントを探した。まさか日本人会仮設事務所に入っていってコンセント貸してくださいと言えるわけない。それこそ報道災害だ。しばらくすると先輩記者が、白石さん、先にホテルに戻って原稿書きますから、空港の二人が戻ってくるまでここで待っててもらえますか？　と言っていなくなった。いなくなったとなると、ますます携帯が使えない今の状況はとてもまずい。私はホテルに入ってコンセントプラグを探しまわった。やがてレストラン前に設置されている公衆電話器の裏にコンセントプラグを見つけ、それを勝手に借用することにした。最初は公衆電話を使っているふりをしていたが、その様子を見てレストランの入り口で、お客さんを出迎えるために立っているお姉さんがニヤニヤ笑い始めた。どうやらバレバレらしい。振り向くときらびやかな民族衣装に身を包んだそのお姉さんは、電池が切れたんですか？　と低く小さい声で言う。やっぱりバレバレだ。私は彼女に微笑み返しながら少し考えて、ちょっと僕のケータイ、見ておいてくれませんか？　と言ってみた。彼女はいいですよー、と即答する。小さく低い声だった。責任は取れませんけど、ここにいる限り見といてあげるわよ、といった感じだった。私はお姉さんに礼を言い、ホテルを出た。携帯電話のプリペイドカードを買おうと思っていたのだ。もうそろそろ切れるはずだから、買うなら今のうちに買っておいた方がいい。

　ホテルを出てすぐ左手に携帯電話屋があったので、すかさずそこでカードを購入する。店内にずらりと並んだ携帯を見て私はふと、現在のように記者同士が日本の携帯電話を使ってローミングで連絡を取り合うよりも、こっちの携帯電話を買ったほうが経費が安く済むと思った。どう考えてもこっちにいる記者同士が日本の携帯を使って連絡を取り合うのは経済的ではない。私は中古がないか店の人に聞いてみる。三千バーツくらいの電話機が二台あるが、欲しいならもう一台は明日以降に入荷できるとのことだった。もしかしたら明日買いに来るかもしれないから、と言って店の開店時間と電話番号を聞き、再びメルリンホテルに戻ると、携帯電話は半分以上充電されていて、何とか今日中はもちそうな感じだった。私はレストラン入口のお姉さんに礼を言い、再び仮設事務所前に行った。何人かが中から出てきたようだが、別局女性記者はまだ満足な取材が出来ていないのか、私がここを離れたときと同じように事務所の扉を見つめていた。現在、ここでの仕事はGさんを待つだけになったので、私は今日取ったメモを読み返した。そしてそれにこれまでに得た事実、取材して見聞きしたことはもちろん、いまこの私を取り巻いている状況や、Gさんと他の記者の人たちとの関係なども書き加えていった。それは間違いなく私が押さえておかなければならないことだった。そうやってメモを整理していっても、まだわけがわからないことだらけで、この仕事がこれからどうなるのか見えてこなかったが、それでもおぼろげながらに自分がやるべきことだけは見えてきたような気がした。

一時間近くそうしていると、Gさんが戻ってきた。時間はとっくに二〇時半を過ぎていて、あたりはすっかり暗くなっていた。Gさんの話では今日、日本から娘さんの身元確認に来たご両親は、空港に着いてすぐにワチラ病院で日本人と思われる遺体と対面したらしかったが、娘ではないようだと主張したらしい。そのため、明日またさらに遺体を確認に来ることになっているとGさんは言った。どこからどういった形で情報を入手しているのかはわからないが、Gさんはとにかくそういった情報をすでに入手していて、その情報が同じ報道会社の記者全員に行き渡っていた。すげぇな、と私は思う。ボケっとしていてそういった情報を取りこぼしたりしたら、急に通訳をしなければならなくなった場合に大事なポイントを見誤って、やってはならないミスをしでかしてしまうかもしれない。私は、これからは極力、Gさんや他の記者の人が携帯電話で話しているときにも聞き耳を立てていたほうがいいと思った。

二一時頃、メルリンホテルで合流したGさんと車に乗って県庁舎に着くと、そこは相変わらず、というよりますますもってお祭り状態だった。配られている何種類もの食べ物と衣類、広場のあちこちに光る電球、そして拡声器でがなり立てる声。ただ、拡声器から出てくる言葉は、客引きのための言葉ではなく、ボランティア通訳を探し求める声であったり、どこで収容された遺体がどこに搬送されたとかの告知であったり、無料のインターネットや国際電話の案内だったりした。それはぜんぜんお祭りなんかではなく、誰もこの状況を楽しんではいなかった。私はGさんに、あそこのテントに日本人向けの受付窓口があって、奥の建物の中に各国大使館の対応窓口がある、とわかる限りの予備知識を伝えていった。行方不明者のリストや、被災者の身体的特徴や連絡先を書いた紙がおびただしく貼られている掲示板の前まで来ると、Gさんは何枚か写真を撮った。昼来たときと大きく違っていたのは、選挙看板のようにいくつも立てられた掲示板の、かなりのスペースを占めている遺体の写真だった。外傷もなく普通に厳かな表情をしている遺体も少しはあったが、半数以上の遺体の写真はどす黒く膨れていた。さらにその半数くらいが口をすぼめ、その口の真ん中から筒のように小さく丸めた舌が飛び出ていたり、目を見開いたままの遺体の眼窩からピンポン玉くらいの眼球が半分ほど飛び出したりしていた。眼球などの柔らかい器官は、体内に入っていた空気が大量の水に飲み込まれた瞬間に、水圧で急激に外部に出ようとしてしまうからこうなるのだろう。おそらくそれが、突然大量の水に襲われて溺死するということなのだ。一通り写真を撮り終え、私たちは車に戻った。Gさんは、白石さんすんません、晩飯、もうちょっと先でいいですか？　と言う。いいですよ、と私が答えると、あの、先に安置所のロケハンしたいんですよ、ほら、報道されることを極端に嫌がる人もいて、どこか安置所の周りからこっそり望遠で狙ったりしなきゃならないかもしれないから、先にワチラ病院見ときたいんですよ、と言う。

県庁舎から十分も経たないうちに車はワチラ病院に着いた。すでに二一時を少し過ぎていたが、そこも県庁舎と同じように大勢の人でごった返していた。いたるところに行方不明者捜索の貼り紙が貼られていて、その中には日本人の貼り紙もあった。私は臨時に出されたテーブルのところへ行き、ここに昨日運ばれてきた重体の日本人女性がいるはずなんですが、と聞いてみた。担当者はパソコンで検索をかけ、病棟の名前を教えてくれたが、そこの病棟に入っているのなら面会は難しいだろう、と言った。白石さん、と背後でGさんが呼ぶ声がした。あの、食事前で悪いんですが、今から行きますけど、白石さんモルグ大丈夫ですよね？　とGさんは聞く。モルグ？　何それ？　私は思わず敬語抜きのタメ口でGさんに向かって聞いた。

死体のことですよ、安置所に行くんです、とGさんは言う。

あ、大丈夫です行きましょう、と私は即答した。反射的にそう答えたが、本当に大丈夫なのかなんて自分ではわからなかった。この仕事の話があってから、そういった被災者の遺体を見たりにすることもあるだろう、と一応、思ってはいた。だがそれがさっき県庁舎に貼られていた写真で見たような、水を吸って膨れ上がり、すぼめた唇の真ん中で舌を丸め、眼球が半分飛び出たような遺体だとは思ってもみなかったし、実際のところ何がどう大丈夫かなんてその場になってみないとわかるわけがない。Gさんはすでに安置所の位置を把握しているらしく、どんどん建物の奥へと入っていった。私もGさんと並ぶようにして歩く。しばらくするといきなり腐臭が濃くなった。発酵した生ゴミのような、そんな臭いだった。その腐臭を追うように私たちは病棟と病棟をつなぐコンクリートの通路を脇に逸れ、緩やかな坂を上がっていくとそこが安置所だった。この臭い嗅ぐとしばらく飯食えないんですよねえ、とGさんは呟くように言う。遺体はナイロン繊維の袋に入れられているのが三体ほど、半分吹きさらしになった安置所の床に並べて置かれていて、その脇や奥にはさらに何体かの遺体があった。ここだけで十体以上あるはずだ。今日、日本から来たそのご両親は、一度ここに来て日本人らしき遺体を確認し、娘じゃない、と否定して去ったらしい。プーケットまで娘さんを確認するために来て、いきなりこれだけの遺体が安置されている場所に来たらやりきれないだろうな、と私は思った。何がやりきれないのかはよくわからなかったが、私にとってはとにかくこの腐臭がやりきれなかった。ある程度位置関係を確認するとGさんは、じゃ行きましょうか、と言って車に戻り、すぐに、白石さんタイスキ食いに行きましょうタイスキ、と言った。私は運転手さんに、どこかタイスキ屋に行くようにお願いした。走り出した車の中でGさんは、ご両親が再び確認に来た時にはいつでも写真を撮れる準備をしておきたいから、明日も朝早くなりますけどいいですか？　と聞いてきた。いいですかもへったくれもない。Gさんが写真を撮るのであれば私はついていかなければならない。

車は私たちがチェックインしたホテルを通り過ぎ、ショッピングモールの脇を通ると、その建物の中にタイスキ屋の看板が見えた。店内に入ったのは二一時半過ぎだった。私はGさんの、野菜を多めにという希望通りに適当に具を注文していった。私は中古の携帯電話のことを話した。買いましょそれ買っときましょ別局のふたりぶん。あとストラップも買っておいて下さい、と言ってGさんはメッシュ地のベストにたくさんついたポケットのひとつに手を突っ込む。あと白石さんこれ持ってて下さい。なんかこまごまとしたものを買ってすぐに領収書を出せないような店だったら、これに項目と金額、店の名前と住所、電話番号を書いてもらって下さい、と言ってコピーされた領収書の束と千バーツ札を二枚私に渡した。

野菜や肉などが茹であがると私とGさんは食いまくった。さっきまで、しばらく飯食えないんですよね、と言ってたGさんもたくさん食べたし、まだ嗅いだばかりの腐臭が頭にこびりついているような気がしたが、私もとにかく食べまくった。袋に入っていたあの人たちはもう二度とタイスキなんて食べることは出来ないのだから、生きている私がかわりにしっかりと食べなければならない。そう自分に言い聞かせながら食べ、最後の雑炊まで作ってふたりできれいに平らげた。結局のところ、私たちは空腹だったのだ。

ホテルに帰る途中、コンビニでネット接続用のプリペイドカードを買った。これだけ一日中外に出ての仕事なら、そんなに繋がないだろうと思って十時間のものを二枚買い、領収書を書いてもらってGさんに渡した。二三時半過ぎに部屋に戻ってパソコンをネットに繋いでみたが、被災者の確認はもうせずに、大まかな状況を把握することだけにとどめておいた。そんなことよりも私はほぼ二晩眠っていない。今夜は眠るべきだ。私はお湯をバスタブに貯め、横たえた身体に石鹸を塗りたくってその中に浸かった。お湯に浸かるなんていつ以来だろう？　と思っていると徐々に意識が遠くなり、身体が沈み始める。やばい、寝てしまう、と思って私は髪を洗い、ドライヤーで乾かしながら、もうほとんど電池が切れかけている携帯電話のアダプターをコンセントに差し込んだ。そして目覚まし時計をセットし、エアコンの室温を高めにしてから、毛布をかぶって全裸のままベッドに入り込む。ベッドと毛布はきれいなシーツにくるまれていて、その肌触りが気持ち悪かったが、それにもすぐに慣れた。そう、すぐに慣れることが大事なのだ、と思う。いろんなことに直面しなければならないのだから、すぐそれらの現実に慣れることが出来ないと、冷静な判断どころではなくなってしまうだろう。

横になって目を閉じると、きれいに洗い流したばかりのはずなのに、自分の身体にまだ、何時間か前に嗅いだばかりの腐臭が残っているような気がした。

二〇〇四年一二月二九日（水）

ご両親、遺体と対面

六時に目が覚めるとまず私はパソコンを起動し、メールをチェックした。テレビをつけるとNHKのニュースでは現在のこちらの様子を伝えていた。映像はなく、文字情報とそれについての説明だけだった。しばらくいろいろとチャンネルを変えてみたが、タイ国内の地上波は全て津波報道一色で、特にパンガー県にあるカオラック地区とタクワパー郡の被害の酷さを伝えていた。布やビニールに包まれて運ばれる遺体が何度も画面に出現する。私はテレビを消すと、Gさんに電話を入れ、部屋を出てロビーでGさんと合流した。

六時半過ぎに車がワチラ病院に着くと、Gさんの指示で車を正面に停めることはせず、病院脇の路上に駐車した。そこはちょうど安置所の裏手だった。なるほど、ここなら肝心の時に人払いされても、望遠でなんとかご両親と遺体との対面の様子をとらえることが出来るだろう。安置所は周囲からの目に対してほとんど無防備だった。Gさんは、あそこに登って撮る方針で行きましょう、と言って、高さ三メートルにも満たない箱形の建物を示した。その建物はコンクリートで作られていて安置所からは十メートルも離れていなかった。脚立を持ってGさんと二人で近づくと、「薬品廃棄場」と書いた札が取り付けられている。

私は、ウドム・テーパーニット氏の事務所が、パパラッチに狙われた時のことを思い出した。今月の初め頃、事務所にパパラッチが貼り付いたのだ。タイで最大発行部数を誇るタイラット紙の一面にウドムさんの恋人問題の記事が出たせいだった。その日、事務所の前には代わる代わるマスコミの車が来て、電話は一日中鳴りっぱなしだった。事務所はカーテンを閉め切って仕事どころではなくなった。スタッフ全員が電話の対応に疲れていて、しまいには私が出て、日本人だからタイ語わかりませんと言うように指示されたほどだった。あのときはうんざりしたが、今となって私は彼らマスコミの気持ちが分かるような気がした。大衆が求めている情報を取材して伝えるという点において、今の私たちはあのときの彼らと何ひとつ変わらない。

ご両親が来られたときに二人でいたら目立ちますから、コーヒーかなんか飲んでてもらえますか、あそこで、とGさんが示した二十メートルほど先には雑貨屋があった。私はおとなしく言われたとおりに座ってコーヒーを飲んだ。店の中には病院で働いていると思われる人たちが何人かいたが、私は極力、彼らと視線をあわせないようにした。ご両親を刺激しないようにする方針なのだから、関係者にも余計なことを知られないほうがいい。Gさんは一度薬品廃棄場の上に登ってうつ伏せになり、撮影のセッティングをしたあと下に降りてきて、いつでもシャッターを押せるように体勢を整えていた。

しばらくするとシャッターが開く音がした。その音と同時にGさんが私を呼び、白石さん、何かあそこに貼ってあるじゃないですかアレ、あの紙読んできてもらえますか？　と言って安置所の壁に貼られた紙を指し示す。私はGさんから渡された抗菌マスクで口と鼻を覆い、安置所のほうに歩いて行く。薬品廃棄場の脇から簡単に安置所には入れるし、そんなに外部からの人の出入りに警戒しているというような感じではなかった。シャッターが開けられたことによって私たちの緊張感は薄れつつあったが、それと同時に、仄かに存在していた遺体の腐敗臭が濃くなりはじめた。

安置所の壁に貼ってあったのは注意書きではなく、遺体の写真と、その特徴が書かれた紙だった。

おそらく私の半径十メートル以内に存在している何体もの遺体のものだろう。貼り紙から視線をそらすと、ふと奥にいた担当らしき人と目が合う。私はまずいかな、と思いつつ反射的に笑顔を作った。取材？　彼がそう聞いてきたので、そうですと答えると彼からは笑顔が返ってきた。病院側は別段、取材を拒否するつもりはないらしい。安置所にはぽつりぽつりと人が出入りし始めていた。奥の方では検死の作業が始まるらしく、ゴム手袋をはめて準備している人が見える。昨晩、暗がりの中で見たときとは何もかも違うオープンな雰囲気が、今この安置所には存在していた。家政婦役の市原悦子みたいに建物の陰からこちらを覗いていたGさんは、もうすでに半分以上薬品廃棄場の建物から身体を出してこっちを見ている。私はGさんのところに戻り、遺体写真とその特徴が書いてありますね、と報告した。じゃ白石さん、とりあえずあそこに待機してましょう、とGさんが示した先には屋根つきの休憩所があった。よくよく考えてみればこの安置所はもともと人を締め出すようなつくりではないらしい。それを裏付けるように、お坊さんや制服を着た少女など、明らかに被災者とは関係がない人間が安置所の前に来て遺体を見たり、合掌してお経を唱えたりしていた。隠れる必要などなかったのかもしれない。私たちは少し気が抜けた状態で、休憩所に座って様子を見ていた。そのうち別局女性記者が姿を見せた。Gさんが写真を撮り彼女が記事を書くということなのだろう。さらに他社の記者らしい人も休憩所の中に入ってきて、Gさんと軽く挨拶を交わしていた。

ここを訪れている人たちに話を聞きたくなって、私は休憩所を離れた。シャッターのところには布が一枚だけかけてある遺体が金属製の寝台の上に置かれていて、初老のタイ人男性がその布を取って遺体の顔を撫で、お経を唱えていた。普段着で、明らかに僧侶ではなかった。遺体には花輪ではなく花束が乗せられているところを見ると、この遺体を確認に来たのはタイ人ではないのだろう。おそらくこの遺体が昨日、ご両親が娘ではないと否定した遺体なのだ。安らかに目を閉じているその遺体は、県庁舎やすぐそこに貼られている写真のいくつかに見られるように、舌が唇の間から飛び出していたりしないし、大量の海水が体内に入り込んで膨張したりしてはいなかった。彼女の肌は型取りしたシリコンのように白く、美しい透明度を持っていて、臭いすらも発していないように思えた。そしてその顔つきは日本人である可能性が高かった。日本人か韓国人、もしくは中国人かその系列の人間であることは間違いない。初老のタイ人男性は私の隣に立って、遺体にかぶせられた布をめくって彼女の顔に触れ、お経を唱え続けていた。私は手を伸ばして、彼女の上腕にそっと触れてみる。彼女の腕は冷たく、本来なら存在しなければならないはずの弾力がなくなり、妙な硬度が感じられた。彼女は死んでいるのだ、と私はいまさらながら改めてそう思った。

折れてもいいから気にしないで乗せてしまえ。

安穏とした雰囲気のこの安置所の奥から、少しだけ強い調子の言葉が聞こえてきた。奥のほうにあるステンレスの寝台や流しのような設備が置かれている検死室からの声だった。検死作業が始まったのだ。開かれたドアから見えるその部屋では二人の男性が遺体を台に乗せている最中らしく、遺体の足だけが見えた。それは、私の目の前に横たわっている彼女のように白くきれいなものではなく、濃い茶色に変色しかけていた。「折れてもいいから」。私は奥から聞こえてきたその言葉を頭の中で反芻する。そうか折れてもやむをえないよなあ。身元確認のためのデータを集めるのが優先だし遺体は重そうだし。折れないように作業をしていたら作業する人が何人いても足らないだろうし、これだけの数の遺体、こなせないよなあ、となどと思いながら私は奥の様子を見ていた。しかし、担当者二人は丁寧に遺体を洗っていて、明らかにその作業には遺体に対する敬意が存在していた。その様子を見ていると私の中に芽生えつつあった複雑な気持ちはゆっくりと薄らいでいった。

事務室ではガールスカウトの制服を着た二人の女学生が、おそらく彼女たちの教師である女性と三人で病院側から説明を受けているところだった。ボランティアに来たのだろう。こんなに多くの遺体を目の当たりにし、濃い死臭を嗅いですでに引きつっている彼女たち二人の表情は、病院側の説明を聞くにつれてさらに引きつっていった。しばらくして出てきた彼女たちの一人に、「ボランティアに来たの？」と聞いてみると彼女は表情をしかめたまま私に「耐えられない」とだけ言って安置所の坂を下っていった。そして、彼女が着ている水色のガールスカウトの制服と入れ替わるように、何人かの日本人らしき集団が坂を上がってくるのが見えた。

そのうちの一人の顔を、私はすでに知っていた。昨日、移動しているときにGさんのパソコンの画面で見た、行方不明の娘を探しに日本から来た父親その人だった。私はすぐに休憩所の方に後退したが、ご両親から距離をとることはしなかった。なぜだかわからないが、出来ることなら私はここで今から起こるやり取りをすべて聞いておくべきだと思っていたのかもしれない。時間はもう九時を過ぎていて、現地の人も含めて安置所には人が多すぎたし、邪魔にならない限りは近くにいてもいい、と判断したのだ。

母親は口と鼻をハンカチで覆いながら、病院側の指示に従ってもう一度あの、白くきれいな女性の遺体を確認しはじめた。ご両親には二十代後半くらいの髪が短いタイ人女性が通訳としてついていて、めくられた布の下からあらわになった遺体の白い顔を一緒に見ていた。母親の方は少し落ち着きがない様子だったが、父親の方は冷静だった。

違います、と父親ははっきりと通訳にそう言い、遺体に再び布がかけられた。私は出来るだけ気配を消してご両親の近くに立っていようと思ったが、そう心がけてはいても、私がそこにいることは間違いなくわかるくらいの距離だった。いつ咎められても不思議ではなかったが、誰かに指示されない限り、ここから離れてはならないような気がした。病院の人が、日本人かもしれない遺体がひとりあるんですけど見てみますか？　と聞き、通訳の女性が流暢な日本語でそのことをご両親に伝える。父親が、はい、と答えると、さっきまで確認していた遺体が乗せられていた台の脇の床に、無造作に置かれていた袋のファスナーが開けられた。

その瞬間、その場の空気が今までとはまったく違うものになった。私は抗菌マスクをきちんと鼻にかけなおす。母親はハンカチでしっかりと鼻まで覆い、周囲にいた人間たちは皆、数歩後退した。それほどまでに濃い腐臭だった。通訳の女性は臭いにむせながら、完全に自分の持ち場を離れてしまっていた。袋の中身を確認するために前に出たご両親につられるように、私が身体を前に傾けたそのとき、誰かが私の背中を押した。

白石さんついててあげて、というささやくような声がして、振り返るとマスクをしっかり被ったGさんが私の背後にいた。私はしっかりと抗菌マスクをかぶりなおし、遺体の頭のところに立っているご両親と病院関係者の中間、遺体のわき腹あたりに立った。そして改めて遺体に目を向ける。その遺体はかなり水を吸ったのか茶色く膨れ上がっていて、袋にはピピ島、と書いてあった。プーケット島から二十キロ以上離れた島だ。彼女はこのプーケット島のカタビーチ近くでゴムボートに乗っているときに津波に襲われたらしいから、この遺体がそうである可能性は少ない。ご両親は袋の中を覗き込むようにして中腰になった遺体の顔つきを確認し始める。そしてすぐに、さっきの遺体を確認しているときとは違った、疑惑を含んだ表情になった。

そうなのかなあ？　あらわになった遺体の顔を見ながら母親はつぶやくように言う。ふたりは中腰になってその遺体の顔形を貫くように見つめていた。そしてすぐに母親は何かに気づいたように少し目を大きく見開き、ちょっと見て額のところ、と言って手を伸ばす。しゃがみ込んだ母親は指先に腐臭が付着するのもいとわずに、砂を被って白髪のようにくすんだ前髪をかきあげた。そして、ホラ、富士額。あの子とおんなじ、と父親に向かって言う。額を確認して頷くように数秒考え込むと父親はすぐに、足、足を見せてくれませんか？　と言った。私は担当者に足の方を見たいから袋を捲り上げてくれるように伝える。

Gさんは近くで確認作業の様子を撮影していた。もうすでに拒否される様子はなくなっていたし、今ここで起こっていることを伝えるのに何の後ろめたさもない、そんな感じだった。私もそうだった。娘さんを探しに日本から来たご両親が、強力な腐臭を放つこの遺体が娘なのかどうなのか判断に困っているのだ。それは、誰かに伝えなければならない現実だと思っていた。

遺体の足からは、娘かもしれないという特徴は得られたが、娘ではないという確証はひとつも得られなかった。

すみません、手を見せてください、という母親の声にはじかれたように、私は目の前にあった遺体の腕をつかんだ。手のひらを、手のひらを見せてください。という声のほうに腕をよじろうとしたが、腕は硬くてよじることができず、母親は遺体の上にかぶさって覗き込むようにして手のひらを確認した。

ご両親の表情は確認作業を経ていくにつれて険しいものになっていった。肩を見せてください、と言われ、私は袋の両肩の部分を捲り上げる。ご両親は立ったりしゃがんだり細部を確認するために顔を近づけ、その遺体が自分たちが二十年以上育ててきた娘なのか、必死になって確認しようとしていた。

あ、ホクロある。あの子と同じところに、と母親が声をあげて、肩のホクロを確認した。同時にBCGの痕も確認できたようだったが、二人はまだ迷っているようだった。父親は、歯を、歯を確認してみよう、とつぶやくように言う。二人の声のトーンはかなり低くなっていた。私はすぐに父親の意志を担当の人に伝える。遺体の唇をめくり上げると、歯の間には黄土色の砂とも泥ともつかない土砂が詰まっていた。担当者のゴム手袋をはめた指がその土砂をこそぐようにして、遺体の前歯があらわになった。

母親は、前歯の形、あの子と同じよ、と言った。父親は、もう少し、もう少し口を開けてもらえませんか、と言う。私がそれを伝えると、担当者は指を遺体の口の中に入れたまま力をこめ、これ以上開かないんだ、固まっているんだ、と言った。ご両親は中腰の状態から立ち上がり、母親が遺体に向かって小声で、ねえ、そうなの？　と問いかける。この遺体が娘さんではないという根拠は袋にピピ島と書かれていたということだけで、身体的特徴はすべて合致していた。だが、ご両親はまだ決めあぐねていた。

担当者が安置所の奥に行きビニール袋をひとつ持ってきて、遺体が身に着けていた服だと言って床に置いた。私がそのことをご両親に伝えると二人は群がるようにその袋から服やベルトを手でつかんで取り出し始めた。

あの子のよ、このベルトも、ジーンズも。

しばらくして母親が小さい声で、やっぱりうちの子だわ、と言った。そのとき母親の言葉はもう、涙混じりになっていた。

迎えに来たよ、帰ろうね、母親は茶色く変色して仰向けになった娘の前に立ち尽くしたままそう言う。そして、声を震わせながら遺体に向かってもう一度、みんな待ってるよ、帰ろうね、と言った。父親は足元の娘を見つめてうつむいたままだった。ボランティアの通訳女性が戻ってきて、小さく背を曲げて嗚咽している母親を横から抱きしめる。私は担当の人に、娘さんだそうです。間違いないそうです、とタイ語で伝えた。彼は、わかってる、というように黙って頷いた。

担当の人に指示されるままに、私はご両親とともに事務室に入り病院側の説明を通訳した。じきに病院側の正式なタイ人通訳らしい人が入ってきたので事務室から出た。私は外に出るとすぐに安置所から少し離れたところに行き、カバンからメモ帳を取り出して、さっき目の前でなされた身元確認の様子を、順序どおりに記していった。確認の手順、その箇所、ご両親の様子。つい数分前に自分の目の前で起こったことを出来る限り思い出せる限り詳細にメモした。それは忘れてはならない、書き残しておかなければならないことだと思った。

メモし終えて顔をあげると、目の前に何人かの日本人が立っていて、事務室の中を心配そうに見ていた。おそらく、娘さんが勤めていた会社の人だろう。彼らの中で上司らしき人と目が合うと、彼は私に気づいて、ありがとうございましたと言った。仕事でやってるんだからお礼など言われる筋合いはないと思ったが、黙って頭を下げ、先ほど病院側からご両親に対してなされた説明を伝えた。それが終わると、私はGさんが立っている休憩所の手前まで戻る。それ以上いるべきではないと思った。私はボランティアでもなければ大使館側の人間でもない。お金をもらって雇われ、報道助手をしているだけの人間でしかない。

Gさんはすでに撮影をやめていた。別局女性記者が来て、離れていたからわからなかったんですけど、どんな風にして確認したんですか？　と聞いてきた。私は今書いたばかりのメモを広げ、確認された手順と箇所などを説明していった。彼女は私のメモを書き写しながら二、三質問をし、私はそれに答えた。担当者の話では娘さんは二七日の一九時二二分に、五、六体の遺体と一緒にここの病院に運ばれてきたらしい。袋に「ピピ島」と書いてあったから違うと思っていたが、どうも日本人らしい顔つきをしているから確認してもらったとのことだった。ということは昨日、ご両親がここで白い肌の別の女性を確認しているときに、娘さんは袋に入れられてここにいたのだ。良かった、すれ違いになることなく会えてほんとに良かったと思う。

Gさんがそろそろ引き揚げそうだったので、私は去る前にもう一度安置所に行き、病院の担当者に礼を言った。すると通訳のタイ人女性が近づいてきて、ありがとうございましたと日本語で私に礼を言う。流暢な日本語だったが、どこか聞き慣れない訛りがあった。タイ語的な訛りではなく、日本語自体が訛っている。ボランティアですか？ と聞くと、そうです、と彼女は答えた。主人が仕事に出る途中に送ってきてくれて、ほら、ここ、日本人の方が何人も探しにこられるでしょう、そういう方のお手伝いをしてるんです、と言った。おそらくご主人が日本人なのだろう。私は、何かあったときこっちの様子を聞いたりしたいんで、よかったら携帯の番号を教えてもらえませんか？ と言って電話番号を聞き、自分の番号を彼女に伝えた。

時間は一一時を少し過ぎていた。結局、ワチラ病院には四時間もいたことになる。実際に遺体の臭いを嗅いだのは二時間くらいだったが、頭蓋骨の奥に腐った肉片が貼り付けられ、それが無理やり押し込まれたパイプで鼻腔の奥につながっている、そんな感じがずっと続いていた。車に乗り込むとGさんがぽつりと、感染症が怖いですね、と言った。感染症？ 私は反射的にそう口に出す。そんなこと考えてもいなかったし、どんな感染症が起こるのか想像も出来なかった。とりあえずどっか途中でアルコールとか水とか多めに買っておきましょう、白石さん、死体触ったんだからちゃんと手、洗ってくださいよ、とGさんは言葉を続ける。私は手を鼻に近づけて臭いを嗅いでみた。明らかに私の指には濃い腐臭が付着していた。

私は死臭に慣れつつあった。今この瞬間の自分は、死臭に酔っていると思った。頭が正常に動いている気がしなかった。

Gさんは、県庁舎の様子をもう一度見に行きたいと言った。行ってみると県庁舎は昨日とは同じではなかった。救援物資は昨日よりも増えていたし、人の数も、パラボラアンテナを搭載した車も増えていた。それはテレビ局の放送車や、携帯電話会社の車だった。ひととおり見てまわって車に戻り、携帯電話屋に行く。店に入ると、昨日頼んだ中古の携帯電話が一台まだ来ていないから待ってくれ、と言われた。Gさんはいらいらする様子もなく、切れかけていた携帯電話の電池をここで充電させてもらえるよう店の人にお願いした。店の人は、ぜんぜんオッケーといった感じで承諾し、私たちは店内のコンセントプラグを借りた。充電しながらGさんは、今日これまでに撮影した写真を日本のローミング携帯で会社のサーバーに接続し、ワチラ病院の安置所で撮影した大量の写真の中から日本に送信する写真を選んで片っ端から送った。車で移動しながらだと電波が不安定だから途中で接続が切れたりするんです。だから、こういうときに送っときたいんですよ、とGさんは言う。

結局、二人分の携帯電話が調達できて、データの送信が終わるまで私たちはずっとそこにいた。再び車に乗り込んだ時はすでに一四時近くだったが、食事はまだだった。パソコンを閉じ、すっかり食事休憩モードの表情でGさんが、白石さん、すいませんけど昼めし、またタイスキでいいですか？　と言った。さすがに私は心の中でずっこけたが、いいですよ、と答える。よっぽど日本にいるときにこっちに来てタイスキが食べたかったのだろう。昨日と同じタイスキ屋に入り、野菜と肉を中心に適当な具を注文する。具が運ばれてきて、手で空芯菜をちぎって鍋に入れていると、Gさんが少しだけ引きつった表情になり、白石さん、病院で死体触ってから、手、洗いました？　と聞く。私は、たぶんと答えた。だが自分でも病院を出てここに来るまでの間に確実に手を洗ったという記憶はない。

えええ本当ですか本当に洗ったんですか？　とGさんは聞き返す。私は、じゃ今から洗ってきます、と答えて席を立った。トイレに入って丁寧に手を洗っている最中、よくよく考えてみれば携帯電話屋でトイレを借りたとき洗ってるだろうから、まあ大丈夫だろう、と思う。席に戻るとGさんは、これからは水とか消毒液とか大量に買っておいて、こまめに洗うようにしましょう、と真顔で言った。確かにGさんが言うように感染症の心配があるなら、こまめに洗って出来るだけ安心できる環境を作っておかなければならない。

タイスキをたっぷりと腹に詰め込んだあと、私たちは再び車に乗った。とりあえずワチラ病院には向かってはいたが、まだこれから何を撮るかは決まっていなかった。しかしそうしているうちにGさんの携帯電話が鳴り、先輩記者から、タイ政府が疫病対策としてDNA鑑定用に歯形と髪の毛を取ったあと被災者の遺体を焼くと発表した、という情報が入ってきた。今朝、テレビで見たパンガー県の寺院のように千人分以上の遺体が検死も追いつかないままの状況なら、どんな疫病が起こっても不思議ではないと私は思った。それにこの暑さだ。ほっといたら遺体はすぐに腐る。Gさんは、引き続き邦人取材を中心に動いている記者と連動しつつ、遺体を焼くのであれば、その場面は撮影しなければならない、と思いはじめたようだ。Gさんは少し考えて、もう一回県庁舎に行きましょう、と言った。

県庁舎に入った頃、あたりはゆっくりと暗くなり始めていて、時間は一七時を過ぎていた。私とGさんは各国の大使館窓口がある建物まで歩いていく。掲示板に貼られている遺体写真を見たとたんに私は午前中に嗅いだ腐臭を思い出した。それは、そこにある臭いではなく、脳の中から記憶によって呼び起こされた腐臭だった。Gさんは何枚かフラッシュを使って写真を撮ると、白石さん、戻りましょうか、と言った。Gさんが携帯で話していた様子では、今夜、記者全員がホテルの一室に集まってミーティングをするらしい。

車がホテルに着くと、私はGさんの指示どおり運転手さんに明日の集合時間を告げて別れた。私たちが疲れているのと同じように彼も疲れているはずだ。私たちも非常事態でおかしくなっていたが、何度も突発的にあちこちに行き先を変えられて、運転手さんもかなり神経をすり減らしているだろう。休めるときに休んでおいてもらったほうがいい。

二〇時頃Gさんと一緒に別局男性記者の部屋に行くと記者の人たちが集まっていた。Gさんが、ビールと料理を適当に買ってきてもらえませんか？　と言ったので、私は外に出て注文食堂でグリーンカレーと空芯菜炒め、ご飯を人数分買い、そして象ビールを四本ほど買った。三十分くらいして戻り、あらためて見てみると部屋の中にはかなりの人数がいた。バンコク支局から来たカメラマンと記者の人、先輩記者とタイ人助手が二名、さらに別局の男性記者と女性記者がそれぞれ一名ずつ、そしてGさんと私。全部で九名だった。それぞれがベッドや椅子に腰掛けていて、テーブルにはヨーロッパ銘柄の瓶ビールが開けられていた。

Gさんがバンコク支局のカメラマンの人と話しこんでいたので、とりあえず私は象ビールの栓を開けた。なんか全員でミーティングするという雰囲気ではなかったので、私は初対面のバンコク支局の二人に挨拶をした。よろしくお願いします、とは言ったが、私は自分が場違いな場所に場違いな食べ物と場違いなビールを運んできたような気分になっていた。よくよく考えてみればここでは自分の存在がそもそも場違いのような気もする。それでも仕方なく私は、買ってきたカレーや空芯菜をテーブルにあけた。人数分のレンゲや箸をもらってきていたが、他の人はほとんど手をつけない。しかたなく私は自分の分のご飯をよそい、空芯菜の炒め物とグリーンカレーをおかずに食べる。自分だけが隠れてこっそり食事をしているような気分だった。

別局の二人に今日買ってきた携帯電話の使い方を教え、それから余分に買ってきたプロバイダのプリペイドカードを出して、別局記者のノートパソコン二台に設定する。それをやるともう私のやることはなくなった。Gさんはバンコク支局のカメラマンの人とふたりでずっと話していた。そのうち助手のタイ人が帰ってしまうと、なんか本当に自分がひとりになったような気がした。私を疎外して皆がミーティングしているというわけではなかったが、Gさんも含めて、皆、思い思いのことを考えているらしく、それが彼らの間で互いに許容されているといった感じだった。私は黙ってひとりでほとんど手がつけられていない料理を食べ続けた。

二二時過ぎにその場が解散になると、私は料理とビール瓶を片付けた。部屋を出て二人でエレベータに乗るとGさんは、明日は、亡くなった人の法要とかを撮ろうと思うんですよ、と言う。Gさんの頭はもうすでに新しい状況を伝えるために動き始めていた。でももうわかっているかもしれませんけど、状況しだいで追いかけるものがころっと変わるということはありえますから、そのときはすみませんがよろしくお願いします、とGさんは言葉を続けた。

部屋に戻り髪の毛と身体を洗う。いくら洗っても腐臭が消えないような気がしたが、そのことについては考えないことにした。私は今、物理的に自分の身体をきれいにすることだけを考えるべきで、記憶に付着している臭いのことなんか考えても仕方がないと思ったからだ。

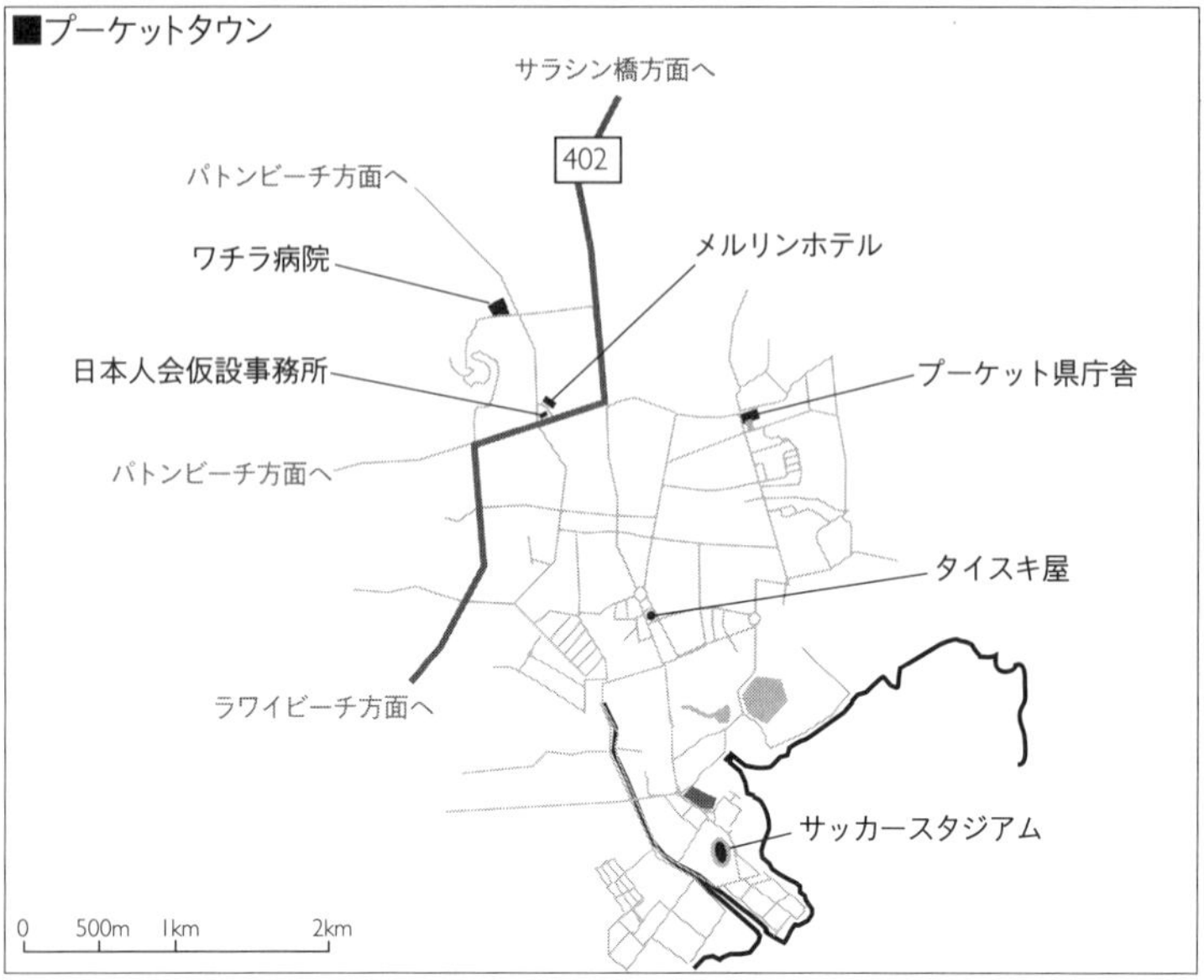
■プーケットタウン
サラシン橋方面へ
402
パトンビーチ方面へ
ワチラ病院
メルリンホテル
日本人会仮設事務所
プーケット県庁舎
パトンビーチ方面へ
タイスキ屋
ラワイビーチ方面へ
サッカースタジアム
0 500m 1km 2km

■パトンビーチ
プーケットタウン方面へ
パトン病院
パトンタワー
オーシャンプラザ
ビア・バーが並ぶ繁華街
0 500m

二〇〇四年一二月三〇日（木）

地獄から来たボランティア

六時半過ぎに目覚めるとすぐに私はパソコンを起ち上げ、軽く水浴びを済ませる。アキレス腱のところにできた靴擦れが破れていた。私はそもそも靴などめったに履かない。一年半以上、サンダルを履いてバンコクにある事務所と自分の部屋を往復し、一日中翻訳だけしていたのだから、靴など履く必要がなかった。だから二日間靴を履いて歩いただけで靴擦れになったのだろう。

バスルームから出て再度、保健省のサイトをチェックしてみる。被災者数は二千三百二十九人。確実に増えていた。集合時間まではまだ時間があったので、私は新聞を何紙か買ってきて、レストランでビュッフェの朝食をとりながら読む。コム・チャット・ルック紙に被災六県の被災状況表が載っていた。

プーケット県	死者	一三〇		行方不明その他	一〇七〇
トラン県	死者	四		行方不明その他	七〇
パンガー県	死者	五二八		行方不明その他	四七九九
クラビ県	死者	六八		行方不明その他	一二〇八
ラノーン県	死者	一〇二		行方不明その他	九九
サトゥン県	死者	七		行方不明その他	一五

死者合計　八三九　　　行方不明他合計　七二六一

やっぱりパンガー県がただごとではない。死者がプーケットの四倍以上だ。よっぽど被害がひどかったのだろう。出発時刻まではまだ時間があったので、私は部屋に戻ってテレビをつけてみた。タイの地上波では相変わらず検死をやっている寺院を映し出していた。画面には真っ赤な髪を立てた女性が、遺体の間を飛び回りながら盛んに指示を出している映像が映し出されていた。

ポンティップ博士だ。彼女はタイにおける検死の権威で、検死に関する本を書いてベストセラーを何冊も出している。私は一度だけ彼女が書いた随筆を読んだことがあるが、整然としていて読んでて気持ちのいい文章だった。チャンネルを変えるとNHKではWHOから赤痢などの伝染病の警報が出ていると伝えていた。私はそれを見てまずいと思い、ホテルの近くにあるコンビニで消毒用アルコール二本と絆創膏、水のボトルを四本買った。

八時にロビーに下りてきたGさんはちゃんと眠ったらしく、昨日よりかなりましな顔をしていた。Gさんは、とりあえずパトンビーチに向かってください、と言う。法要があるのだとしたら、この島で一番多くの被害者が出たパトンビーチに行ってみるのがいいということなのだろう。車が峠を越えてパトンビーチに着くと、そこはおととい来た時よりはきれいになっていたが、私の中ではすでに同じ風景ではなくなっていた。いろんなものに遭遇したことによって私の想像力の自由度は上がっていた。私は風景を見ただけでより確実に、二六日、ここで何が起こったのかをリアルに想像することが出来るようになっていた。

法要のことならまずはお寺に行くべきだということになり、運転手さんに言ってパトンビーチにある一番大きなお寺に行ってもらう。九時少し前にお寺に着いたが、お寺の中には棺があったり、遺族が集まっていたりなどということは一切なかった。私は掃除をしていた中年の女性に、住職はどこにいるのか聞く。女性はすぐに僧坊の場所を教えてくれた。僧坊では一人の袈裟を着た僧侶が床に座ってテレビを見ていた。テレビでは有名人や一般の人から寄付がいくら集まったということを声高らかに伝えていた。それを見ているとタイ全国民が何かを競うようにこの被災地に向けて寄付をしているように思えた。お坊さんの話では、地元の人で身元が判明した遺体については家に呼ばれて読経したし、朝の托鉢とその後の読経はするけど、津波被災者のために特別に何かをやったりするような予定は今のところない、何日かしたら新年のための読経をすることはあるが基本的にいつもどおりだと言った。今夜する読経も別に全国的なものではなく、普段と同じ日課どおりのものらしい。

私はお礼を言ってから僧坊を出て、Gさんにそのことを告げる。取材が振り出しに戻ったからかGさんは少し残念そうに、とりあえずダイブショップとか旅行代理店とかこっちで商売している邦人に話を聞いてみましょう、と言った。車が走り出すとGさんはビーチ沿いの一本前の道を走るように指示し、道沿いに日本語の看板を見つけると、そこで車を停めるよう指示した。そこは旅行代理店の窓口らしくタイ人女性が座っていたが、座っているテーブルの脇にはいくつもの米袋が積んであった。おそらく救援物資だろう。聞いてみると、そこのオーナーである日本人女性は、ここから少し離れたもうひとつの事務所で業務をやっているらしい。Gさんは女性の言葉から事務所の場所を推測したらしく、じゃそこ行きましょ、と言った。

その事務所には一〇時頃に着いた。オーナーの女性は想像していたよりも若く、私やGさんよりも間違いなく歳下で、まだ三十歳前くらいに見えた。彼女は、ここに座って被害に遭ったいろんな旅行者の対応をしているけど、みんなわけがわかってない、と言った。日本語で情報を流すべきところがちゃんと情報を流してなくて、日本領事館の担当者に電話しても要領を得ないし、こちらでも情報が錯綜していて、何をどうすればいいのかわかっていない人が多い。今年の新年の花火は中止だってアナウンスがあったんだけど、何で花火上がんないのっていう西洋人もいるくらいだし、ボランティアしたいって日本人もいるんだけど、どこに連絡すればいいのかもわからないみたい、と彼女は言った。かなりはっきりとものを話す女性だった。私は、彼女はここにいる人なのだと思った。ここにいて事務所を設け、日本人旅行者の面倒を見たり、チケットを売ったりして暮らしてきたし、これからもそうしていくはずだったのだろう。

全部キャンセルです、今後数ヵ月、日本から予約入ってた分全部キャンセルですよ、と彼女は訴えるようにそう言う。もう明日からカイ島へのツアーも出てるし、コーラル島への船も運航してるんですよ、通常通りに営業できるのに、それなのにお客さん来ないんですよ、と彼女は吐き捨てるように言ってため息をつく。確かにいつもならたくさんのお客さんが来て、ダイビングやクルージングのツアーを手配している時期なのに、何ヵ月先までもパタリと人が来なくなり、物騒なうわさが流れたりしているのだ。そしてなによりすぐ近くで、現実に何百人もの人が津波に飲まれて命を落としている。不安にならないわけはない。

彼女は、パトン病院に日本人らしい女性が一人、保護されているらしい、と言った。津波のショックで記憶喪失になっているらしく何も喋らないが、日本の煙草を持っていたとのことだった。Gさんはその話を聞くと、ほかに二、三とりとめもない話をしてから店を出た。とりあえずパトン病院に行くことにしたようだったが、その前にダイブショップの日本人に話を聞きに行きたいんで通りの入口の方に行って下さい、と言った。私はその言葉を運転手さんに伝える。

そのときふと私の携帯電話が鳴った。見覚えのない番号だった。ああすいません白石さんですか？　お手数で申し訳ないんですけど、今泊まってるホテルの部屋、毎日予約の再確認しないと泊まれなくなりますから、人数分やっといてください、あと、出来ればあと一室、大きな部屋を仕事部屋として取りたいんで、追加で予約しておいてもらえませんか？　電話の主は一気にそう言った。昨夜、会話を交わしたバンコク支局の記者だった。私が、はいわかりましたー、と答えると、彼は、じゃよろしくー、と言って電話を切ったが、どうしてそのような雑用を彼から命じられるのかは理解できなかった。彼にもタイ人助手がいるはずだ。ただ、とにかくそのバンコク支局記者が今、忙しいのだということはわかった。私はすぐにホテルに電話をかけてみる。しかしホテル側は全員の部屋の延長は受け付けたが、仕事用の部屋は午後にならないと空くかどうかわからないし、現時点では予約など出来ないからまたあらためて電話してくれと言った。

Gさんはダイブショップに寄って日本人店員に話を聞くと、一軒のオープン・カフェで車を停め昼食にした。ダイブショップに寄ったのは、海に潜って珊瑚などの被災状況を撮影するための情報収集らしい。その間に運転手さんが地元の人に聞いた話によると、今夜、パトン病院で読経を伴う儀式があるとのことだった。すばらしい、私たちの運転手さんは聞き込みも出来るのだ。じゃとりあえずその日本人らしい記憶喪失の人の確認とそのついでに夜の儀式のロケハンですね、とGさんは言った。

一三時前に再び車に乗り込むと、私はもう一度ホテルに電話してみた。レセプションの人は先ほどの私のお願いを覚えていたらしく、仕事部屋がひとつ確保できました、と言った。私は部屋を予約して電話を切り、一安心してため息をつく。私はどうも移動しながら何度も電話をかけるような仕事が苦手らしい。移動しているうちに電話しなければならないこと自体を忘れてしまいそうで、それがすごく煩わしかった。

ええっ。ほんとですか？　ちょっと待ってください、と私の隣でGさんがそう言ってペンを走らせ、わかりました、ありがとうございます、と言って電話を切った。

白石さん、タイ政府が遺体全部焼くって発表したらしいんです。プーケットと本土を結ぶサラシン橋の近くに遺体を詰めたコンテナが集まってて、今から焼くかもしれないんですよ。焼くことが決まったらそっち撮りに行かなきゃならないんで、連絡して聞いてもらえませんか？　Gさんはそう言ってそのサラシン橋近くのコンテナ担当者の名前と携帯の電話番号を告げた。内心、また電話あ？　と思いながら、私はすかさずその担当者の番号にかける。電話は繋がったが、音声が聞き取りづらく、担当者が本人であることを確認しただけで電話が切れた。ああまた何度もこの人に電話をかけなければならないのだろうか？　などと思っていると車はパトン病院に着いた。Gさんが連絡を取っていたらしく、別局記者がすでに来ていた。

記憶喪失の女性は奥の病棟にいて、腕に擦り傷のあとがあった。彼女は病棟に行く途中の休憩所に座っていて煙草を吸っていた。見るからに日本人のような感じだった。隣には年配の西洋人女性が座っていて、彼女に英語で話し掛けている。どこも怪我したりしている様子がないところから、西洋人女性はボランティアなのだろう。日本人みたいだよなあ、と別局男性記者がつぶやくように言った。私たちは近づいて三人で彼女を見つめる。端から見ればかなりおかしな光景だったが、私たちは記憶喪失の人間に対してどう対応していいのかわからずにいた。やがて別局男性記者が彼女の前にしゃがみ、日本人ですか？　と日本語で聞いてみた。

彼女は頭の横で手の甲を外側に一度だけ振り、ノー、とだけ言うと、立ち上がって病棟のほうに歩いていった。立ち上がった彼女は身長が百六十五センチくらいで、女性にしては長身だった。西洋人女性が彼女の後を追うようにして中に入っていく。Gさんが、白石さん、とりあえず向こうの状況、橋の近くのコンテナの状況、電話して先に聞いてください、と言った。私は、わかりました、とにこやかに言ってその場を離れ、少し静かな場所に行って電話をかける。向こうは相変わらず電波の状況が悪く、コンテナが六個来ているだけで、お坊さんが来るかどうかもわからない、今後のことはまだわからないが、とりあえずここでは自分一人で待機している、と担当者は言った。その、サラシン橋近くの安置所がどういうところなのか想像はつかないが、遺体が入ったコンテナ六個と一緒に一人で留守番する担当者の姿を想像すると私は少し同情した。

電話を終えて渡り廊下に足を踏み入れると、正面から私を見ている男性がいた。西洋人だった。彼は松葉杖をついて私に近寄ると、報道か？　と聞いた。そうだ、と答えると彼は、食事も衣類もすべて困っていることはない。こんなによくしてもらってタイの人たちにすごく感謝しているとタイの全国民にそう伝えてくれ、と真剣な表情で言った。私は、わかったと答え、どこから来たの？と聞いてみる。彼は、デンマーク、とだけ答え、ぴょこぴょこと歩いていった。

Gさんの元に戻ると、さっきのボランティア女性が別局記者と話をしていた。その女性は五十八歳で普段はタイ北部のチェンマイ県にいて英語教師をしていて、二日前にボランティアとしてきたと言う。ひとりで？　と私は聞いてみた。ええ、とその女性は答え、とにかく記憶喪失の女性は津波で友達を失ってショックを受けていて、死にたいと言っている。ほっとくと自殺しそうな感じだから、私がついていてあげなければならない、と言った。北部のチェンマイ県からここまでは千五百キロ以上離れている。彼女はそこからひとりでボランティアに駆けつけたのだ。

病室を出ると病院関係者に一九時の追悼行事について確認した。四人のお坊さんが来て読経するらしい。私はGさんにそのことと、さっき電話した安置所の様子を伝えた。Gさんは少し考え、とりあえず他の場所で祈りの行事とか祈っている様子が撮影できないか探しに行きましょう、と言って、再び車に乗り込んだ。時間は一六時になろうとしていた。Gさんの電話には今夜、全国的な追悼行事があるらしいという情報が入ってきていたが、詳細等はまだわからなかった。この病院での追悼儀式まではまだかなり時間がある。あの、ワチラ病院にいたボランティア通訳の女性に連絡してもらえませんか？　彼女ならその追悼行事のことを知ってるかもしれないから、とGさんは言う。私はすかさず彼女の携帯に電話した。電話に出た彼女は、個人的に昨日、娘さんが津波にのまれた場所にお花を流したりはしましたけど、他で何かやるかは特に聞いてません、と言う。彼女の家はあの日本人の娘さんが津波にのまれた場所、カタビーチの近くらしい。私がそのことを伝えるとGさんは、お花とか線香とか供えてあるかもしれないから、見に行ってみましょう、と言った。私が、これからそっちに行ってみようと思うんですけど、場所を教えてくれませんか？と聞くと、彼女は運転している人に説明しますから、電話を代わってください、と言った。私が携帯電話を運転手さんに渡すと、運転手さんは彼女と電話で話し、待ち合わせ場所を確認した。

車が彼女が住んでいるビーチに向かおうとしていた時、電話で話していたGさんが突然顔色を変えた。え？　またですか？　ちょっと？　マジですか？　白石さんっ、またスマトラ沖で地震があって津波の恐れがあるそうですっ、運転手さんに高いところにあがってもらってくださいっ、すぐっ、今すぐにっ！　Gさんは大声で叫ぶ。私は、また地震だからっ、すぐ！　すぐに高いところに上がって下さい兄さんっ！　と運転手さんに向かって叫んだ。運転手さんの表情が瞬時に引きつる。Gさんも同じように表情を引きつらせ、ハリーアップ！　と英語で運転手さんをせっついていた。私の表情も引きつっているに違いない。当然だ。今車が走っているのは四日前に津波が押し寄せた場所なのだ。あたりを良く見てみると心なしか走っている車や通りにいる人の数が少ないような気がする。多くの人がすでに情報を得て避難していて、私たちだけが逃げ遅れているのかもしれない。車はパトンビーチ北側の急な山肌を登ってゆく。街や砂浜が遠く低くなってゆくにつれて私たち三人の気持ちは少しずつ落ち着いていった。Gさんは、避難している人たちの様子が撮影できるといいんだけどなあ、などと言いはじめている。

確かにもうここまで来れば波にのまれることもないだろう。海とパトンの街が一望できる高台まで来て、Gさんは車を停めるように指示した。車を降りてみると、誰一人として避難している人間はなく、何人かの建設工さんが、アパートのような建物を建設する作業に従事していた。私はその中のひとりに、ここに人が逃げてこなかったか聞いてみた。彼は、三十分くらい前、二十人以上避難しに来たけど、津波は来ないみたいだから帰った、と言った。私がそのことを伝えると、Gさんはすぐに電話をかけて地震の発生時間を確認する。なかったみたいですね、津波、人が逃げてる様子はないですよ、と話しているのが聞こえた。まあとりあえず気をつけます、情報ありがとうございました、と言ってGさんは電話を切った。

よかったですね、とGさんは表情を緩めてそう言った。不安そうに車を降りてこちらを見ている運転手さんにその言葉を伝えると、運転手さんは小さくため息をつく。慌てて上がってきたその高台は、本当にパトンビーチが一望できる絶好の場所だった。Gさんは、もし万一のことがあったらここだな、と呟き、じゃ行きましょうか、と言って再び車に乗り込んだ。私は車に乗ってもまだドキドキしていた。おそらく、他の二人もそうだと思う。電話で情報が入ってここまで逃げてくる間、私たちは自分たちが車ごと海水にのまれる光景を想像していた。ここに来てからいろんな現実を見ることによって、確実に想像力が働くようになっている。

海岸沿いに車を走らせ、一八時少し前にボランティア通訳の女性に指定された場所に着く。そこはカタビーチを少し過ぎたところにある高台の道脇だった、しばらく待っていると彼女が運転するピックアップトラックが現れた。私のトラックについてきて下さい、という彼女の指示通りに、私たちの車は彼女のあとをついていく。道脇にバナナが点在する一本道をしばらく走った突き当たりにその場所はあった。タイ語で「運河」と説明されたその場所は緩やかな岬のような形状で、先端の少し離れたところに海を挟んでマングローブの大きなかたまりが島のようになっていた。ここでゴムボートに乗っていた外国人五人とタイ人二人が波にのまれたんです。他の人はマングローブの木につかまってなんとか助かったんですけど、彼女だけが助からなかったんです、と彼女は相変わらず流暢だが訛りのある日本語で言う。海岸にある木造の建物が何軒か完全に壊れて残骸になっていた。波は両側から来たらしい。こんな小さな島を挟んだ地形だから、巻き込むようにしてもう一度反対側から波が来たのだろう。

彼女は、今朝ここから花を投げたんです、と言った。そこには地元の人があの娘さんのために供えたらしい線香が軸だけ残して地面にさしてあった以外、特に何かが手向けられた様子はなかった。Gさんは写真を何枚か撮ると、彼女にありがとうございましたと言って車に戻った。

戻る途中のカロンビーチでも車を停めて見てみたが、海に花を手向けたりしているひとがいるような様子はなかった。Gさんは、一度、パトンビーチ沿いの様子を見てから病院に行きましょう、と言った。一九時頃パトンビーチに戻ると、車はビーチに面している大きなショッピングセンターの前に停まった。建物にはタイ文字で「オーシャンプラザ」と書かれている。正面に瓦礫がまだ少し散らばっていて、いろんな所が崩れていた。正面から入れる地下の、ショッピングモールだったらしい場所を覗き込むと、そこには貯水タンクのように大量の水が溜まっていて、水面にはありとあらゆる商品や木材が浮いていた。私は、地下というものは大量の水が入り込むとそれを自動的に排出することなんてできないのだな、と思った。津波が来たときここに人がいたのだとしたらひとたまりもない。水面に浮こうにも地下の天井に遮られて呼吸が出来ないし、そうなったらまず助からないだろう。あたりにはポンプの音が低く響いていて、地下に入り込んだ水を汲み出していた。水は汲んでも汲んでも尽きそうになかった。

しばらく撮影して、二〇時ちょうどくらいにパトン病院に戻ってきた。追悼儀式はまだ始まっていなかったが、病院入口脇の追悼儀式会場にはパイプ椅子が並べられていた。病院の建物をはさんで逆側の駐車場には大きく黒いトラックが停めてあり、軍服を着た西洋人が二人いた。私は彼らに近づき、どこから来たの？　と聞いてみた。イタリー、と彼は答える。アーミー？　私はさらに聞く。うん、そう、と彼は答えた。言葉は簡単だったが、表情は厳かだった。これからどこに行くの？　と聞くと、空港、と答える。おそらくイタリア人の遺体がここにあるのだ。それを移送するためにわざわざ本国から来たのだろう。病院の地下は斜めに掘られて吹き抜けになっていて、そこが丸ごと駐車場になっていた。そしてそこにいくつもの棺桶が見えた。それを目にした途端に、今まで気づかなかった強い腐臭が私の中に甦ってきた。

Gさんと私は追悼儀式の会場に向かった。会場にはテントが建てられていて、その中に祭壇のような舞台が設置されていた。まだ時間があると思ったのか、Gさんはノートパソコンを起ち上げて、今日これまでに撮影した画像を整理しはじめた。私はやることがなかったので、とりあえず今日これまでにあったことを簡単にメモし、近くにいたテレビ局のスタッフに話し掛けてみた。すみません、今日一九時から全国的に法要があるって聞いたんですけど、それとこの儀式は関係あるんですか？　と私は聞く。スタッフは、そんな全国的な法要の話など聞いてない、と答えた。私がテントの中に入ると、病院関係者らしい初老の男性が、日本人か？　と話し掛けてきた。そうですと答えると男性は、ボランティア？　と質問を続ける。いや、仕事です報道ですと私は答えた。すると彼

SUPER MARKET
PHARMACY

パトンビーチのオーシャンプラザ前（2004年12月30日）

はあっさりと、ああいいよ取材して、と言ってくれた。

やがて儀式が始まると、僧侶がお経をあげはじめた。何人かの僧侶はプラカードのようなものを持っていて、それには何か文字が書かれているようだった。私はその文字を読みたかったが、僧侶たちが座っている正面舞台の方に行っても読めそうにはなかったので、ずっとその後ろの方からそのお経を聞いていた。お経なのかそれとも説法なのかは、聞いていてもよくわからなかった。どちらにせよ、お経だとしたらパーリ語だから、私のタイ語力で聞きとれるはずがない。しばらくすると僧侶の声に合わせて、檀家の人や病院関係者が僧侶の言葉を復唱し始めた。そしてその声に合わせるようにして、一枚ずつそのプラカードのようなものがめくられていった。

一、帰ってくることなく逝け
二、目覚めることなく眠れ
三、居場所はない
四、逃れることはできない

そこに書かれていたのは、間違いなく死者を送るための言葉で、ここで執り行われているのはどう考えても追悼の儀式だった。このテントで合掌している人全てが、僧侶の指揮に従って四日前の津波で生命を落とした人々の冥福を祈り、追悼していた。これでGさんも今日の目的とする写真が撮れるだろう。私はテントから離れて、傾斜している砂利の上を歩いて地下駐車場に下っていった。そこには壁がなく、吹き抜けになっていて、さっきイタリアの軍人が立っていた場所の裏手に位置していた。

まず私の視界に入ったのはボートだった。太いゴムチューブに空気が入ったボートが無造作に置いてある。おそらくこれを使って、津波後にパトンビーチに散乱した遺体を収容したのだ。私はさらに近づいてみる。木製の長い箱が数多く並べてあるのが見えた。棺桶だった。

ゆっくりとその場所に下りてみる。そこには五十以上もの棺桶があった。棺桶に入れられているせいか遺体はそれほど臭いは強くなかったが、それでもそこにははっきりと腐臭が存在していて、死者が腐臭を放つことによって自らの死を主張しているみたいだった。私は地下駐車場から出て、テントの後ろのほうまで歩き、Gさんが写真を撮っている様子を見ることにした。すると一人の西洋人が立ち上がって近づいてきた。身長は軽く百八十五センチはあるだろう。軍服を着ていて胸ポケットの上には「US ARMY」と書いてある。ああ米国の軍隊の人かと思い、会釈をしようとして、私はすぐにためらった。彼の表情が尋常ではなかったからだ。彼は私のところに歩いてくると見下すように顔を近づけてきて、お前のところのカメラマンの撮影の仕方が気に食わない、と言った。私が、何ですか？　と聞くと、彼はさらに、どうしてあんなふうに連続でシャッターを切るんだ？　と恫喝するように言った。

何なんだこの人は？　今にも殴りかからんばかりに顔を近づけてくる目の前の西洋人がいったい何者なのか知りたくて、私は、アメリカから来たんですか？　と聞いてみる。彼がこの病院とこの儀式にどういった関わりを持っているのか確認する必要があると思った。私たちは病院側に取材していいと言われているのだから、無関係な人間なら相手にする必要はない。

俺は地獄から来た、と彼は答えた。

だめだこのひと頭おかしい、と私は思った。それはもう決定事項だった。目がまずおかしいし、言ってることもおかしい。そもそも一人だけ軍服着てここにいること自体がおかしい。

私はとりあえず、彼の言っていることが理解できないフリをした。この人が実際にGさんに不満があるのはわかるのだが、それをどうしたいのかがまずわからない。しばらくしてGさんがこちらのほうに戻ってきた。地獄から来た男はすぐにGさんの方に向きを変え、私にしたのと同じような目つきで低い声を出し、まくし立てるように恫喝しはじめた。私はテントに戻り、儀式が終わったばかりの病院関係者に、彼は何者なんですか？　と聞いてみた。テントにいた病院関係者は、彼は津波の後からずっと遺体や怪我人の世話をしてくれているボランティアで、今はこの病院に寝泊まりしている。どこから来た人間なのかはわからない、と言った。私は、彼が撮影の仕方に腹を立てているみたいなんだけど、何か問題あるようなことをうちのカメラマンがしたんですか？　と聞いてみた。タイ人の関係者たちは皆、いいや問題ない、ここの状況をちゃんと写真に撮って外国に報道してもらうことは一向に構わない、と言う。私は関係者に礼を言ってその場を去り、Gさんの元に戻った。地獄から来た軍服の男は、長身の身体を前に傾けてGさんにまだなにやらまくし立てていたが、やがて気がすんだのかテントの中に戻っていった。私は、病院の人たちは全然問題ないって言ってますよ、とGさんに伝えた。Gさんは、いやあヤバかったですよあいつ、手に持った煙草を顔に近づけてきた。フランス語で話しかけてみたけど、反応しなかったから教養がない西洋人だな、と言ってパソコンの準備を始めた。得体の知れない西洋人に恫喝されたくらいで仕事をやめるわけにはいかない。Gさんはテントの脇にずれて写真を選んで日本に送信しはじめた。

車に乗ってホテルに戻る途中、私の中にはっきりと恐怖感が生まれていた。それは、地獄から来た西洋人が、あの病院で何かしでかすかもしれないという恐怖感だった。

あいつやばいですよ。パトン病院に行くうちの記者には注意するように言っておいたほうがいいです、と私は独り言のようにそうつぶやく。Gさんは私のその発言にとりあわず、かかってきた電話に対応していた。そして電話が終わると何事もなかったように、白石さん、明日、国際緊急援助隊を取材するために先輩記者と三人でカオラックに行くことになりましたから、と言った。とうとうカオラックか、と思った。プーケット島よりも何倍も被害が大きいと何度も報道で目にしたパンガー県のカオラック地区。私たちはついに明日、そこに行くのだ。ホテルに着いて運転手さんと別れ、Gさんと二人で近くの食堂で食事をとりながら、私は、ずっとカオラックと言われている場所がどうなっているのか考え続けていた。

二二時過ぎに部屋に戻ってテレビをつけるとNHKが現在までの邦人死者数は十五人だと伝えていた。ネットに繋ぐと、とりあえず生きてるかどうか返信だけでもしてくれ、という友達からのメールが入っていた。私は「生きてるよーん」という件名のぞんざいな返信をする。面倒だから近況を書いたりはしなかった。今自分の周りにある状況は、そもそもそんなに簡単に書けるような状況ではない。自分のブログを見ると、クラビ県で津波から逃げた友人がコメントしていた。それは、クラビ県のアオナンビーチで船に乗ろうとしたら、海岸にあった船が一斉に避難していて、水平線から真っ白いしぶきを上げて波が迫ってきて、沖にある高さ二十メートルほどの大岩に激突したので慌てて車を出し、遠くに逃げたことなどが、時間を区切って簡潔に書いてあった。気づいて逃げなければ友人は本当に津波に飲まれていたのだな、と私は思った。

読み終えるとパソコンの電源を切り、シャワーを浴びて身体をきれいにしてから全裸でベッドにもぐりこんだ。シーツの肌触りがさらりとしていて心地よかった。

■パンガー県タクワパー郡、および同県カオラック地区

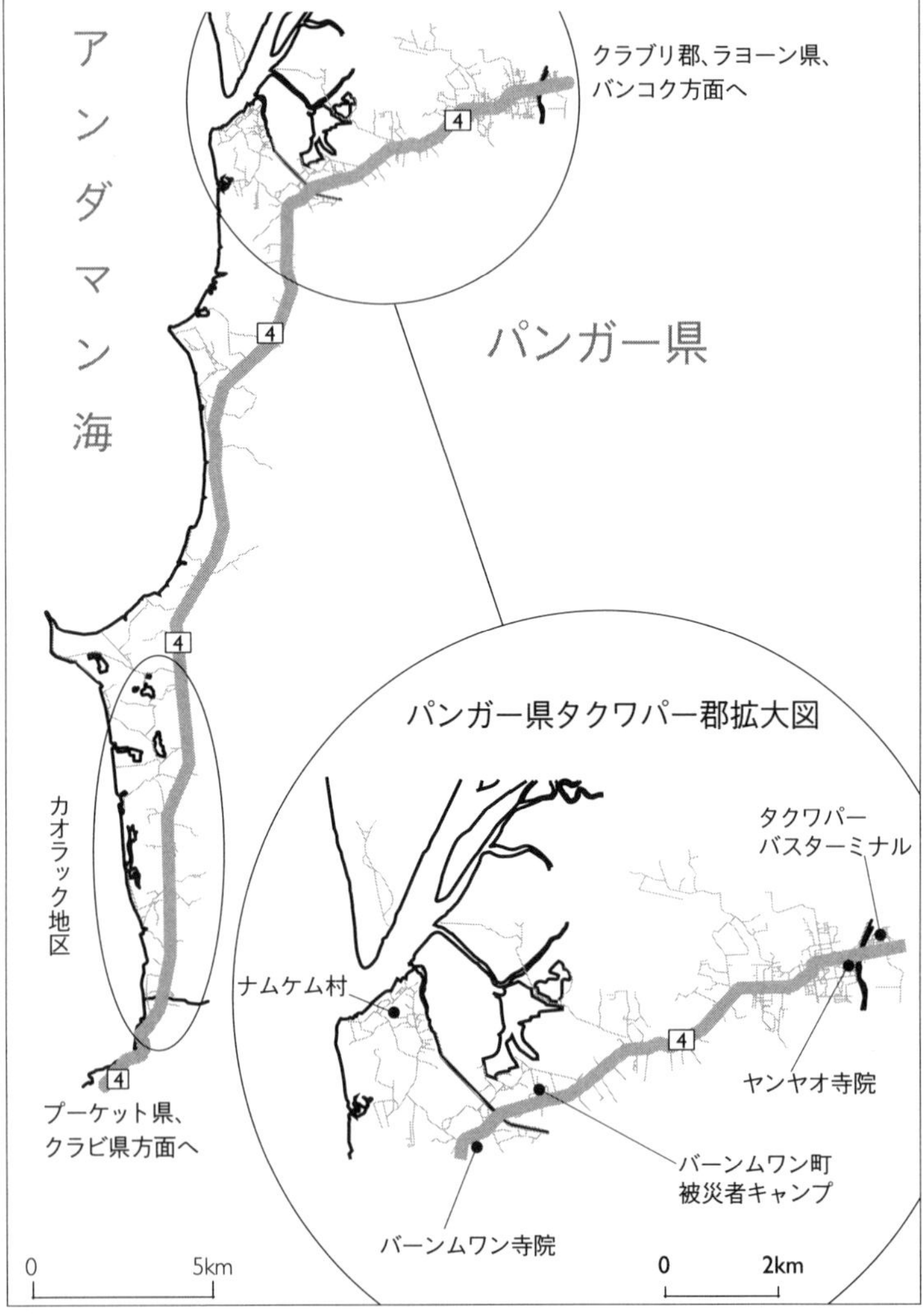

二〇〇四年一二月三一日（金）

エート・カラバオの追悼支援歌

●文中に登場するエート・カラバオの鎮魂歌試聴リンク
http://www.nicovideo.jp/watch/sm4832234

起きてすぐにテレビをつけ、NHKにチャンネルを合わせると、被災各国合計の死者数は十一万人に達する模様だと伝えていた。

私とGさん、先輩記者の三人は八時にホテルの玄関に集合し、カオラック地区に向けて出発した。しばらく走ると車はサラシン橋を通過した。プーケット島と本土の間を五百メートルほどの長さの橋が二本平行に渡されている橋だ。橋の向こうに見えるマングローブ林は何事もなかったように緑色をたたえていて、土砂などをかぶって変色している様子は見られない。橋に近づいた頃から携帯電話の電波が届かなくなり始め、橋を越えて切り立った山の間に出ると、もう完全に圏外になってしまっていた。このあたりでこの状態なら、これから先パンガー県の奥に入っていくようなことがあったら、どうやってデータを送信するのだろう？　と思ったが、車が海岸沿いに出ると、なんとか電波は届くようになった。だが、そのときにはもうすでに携帯などどうでもよくなっていた。私たちの車の左手に見え始めた海岸の状況はただごとではなく、ほとんど全てといっていいほどの建物が倒壊していた。私にはこのカオラック地区についてビーチリゾートだという予備知識しかなかったが、左手に見える崩れた建物からリゾートらしさはみじんも感じられない。

ひどいな……、と後部座席で誰かが言う。その声がGさんなのか先輩記者なのか判断がつかなかった。言葉を発する事が出来るような状態ではなかった。戦場だ、と思った。こんなに大量の建物が破壊されるなんて、戦場以外ではありえない。ふと、私の右腕に何かが当たり、視線を移すと赤いものが見える。それは円い形をしていて、後部座席の方から差し出されていた。白石さん、良かったらどうぞ。そう言ったのは先輩記者で、彼が助手席に差し出したのはクッキーの入った大きな缶だった。え？　パソコン入れてきたんじゃないんですか？　Gさんが驚いたように言う。いや今日は大晦日だから、どんなに急いで記事書いたって締切は関係ないでしょ？　だから置いてきた、と先輩はこともなげにそう言う。私は、ありがとうございますいただきますと言ってその真っ赤な缶ごと手に取り、運転手さんにすすめた。そして自分もクッキーを食べながら現在左手の海岸沿いに見える景色から、二六日の午前中に津波がここに押し寄せて何が起こったのかを想像してみる。パトンビーチの比ではない。少なくみてもここはパトンの三倍以上の距離にまで津波が到達していて、そして到達したその距離まできっちりと建物が破壊されていた。ありえない、と私は思った。

ちょっとすいません、と後ろから声がして私が持っている赤いクッキーの缶に先輩記者の手が伸びる。後ろを振り向くと、いつも温厚な先輩記者が真顔で私が抱えているクッキーの缶をつかんでいた。ああすみません、と言いながら、自分が考えごとをしながら狂ったようにクッキーを食べ続けていたことに気づく。私は赤い缶を先輩記者に返して、落ち着かなければならない、と思いながら水のボトルをあけ、クッキーだらけの口の中を洗い流した。

前方に一筋の煙が見え、再び町の残骸らしき景色が車の両脇を流れ始めると、Gさんがここで停めてください、と言う。私は運転手さんに指示を出し、野球場くらいの広さの空き地の前に車を停めてもらった。そして降りようとして車のドアをあけた途端、一気に来た。腐臭だった。私はすぐにマスクを装着する。白石さんとりあえず死体焼いてる場所があるのか聞いてまわってください。Gさんは表情をしかめたままそう言う。三人で車から降り、私は白いテントの方に歩いていった。そこに人がいたからだ。そしてそこまで歩く途中、テントの左奥にたくさんの白い布や青や黒や緑のビニールが敷き詰めたようになっているのに気づいた。

信じられない光景だった。それが何であるか認識した瞬間、私はその数を数える気さえもなくなった。少なくとも三百体はある。布に包まれた被災者の遺体が魚市場でセリにかけられているマグロのようにずらりと並べられていた。本当にそれが人間の死体なのか、すぐには信じられなかったが、目ではっきり見える景色よりも、頭の芯まで突き刺さるような腐臭がその事実を裏付けていた。昨日やおとといに嗅いだものとは比較にならない。時間は一〇時を過ぎ、太陽が上から激しく照りつけていた。乾燥して空が晴れ渡っている屋外なのに、ガス室にでも入れられたかのようにこの場所には濃い腐臭が循環していた。五日前に溺死した人間が数百人、明らかに今、ここで布に包まれたまま腐りかけていた。

私がテントに近づくと、そこにいた人が長さが三十センチで幅が二センチくらいのリボンのようなものを五、六本くれた。何ですか？　と聞くと、彼は白分の頭を指差す。彼の頭には白い紙繊維製の帽子があった。このリボンを広げて被るらしい。さらに何枚かマスクが渡された。私は礼を言ってその帽子を頭に被りながら、これだけの備品を誰がどこから調達してくるのだろう？　と思う。もしかしたら連日テレビで報告されているタイ全土からの寄付でまかなわれているのかもしれない。

死体をどこかで焼いているんですか？　と聞くと、彼は知らないと言った。私は立ちのぼる煙を指差し、あれは何を焼いてるんですか？　と聞いてみる。布、遺体を包む布だろ、という答えが返ってきた。私はGさんを捜したが、Gさんの姿はすでに見当たらなくなっていた。どこかで撮影しているのだろう。仕方なく携帯に電話をかけてみると、Gさんはどうやら遺体がずらりと並べられた場所にいるらしい。私は電話で話しながらテントを離れて死体が並んでいる場所まで歩き、百メートルくらい向こうにいるGさんを確認して手を振る。焼いているのは遺体を包んだ布みたいです、と私が言うとGさんは、わかりました、じゃとりあえずこっち来てくださいと言う。こっち来てくださいと言われても、そっちまで行くには少なくとも百体以上の遺体の脇を通らなければならない。私は奇妙な恐怖感を感じながら、遺体の間を歩き始める。自分のすぐ足元にはさまざまな形をした遺体があった。臭いがあまりにも酷くて、歩きながら私は一度むせた。おととい ワチラ病院で見たあの女性のようにきれいな遺体はまったくなく、布の隙間から見える遺体の肌はどす黒い茶色に変色していた。水を吸って五日間、冷蔵などされることなく常温でずっとこの場所にいるのだから当然だろう。中にはカエルのように手足を開いたままの死体もあった。手足の一部が布からはみ出ているのだ。一応布で包んではいるが、硬直してしまっていて動かしようがないといった感じだった。もしこの布からはみ出た手がいきなり私の足首をつかんだりしたら、びっくりして心臓が止まるかもしれないな、と思いながら私は何十メートルも死体のそばを歩き続ける。死体から滴っている液体には出来るだけ触れないよう注意した。私のかかとの部分は靴擦れで血がにじんでいたから、ヘタに接触すれば破傷風などに感染する可能性が高い。ようやくGさんのところにたどり着くと、Gさんは遺体脇で燃えている火を撮っていた。私は何かに取り憑かれたようにシャッターを切り続けるGさんの後ろで、しかし、こんなたくさん焼かなければならないほどの布、どっから調達してくるんですかね？　と言った。その瞬間Gさんはカメラを構えたまま、え？　これ、遺体を焼いてるんじゃないんですか？　と強い声で言う。いや、遺体を包んだ布だけみたいです、と私はさっき電話で伝えたことを繰り返した。それならそうと最初に言ってくださいよ！　Gさんは激したように言葉を放つ。やべぇこのひとテンパってる、と私は思ったが、どう考えてもこの状況を目の当たりにしてテンパらないほうがどうかしている。目の前では何百人もの亡骸が異臭を放ちながら腐っている最中なのだ。私たちの頭がこの臭いにやられて正常に働かなくなったとしても無理はない。私はさっきもらった帽子をGさんに渡し、これ、もらったんで髪に臭いがつかないように被ってください、と言った。

撮影を終えると、Gさんは海のほうを見てみることにしたらしく、私たちは再び道路のほうに向かって歩き始めた。日差しに顔を顰めながら顔をあげると、小川をはさんで向こう岸にある森の入口あたりに、灰色に塗られた鉄製の船が置かれているのが見えた。おそらく五日前の津波でそこまで運ばれてきたのだ。海岸線からその場所、小川の向こうまでは間違いなく一キロ以上はあるだろう。けっして小さくはない船で、遠目から見ても長さ二十メートルくらいはある。海上警察の巡視船だ。白いペンキで船体にそう書いてある。私はGさんと一緒に歩きながら、五日前に津波が起こってから、ここに存在している状況が今のようになるまで、具体的に何が起こってどうなったのかを想像してみた。出来るだけ、具体的に、可能な限り。しかしいくら想像しても、現実がその想像を超えているのは間違いなかった。爆撃後の焼け跡を見て、そこで起こった空襲を想像して表現する能力が、物書きには求められるらしいが、私は今、それを実現することがいかに困難かを身をもって知らされつつあった。今私が歩いている道路脇にあるセブンイレブンは中身が見事にくりぬかれ、コンクリートの骨格だけが残った状態で、五本ぐらいくっついたホチキスの針みたいになっている。

くさやのタンクに頭を突っ込んだような臭いですね、白石さん、これまでにこれよりひどい臭いって嗅いだことあります？　Gさんがそう聞く。生ゴミっぽいですけど、くさやはよくわからないです、食べたことないんで、と私は答えた。運転手さんを呼んでもらえませんか？　とGさんが言ったので、私は歩きながら電話をし、やがて先輩記者、Gさんと合流した。車が来ると私たちはすぐに乗り込んで、国道からそれて海への細い道に入った。まわりの建物はほとんど崩れて土台だけしか残っておらず、どのようなリゾート設備だったのかまったく想像がつかない。そもそもここにリゾートホテルがたくさん建てられていたこと自体、嘘のような気がした。瓦礫を払いのけられただけの道を車に乗って移動していると、左前方にコンクリートの建物が見えた。一階部分は小さく原形をとどめていたが、その上には潰れた自家用車が乗っていた。Gさんが車を停め、私たちは車から降りてその建物の残骸の前に立ってみる。自家用車は私の頭上でまるで前衛芸術のように超現実的に存在していた。少なくとも三メートル以上あるだろう。津波がこの車をこの建物の上に乗せたのだ。周りをよく見てみると、瓦礫が点在している中に数台、車が混じっていた。それらはほとんど追突事故でも起こしたように車体がつぶれていた。私は津波に飲まれた瞬間、運転していた人間に何が起こったかを想像してみたが、それは、その想像がほとんど当たっていると思えるだけに、やりきれない気持ちになった。

全ての場所が無差別に破壊され、具が多めのもんじゃ焼きを焼いているみたいに、瓦礫と土砂が無秩序に地面の上にかぶさっていた。私たちは再び車に乗って海へ出た。海は遠浅だったが、海岸の砂が不自然に盛り上がり、傾斜が少し急になっていた。海に向かって左手の方には海に面したリゾートホテルの土台だけが、発掘された遺跡のように存在していて、右手のほうには円形状に椰子の木が植えられ、それに沿って無残に倒壊したバンガローの残骸があった。おそらくホテルのプライベートビーチだったのだろう。海岸には何人かの人がいて、沖を指差して何か言っている。彼らは私たちに気づくと、Gさんの持っているカメラを指差して、望遠レンズがあるなら、あそこに浮いているのが死体かどうか見てくれないか？　と言った。私がその言葉をGさんに伝えると、Gさんはすぐに望遠レンズをつけてカメラを構え、シャッターを押した。違うみたいですね、流木みたい、とGさんは撮ったばかりの写真を液晶画面で示しながら彼らに説明した。それが終わると私たちは車に戻ることにした。まだ時間はあったが、余裕をもって行動しなければ国際緊急援助隊の取材に間に合わなくなる。

国道から海岸に向かうまでの間、私たちは遺体をひとつも目にすることはなかった。ということは、二六日から五日間の間にこの国の人たちは、このカオラック地区の海岸全域に散乱した何百体もの遺体を、国道脇の一ヵ所に集めたということなのだ。少なく見つもっても三百体はある。二六日から数えて今日まで六日間、平均して一日五十体が運ばれてきたのだ。ほとんどが溺死体だから少なくとも重さ六十キロはあるだろう。軍隊が大量に出動しているような様子もないから、ボランティア主導でこれだけの仕事をこなしているのだ。

先輩記者の話では、ここで回収された遺体はタクワパー郡のバーンムワン寺院にある本部に運ばれているらしかった。私たちはとりあえずそこに向かうことになり、車は再び国道を北に向かって走り始めた。私は足元に転がっていたボトルを手に取ると蓋を開けて口の中に水を流し込む。車内はエアコンが効いていたが、外で感じた暑さがまだ体の芯に残っているような気がした。後部座席の二人はこれからの取材について話し合っているようだったが、その会話は何度か、しかしひどいな、と言う言葉とともに途切れた。私たちの頭の中はまだ、さっき見た光景が焼き付いていた。白石さん、良かったらどうぞ、後部座席から、赤いクッキーの缶が差し出された。私は一枚だけ取り、運転手さんにも一枚渡すと、蓋をしてすぐに後部座席に返す。絶妙のタイミングだと思った。そのクッキーの赤い缶は確実に、この車の中にいる全員の頭の中を満たしていた、ひどい、という意識を中和させた。すばらしい、と私は思った。まるで私たちがこれほどまでにやり切れない気持ちを抱くことを見越して用意してきたとしか思えないほど、そのクッキーは効果的だった。甘さが脳に到達して身体全体を弛緩させてくれる、そんな感じだ。

　海が見えなくなってから二十分ほど走り、車は一二時過ぎに寺院に到着した。降りようとしてドアをあけた途端に腐臭が脳を貫いた。Gさんと私はほぼ同時にマスクを装着する。そこにはさっきカオラックで嗅いだ腐臭を軽く上回る臭気が存在していた。寺院には、ボランティア財団の遺体回収グループや軍服を着た人間がいて、私たちは入口のところで紙繊維で出来た使い捨てのエプロンを着せられ、ビニール製の手袋を渡された。寺院の中に入ってゆくと、左奥には小学校の校庭ほどの広さの中庭があり、青や赤のビニールや、もうすでに色が染み付いた布のこげ茶色が、もともとの布の色である白い色に混じって散らばっていた。アクリルで書かれた抽象画のような色彩が、ぎっしりと庭にぶちまけられているという感じだった。さっきカオラックで見た数の倍以上はある。おそらく千体くらいの遺体がここに並べてあるはずだ。あちこちの包みから、焦げたようにくすんだ遺体の手足が見える。到底数え切れないし、もう私には数える気力さえなかった。もし地獄というものが存在するのだとしたら、きっとそこはこんな感じの風景なのだろうと思う。やり切れない、と私は思った。いや私だけではなく、Gさんも先輩記者もそう思っているだろうし、白衣のような形をした緑色の服と帽子を被ってエプロンをつけ、今ここで遺体の特徴を記録したりしている人たちもそう思っているに違いない。

私はとりあえず近くにいた人に話しかけてみる。彼はすぐに、日本人か？　と聞き返してきた。そうだと答えると、あそこに一人、日本人がいるぞ、と教えてくれた。彼に示された場所に視線を向けると、全身緑色の服に身を包んだ青年が立っていた。私がGさんにそのことを伝えようとすると、Gさんは背後にいた彼の存在に気づき、日本の方ですか？　と話し掛けた。ええ、そうです、と彼は答える。ひどいですねえ、何体くらいあるんですかね、とGさんが聞くと彼は、千体くらいはあるでしょうね、本当にひどいです、と答えた。ただでさえ日差しが強く暑いのに、全身を長袖に包まれ、長靴を履いて作業をしている彼のこめかみから一筋の汗が流れ落ちる。私は、気になって仕方がなかった。なぜ、この日本人はここにいて遺体の世話をしているのか？　なぜだ？

Gさんはすぐに彼に質問をはじめる。彼は在タイ八年で、バンコクの遺体回収作業をする華僑系の財団に所属しているということだった。私は、タイには病院独自の救急車はあるけれど、救急のシステムが日本とは違うため、事故などがあったときの遺体の回収はボランティアの財団がやっているという話を聞いたことがある。その組織に彼は所属しているのだ。でも、何でそんな財団に日本人が入ってるんだ？　私は彼に質問したくて仕方がなかった。当然、Gさんはそんな私の気持ちとは関係なく、彼に質問を続けた。まだ二十七歳で、この国で起業して会社を持っていること、現在ここでは南部のスラタニ県から来たニュージーランド人ボランティアとアメリカ人医師、それに自分の三人だけが外国人であること、自分は主に遺体をここまで運ぶ仕事をしていることなどを、彼はしっかりとした口調で話してゆく。私はGさんと彼の話の中から、彼の名前と携帯電話番号を盗み聞きしてメモした。おそらく今後、いろいろと話を聞かなければならなくなるだろう、いやむしろ私は、聞きたい、と思ったのだ。

一三時半頃彼に別れを告げ、先輩記者と三人で再び車に乗り込んだ。バーンムワン寺院を離れて私たちが他の寺に向かっている途中、一台のワゴン車とすれ違う。ちょっとあれ、アレ追いかけて！　と後部座席の二人がすぐに反応した。私がそれを運転手さんに伝えようとする前に、運転手さんはスピードを緩め、ハンドルを切り替える。私が、あの車について行ってくださいと伝えた時、車はすでに向きを変えつつあった。すごい。私たちの運転手さんは素晴らしく会話の空気を読むことができる。ワゴン車には「ＪＩＣＡ」（国際協力事業団＝当時）と書かれていた。ＪＩＣＡの国際緊急援助隊は外務省の指揮のもと支援活動を行っているのだ。ワゴン車を追って行くと、学校の校庭らしい場所に着いた。車を停めると、青とオレンジの二色がウルトラ警備隊みたいにデザインされた服を着た人たちが目に入った。背中には〝Disaster Relief Team〟という文字が読み取れた。国際緊急援助隊だ。彼らが集合している近くにはテントがいくつも張ってあり、その脇には機材がたくさん置いてあった。

Ｇさんは写真を撮り始め、先輩記者は隊員やＪＩＣＡのタイ人通訳に話を聞き始めた。私は地元の対策本部がある大きなテントの中を歩き回った。ボードにはタイ文字で表が書かれていて、一番上にはゾーン１と書かれていた。

ゾーン１

日付	成果	合計	備考
二七日	一六	一六	犬四頭
二八日	六五	八一	
二九日	二四	一〇五	
三〇日	三〇	一三五	

それは現在遺体回収作業をしている場所のことらしかった。ゾーン1区域の回収作業は津波発生翌日の二七日から始まり、昨日までに一三五体の遺体が回収されていた。二七日だけ備考のところに犬四頭と書いてある。犬も逃げられなかったんだな、と思った。隊員たちは昨日から今日までここでの仕事を手伝い、今日はすでに作業を終えていた。そしてこれからヘリコプターでピピ島に向かうらしい。リーダーらしき人の説明が始まると、Gさんと先輩記者はその人を囲むようにして話を聞きはじめた。他にも何人か他社の人がいた。Gさんはそのうちの一人の白髪交じりで短髪の人の方をちらちらと見ていた。おそらく知っている人なのだろう。話を聞き終えるとGさんはノートパソコンを開いて今日これまでに撮った写真を選び、いつものように携帯電話をセットしようとした。だがすぐにGさんの動きが止まった。携帯電話にトラブルがあって送れないことが判明したのだ。白石さん、インマル出してくださいインマル、Gさんがそう言った。私はすかさず、今まで贅沢に車のシートを占領し続けてきたその四角い鞄の中身を開けてみる。中には折りたたみ式の四角いパラボラアンテナと電話機、パソコンに接続するためのカードなどが入っていた。Gさんはてきぱきとパラボラを開いて組み立て、校庭の一段高くなっている場所に置いた。電源を入れて、受信感度の数値が上がるのを待つ。だが、数値はぜんぜん上がらなかった。国際緊急援助隊の人が覗き込んで、おかしいですねえ、うちのはホラ、ちゃんと数値出てるんですけどねえ、と一回り小さいインマルを示して言う。数値が出ない状態ならパソコンの設定は関係なく、インマルの問題だ。そうなると私にはわからない。やがてインマルをいじるGさんの動きが不自然になってきた。どうやらまたテンパってきたようだ。そのときふと私は、テントの脇にファクスが設置されているのを見つけた。そこには通話用とファクス用に一回線ずつ、アナログの有線電話が引かれていた。タイ側の本部が使っているもののようだ。私は、申し訳ないなと思いながらも、そこにいた係の人に、データを送るのにプーケット県内のアクセスポイントまで電話をかけてパソコンを繋ぎたいんですけど、少し貸してもらえませんか？　と聞いてみる。いいですよ使ってください、と担当の人から笑顔で返事が返ってきた。私は礼を言ってそのことをGさんに伝え、パソコンにモジュラージャックを接続する準備をした。

無事に接続が完了し、画像が送られはじめた頃には、もう一六時になろうとしていた。すでに残っている報道は私たちしかいない。しばらくすると空からうなるような音が小さく聞こえ、その音がゆっくりと大きくなってくる。ヘリだった。ヘリが校庭の向かいの広場に着陸すると、隊員たちはチェーンソーやエンジンカッター、投光器などの救助用具を持って小走りでヘリコプターの方に向かいはじめる。Gさんはパソコンを送信状態にしたまま、ヘリコプターのほうに向かって走り、隊員たちがヘリに乗り込む様子を撮影しはじめた。ここからピピ島までは直線距離でどう少なく見積もっても百キロ以上あるが、おそらくヘリは日没前にはピピ島に到着するのだろう。私たちが車で三時間以上かけてプーケットから来た距離よりも、さらに遠くのピピ島にたったの一時間かそこらだ。

Gさんの撮影が終わると私たちは一七時過ぎに車に乗り込んだ。今から戻ったらプーケットタウンに着くのは二〇時頃だろう。あたりは少しずつ暗くなっていた。私は朝にホテルを出て昼にカオラック地区で多くの死体を目の当たりにしてからここで夕方を迎えるまでの時間の流れが、自分でもよく把握できていなかった。いきなり朝から昼になって夕方になっているような気がしたし、朝から何日もかけて今座っているこの車の中にたどり着いたような気もした。後部座席では先輩記者が、今日はみんなで食事しましょう大晦日だし、と言った。私はそう言われて改めて今日が大晦日だということを思い出す。多分、私が生まれてきてから今日が一番、いろんな意味で濃い大晦日だと思う。こんなに濃い大晦日、もう二度とあるはずはない。すっかり暗くなった国道四号線は不気味で、カオラックを通るときなどその暗い中に人魂でも見えそうな感じがした。人魂ってのは存在するだろうな、と思う。死体が腐ってあれだけの臭いがするなら、メタンガスが発生して、それに引火しても全然おかしくはない。

ホテルに戻ると集合時間を決め、一時的に解散することになった。一度部屋に戻ると私は鞄を置き、テレビをつけた。画面には津波の被災者や発生時の画像と合わせて、アコースティックギターの音が流れてきた。その音楽に合わせてボーカルが歌いだす。私は動きを止め、画面に見入った。エート・カラバオの歌声だった。タイを代表するフォーク・ロックバンド『カラバオ』のリーダーだ。じきに画面はエート・カラバオが頭にヘッドフォンをはめてスタジオでレコーディングしている画面に切り替わった。歌詞の中に、はっきりと「ツナミ」という言葉がちりばめられている。エート・カラバオが追悼の歌を作ったのだ、と思った。カラバオの中でも特に、リーダーのエートは社会状況に敏感で、自然保護や動物保護、売春問題などの社会的な歌を何十曲も作っていた。今回も動いたのか、と私は思った。その曲は本来なら伸びのあるエートの歌声を抑えた低い声で始まり、歌詞に何度か「ツナミ」という言葉を織り込みながら、サビのところで「アンダマン」という言葉をシャウトしていた。すごい、と思った。意味を汲み取る余裕はなかったが、この歌なら世界中誰が聴いても津波被災者を追悼支援しようとしている曲だということは伝わるだろう。

曲が終わると私はテレビのチャンネルをＮＨＫに変える。テレビ画面には切り立った崖のような景色が映し出された。二十メートルくらいの段差が絶壁のようになっている。それでいてその崖の表面は生々しく土が剝き出しで、まるで古代の恐竜でも出てきそうな未開の土地のようだった。その景色が新潟のものだとわかったのはしばらくしてからだった。新潟で大きな地震があって何十人もの人が亡くなったのは知っていた。テレビやラジオがなくても、普通に仕事していてネットを目にすればわかることだった。だが、これがこのような地形の変化を起こしているとは想像もできなかったし、ネットのニュースをテキストで読んでいるだけではわからない。なんだこれは？　私はつぶやくように言い、そしてあらためて報道という仕事は大切なのだと思った。ＮＨＫが実際に現地にカメラを持って入り、状況を説明しなかったら、普段バンコクで引きこもっている私は、新潟の状況について想像する材料さえ得られないのだ。

二〇時半にロビーに集まったのは六人だった。先輩記者が適当なシーフードの中華料理店をホテルの近くに見つけ、そこに入ることになった。そこで先輩記者から日本人の死者が十七人になったと知らされた。行方不明になっていた親子の遺体が確認されたらしい。まだ増える。間違いなくまだ増える。減るなんてことはありえない。今日見た中に日本人がいる可能性だって十分ある。

食事をしながらバンコク支局のカメラマンの人が、いやあ、心霊写真ってのは、ないね、と言った。彼は私たちよりも先にカオラックのほうを取材していたし、これまでにイラクの取材もしたことがあった。Ｇさんもそうですね、と同意する。私もそう思った。あれだけ遺体の写真を撮って、一枚も写っていないんだから、心霊写真なんてあるはずがない。しばらくするとＧさんが、今日見たものを日本に伝えられないのは惜しい、というような意味のことを言った。その場にいたみんなが頷くように黙り込む。タイのテレビやＣＮＮを見ると、そこにはあたりまえのように報道されている状況を、Ｇさんが所属する報道会社で報道するわけにはいかないのだ。報道会社が大きいなら大きいなりに、倫理的に掲載できる制約も大きくなってくる。たとえタイや外国のテレビ、新聞、週刊誌などが掲載しているものであっても、死体そのものの画像や映像はだめなのだ。なぜだろう？　と思う。倫理的なものもあるだろうし、特に日本は大きな報道媒体になればなるほど広告が絡んでくる。大きすぎるからだ。日本では報道を享受する大衆が何かに特化した媒体を選ぶ、ということがほとんどない。だから、同じような傾向をもつ大きな媒体の中からひとつを選ぶ、という形になる。それらの大きな媒体それぞれの主張は違っていても、報道するフォーマットや取り扱う題材の傾向は近いものにならざるを得ない。今日来てたでしょ、彼。彼があそこに来てたってことは、週刊誌には載るんですよ、今日見たあそこの状況が、Ｇさんは悔しそうにそう言った。そう言われて私は、今日取材に来て撮影していた白髪交じりの短髪の男が、日本で高名なフリーランスのジャーナリストだということを知る。ああやっぱり週刊誌なら掲載してもいいんだな、と私は思った。

じゃ、とりあえず日本時間で年が明けるんで乾杯しましょうか。二二時になると先輩記者がそう言った。全員がグラスを持ち、乾杯したが、全然年が明けたという気はしなかった。

二三時過ぎに部屋に戻ると私はテレビをつけた。テレビは相変わらずどのチャンネルも津波報道一色で、全国のあちこちから寄付があったことを伝えていた。今日目にした帽子やマスク、エプロンなどはおそらくこういった人たちの善意が元になっているのだと思う。バスルームに入り、髪の毛を鼻に近づけ臭いを嗅いでみると、死体の臭いがまだはっきりと付着していた。靴擦れを起こしているアキレス腱の部分をお湯で温め、皮膚にこびりついている絆創膏のテープ部分に石鹸を塗ってきれいにこそぎ落とす。昨日より傷はしみなかった。皮膚が再生してきているのだと思う。上がってバスタブを見るとかなりの量の垢が浮いていた。Ｇさんからは明日、ピピ島の撮影をしに行くと告げられていた。国際緊急援助隊の仕事を撮影しに行くのだ。おそらく今日と同じかそれ以上に埃を浴びることになるだろう。

身体を乾かしながらバスルームを出ると、テレビでまた、エート・カラバオが歌っている映像が流れていた。そして、前と同じように津波が来た瞬間の映像や、運ばれる遺体などの映像が曲のバックで流された。歌詞の最初のほうだけ少し意味が聴き取れたが、どうやら津波というものの存在自体を知らずに被災した人たちの悲しみを嘆いているようだった。

私は電源を入れてあったパソコンに向かい、メールの返信を書いた。ブログに大丈夫です、というようなことを書いていたせいか、安否確認のメールはもうなかった。日に日に未返信メールは増えていたが、どうしようもない。そして、時折覗く掲示板のサイトを見てみると、そこには、白石はプーケットで津波に飲まれた、と私の死亡説が出ていて、私の偽者がどうでもいいようなことを書き込んでいた。私はその偽者の書きこみに突っ込みを入れようと思った。だが、普段その掲示板にはタイのプロバイダからだとほとんど書き込みができない。基本的に海外からの書き込みを規制しているのだ。無理だろうとは思いながら私は文章を書いて送信ボタンを押した。すると驚くことに掲示板にはちゃんと書き込みが完了されていた。その途端に私はその掲示板でこっちの状況を伝えたくなった。たくさんの人たちが悲しみ嘆き、国中が鎮魂と支援に力を注いでいるこの状況を、日本にいる人たちに伝えたかった。

彼らにエート・カラバオの歌声を聴かせたかった。

第2章
瓦礫のピピ島、追悼のプーケット市街へ

二〇〇五年一月一日（土）

ナムチャイ、心の水

私はテレビをつけたまま、その掲示板のスレッドに書き込むことにした。適当に知っている名前を見つけて返信していく。おもに新年の挨拶を出来るだけ、脳天気に。背後でタイの7チャンネルが、被災者状況をアナウンスし始めたので、私は画面に表示されたその数字をメモした。

	死者	怪我
ラノーン県	一七二	二〇四
パンガー県	三七〇一	五六八六
プーケット県	二八一	一二八二
クラビ県	三九五	三二一〇
トラン県	五	一一二
サトゥン県	六	一五
合計	四五六〇	一〇五〇九
行方不明	六五四一	

このあいだ見たときの死者数は何名だったただろうか？　確か二日前だったはずだ。テレビではまた、エート・カラバオの歌が流れ始めた。私はその歌声を聴きながら掲示板の返信を読んでゆく。日本にいる多くの人が、タイにいるというだけで私が津波や地震の危機に晒されていると思っていた。会ったこともなく、ネットで言葉を交わしたことがあるだけの人が、こうして言葉をかけてくれることがうれしかった。私が書き込みをすると、私に返信する形で何度か言葉を交わしたことがあるその掲示板の常連が、次のように書きこんだ。

「防護が必要であると悟れた分、プラスになる」と思うしか無い程の惨劇ですね。

その発言を目にした途端、私はいきなり怒りが頭に到達した。まだ千体以上もの遺体がカオラック地区とバーンムワン寺院に横たわっているこの時点で、何も考えずに判断停止し、状況をプラスにして片付けようとするその発言が許せなかった。まだ何にも終わっていない。彼が日本でどんなにスカして状況を俯瞰しようが、遺体の腐敗は日々進んでゆく。ほっとけばますます誰が誰だかわからなくなるのだ。私はその掲示板に「アホかお前は」からはじまる直接的な文章で、現状をもっと調べてからそういう発言をしろ、と書き込んだ。私は自分が見ている状況をちゃんと日本に伝えられないことにイラついていたのだ。ほとんど自分の暴言にフォローも入れず、おやすみなさいとだけ掲示板に書き込むと、パソコンの電源を切り、エアコンの室温を高めにしてベッドに入る。時間はもう二時近くになっていた。起きたらピピ島に行くのだ。ピピ島に行くのは初めてだった。元旦だから初詣みたいなものかもしれないなと思ったが、そこには確実に瓦礫と死体が存在しているはずだった。

六時少し前に目を覚ます。テレビをつけても新年らしい雰囲気はなく、昨日と同じような報道番組が画面を満たしていた。私はパソコンの電源を入れ、昨日の掲示板に、おはよーとだけ書き込み、メールと自分のブログをチェックしてから、食事券を持ってレストランに行った。今日は間違いなく昨日より歩くだろうし、ずっとインマルを背負って運ばなければならないかもしれない。そう思うと私は過食せずにはいられなかった。食事が終わると近くのコンビニで、靴擦れ用の絆創膏や水などを調達した。Gさんに電話してみると、ソーセージとかシュウマイとか、肉系のものを買っておいて欲しいとのことだった。炭水化物ダイエットはまだ継続しているらしい。九時半頃に車に乗ると、一時間もしないうちにプーケットタウン南側の船着き場に着いた。旅行代理店で手続きを終え、ここで待つようにと指示された場所は桟橋脇の砂浜だった。そこには一応板が敷いてあったが、縦に二列座席がついただけの小さなボートがあるだけだった。全長は十メートルにも満たないだろう。船尾には漁船用のエンジンが二基、装備されていて、船体はFRP（繊維強化プラチック）でできているようだ。軽くて推進力がある。つまり、このボートはただごとでないくらいにスピードが出るのだ。Gさんは縦に並んだ座席にインマルを横たえ、弾んだりしないように上から腕でしっかり抑えて座った。ボートは海面を走り出すとすぐにスピードを上げ、水切りの石のように上下に跳ねながら海面を進んでゆく。立っていられないほどの揺れだった。しばらく上下に弾んでいると、Gさんが、あああっ、フラッシュがあ、と声をあげた。正確には弾みながらだから、ふらっ、しゅ、が、あ、あ、といった感じの声だ。見るとGさんが大事に片手で抱えていたカメラとフラッシュを繋ぐ部分が、ポッキリと折れてしまっていた。

一時間ほど弾み続けると、島の姿がはっきりしはじめた。この島はふたつの山が繋がっているような地形で、その繋がっている低地に街があった。船が速度をゆるめて砂浜に近づくと街が見え始めた。一目見て潰れている、と思った。山に挟まれた低地が瓦礫だらけになっていて、湾の一番奥から伸びた桟橋にはビニールに包まれた数多くの遺体が並んでいるのが見える。おそらく対岸のクラビタウンに輸送するために船に乗せられるのだろう。桟橋の脇には全長二十メートル以上の大きな客船が停められていた。

ボートは桟橋から離れた砂浜に係留し、私たちは足を濡らしながら砂浜に上陸した。私の背中には重いインマルが貼り付いていた。二十キロはあるだろう。振動に弱く壊れやすいらしいから、この瓦礫だらけの島を歩いて転倒することは許されない。私より先に船を下りて上陸したGさんは、折れたフラッシュを掌で包むようにカメラを握り、すぐにシャッターを切りまくった。私にはここがただの瓦礫の島にしか見えないが、毎年のように休みを取ってここに遊びに来ていたGさんにとって、この状態は信じられないものなのだろう。私は再び強い腐臭を感じる。目の前をビニールに包まれた遺体が手押し車に乗せて運ばれていた。その遺体が進む先には、ウルトラ警備隊みたいな色合いの制服を着た国際緊急援助隊がいて、桟橋の方で二、三人がビニールシートでカーテンを作るように一体の死体を囲んでいた。遺体を確認しているのだ。遺体確認の時にはああいう風に遺族以外をシャットアウトするのが日本的なやり方なのだな、と私は思った。おそらくこの島だけでまだ三百から四百体くらいの遺体があるはずだ。桟橋には舟のほうまで百体以上の遺体がずらりと並べられている。

Gさんが、高いところから島全体を撮影したいと言うので、私たちは桟橋を背にして島の奥に歩いていった。途中で突然Gさんは、ああ、と声をあげて立ち止まる。ここ、ダイブショップだったんですよ、Gさんはそう言ったが、看板がなければそれが一体何だったのかわからないほど建物自体が倒壊していた。建物の前は人が歩けるくらいに片付けてあったが、そこには材木どころかありとあらゆる家財や建物の破片などが転がっていた。Gさんは、ひどいなあ、と声に出して言う。確かにそこは建物の骨格と看板が残ってはいたものの、中が瓦礫だらけで、店内の間取りさえわからない。Gさんはマジックを取り出し、剝き出しになった建物の柱に、知り合いの日本人インストラクターへのメッセージと自分の携帯電話番号を書いた。再び歩きはじめると腐臭が強くなると共に、足元の粉々になった瓦礫と土砂の中に黒い房状の物体が見えた。人の髪の毛が地面からはみ出している。そこはちょうど人間の形に土が湿っていて、そこにハエがたかっていた。今私が歩いているすぐ脇に、ひとりまだ確実に掘り起こされていない遺体が埋まっている。私はその場所を踏まないように注意しながら、撒き散らかされた瓦礫の上を歩いた。ここで作業をしている人にも、ここに遺体があることはわかっているはずだった。しかしどうしようもない。彼らには他にやることがたくさんありすぎるのだ。ここは島であり、カオラック地区のようにトラックや重機を持ってくるというわけにはいかない。だから作業がはかどらないのだろう。だがそれでも中央部にある鉄塔のところで一台のショベルカーが瓦礫を片付けていた。

作業員が何人かいるその鉄塔の前でGさんは立ち止まると、白石さん、ここの鉄塔に登っていいか聞いてもらえませんか？　と言った。ああやっぱりこの人は高いところから写真を撮りたいんだ。ヘリの件といい、それはもう最初からそうなんだ。そう思いながら私は作業員のひとりに、登って写真撮っていいですかー？　と聞いた。作業員からはあっさり、いいよー、という声が返ってきた。ついでに社報用の写真が欲しいんで、このカメラで僕を撮ってもらえませんか？　とGさんは言って私にカメラを一台渡し、鉄塔を登りはじめた。一応、鉄製の梯子がつけられているものの、手すりや足場があるというわけではない。Gさんはかなり上まで登ると鉄塔の角に足を乗せたまま写真を撮り始めた。私はその様子を見て、プロだなと思いながら地上から見上げるようにしてGさんを撮影する。何枚か撮影してから、私は平たい板の上に衝撃を与えないようにゆっくりと、背中に担いでいたインマルを置き、その上にさらにゆっくりとカメラを置いた。そして、ドアの残骸らしいそのベニヤ板に腰を下ろした。

私の目の前には潰れた建物があり、その向こうには椰子が生え、瓦礫が散乱した庭園らしき場所があった。さらにその奥には三階建てほどのホテルらしき建物がある。右手ではショベルカーが瓦礫を持ち上げていて、左手にはこれまでに撤去されたコンクリートや木材の瓦礫が小さな山のようになって積まれていた。

すごい元旦だな、とあらためて思う。ここに今こうして座っているということが、現実でないことのように思えた。ふと、左の方、瓦礫の山の手前で人々が集まって話している声が聞こえた。何人かは手にスコップを持っている。私との距離は五十メートルもないだろう。私は立ち上がってそっちの方に向かった。何人かのタイ人がしゃがんで何かを囲んでいて、その真ん中に青いものが見えた。タイのパスポートだった。白い千バーツ札も何枚かあった。私はその輪の中に入っていき、間近でそれらの物品を見る。おそらくこのあたりにあった旅行代理店が客から預かったパスポートとか料金などが、瓦礫の下から出てきたのだろう。

写真撮っていいですか？　と私はまわりの人に聞く。もちろん、という答えが返ってきた。そして私が頼んでもいないのに、それらのパスポートが効果的に写真のフレームに収まるように瓦礫の上に並べてくれた。どうやってピントを合わせればいいのかよくわからなかったが、適当にレンズのところを触っていたら、なんとかそれらしくピントが合った写真が撮れた。カメラの電源を切り、もう一度、その瓦礫の下から掘り出されたパスポートと現金を見ていると、その物体には妙なリアリティがあった。そもそもパスポートというものは人が携帯するものであって、瓦礫の下から土砂が付着したまま掘り出されてはならないものなのだ。私はこのパスポートの持ち主のことを思う。正直、生きているかどうかは五分五分だろうなと思った。

集まっていた人たちに礼を言い、私は鉄塔の下に戻った。Gさんは鉄塔から降りてきているところだった。私はGさんにまずカメラを渡す。どうですか？ と言いながらGさんは一眼レフを再び首に掛けた。ええ余計なものも何枚か撮りました、と私は答える。じゃ行きましょうか、とGさんに言われ、私は再びインマルを担いだ。ふたりで栈橋の方に向かって来た道を歩き、人型にハエがたかっている瓦礫の脇を通った。間違いなくここに埋まっている。私はその、ハエがたかっている瓦礫交じりの土砂に身体の向きを変え、早くおうちに帰れますように、とほんの数秒だけ心の中で祈った。

湾の栈橋近くでは、国際緊急援助隊がショベルカーを使って海岸の浅瀬に積み重なった瓦礫の下を調べていた。操縦するのはタイ人で、隊員には通訳の人がついている。ショベルカーは不安定に崩れかけたコンクリートの上に乗せられていた。本当に、少しずつ瓦礫を崩し、片づけていかなければならないのだろう。無理な作業を強いると重機は役に立たなくなるし、豪快に瓦礫を掘り出しても、その瓦礫を積んでおく場所はない。ショベルカーがひと掘りすると、その場所に国際緊急援助隊の人が降りていって細かい瓦礫を除けた。そこは砂浜か、もしくはコンクリートで舗装されていたのだろうと思う。とにかく地面自体が原形をとどめていない。粉砕されたコンクリートの破片と材木や、曲がった鉄材などに、塩分が多い砂がまんべんなく混ざり込んでいるような感じだ。そして、作業しているその場所にはハエがたかっていた。ここに誰かが埋まっている可能性は十分にある。私とGさん、そしてタイ人の作業者たちは、皆じっと国際緊急援助隊がショベルカーに指示を与え、丁寧に土を削ってゆく様子を見ていた。Gさんは脇を締めてカメラを構え、いつでも

ピピ島 (2005年1月1日)

ピピ島中心部（2005年1月1日）

Diving Center
diving trips
shark diving

シャッターが切れるような体勢をとる。その時、水滴が空からポツリと落ちてきた。雨だやべえ、と思って私は向きを変える。Gさんはしばらく撮影していたが、すぐに空に目を向けた。雨足は徐々に強くなってゆく。間違いなくこのあと一気に降り出すだろう。Gさんは撮影をあきらめたらしく、カメラを濡らさないようにしっかりと抱きかかえ、白石さん、あっちのホテルの方に行きましょう、と言って三階建てほどの建物を示した。歩き始めるとすぐに椰子がまばらに植えられている庭園のような場所に入った。地面には瓦礫が点在していて、目指すホテルは空襲に遭った学校の校舎のようにも、野戦病院のようにも見えた。私たちはポツリポツリとテンポを上げながら落ちてくる雨粒を忍ぶように、早足で歩いた。ヘタに走って転んだりするとインマルが壊れてしまうので、けっして走らなかった。本降りになるまで何とか雨やどりができる場所にたどり着くと、それを待っていたように風呂桶をひっくり返したような雨が激しく降り注ぎはじめた。

ホテルに入り、狭いひさしのところに壁を背にして立って雨をしのぐ。ああまたこの雨で埋まっている遺体が腐敗する速度が速まるだろうなと思った。雨は小降りになったが、まだ止む様子はなかった。Gさんが、中のほうで休みましょう、と言ったのでついていくと、建物の中の、吹き抜けのようになった場所に入った途端に、タイの人たちが、水はいりませんか？　食べ物はありますか？　と言ってきた。そこにはパックに入った弁当や水、清涼飲料水などが大量に用意されていた。私が、いや僕たち報道ですから、と言っても、そんなの気にしないで、と言われ、クッキーと牛乳、そして冷えたおしぼりを押し付けるように渡された。これらの物資は桟橋で遺体を積み込んでいた船によって運ばれてきたものだろう。おそらく、二六日から今日まであの船は遺体を運び出したり物資を積んできたりして、何度も内陸とこのピピ島とを往復しているはずだ。そうでなければ今、この時点でこんなに大量の物資がここに存在するはずがない。私はテレビ画面で集められている物資の映像や、寄付した人間とその金額が画面下を文字情報として流れている様子を思い出す。おそらく、そうして集まったものがここに送られてきているのだ。

崩れた中庭の近くでようやくインマルを肩から降ろす。バックから水のボトルを出して少し飲むと、私はメモを取った。Gさんは、イチジク型の埃を払うポンプと専用の布を出してカメラを掃除し始める。えらく丁寧ですね、と言うと、いやあ、時々いるんですけどね、うちの会社にもカメラが動かなくなったから写真撮れなかったって言うアホなカメラマンが。こういうことをちゃんとやってないからそうなるんですよ、とGさんはカメラから視線を外すことなくそう言った。私は鞄から消毒用アルコールを出して、靴擦れで少し血がにじんでいるアキレス腱部分にふりかけ、手と口を洗った。そしてさっきもらったおしぼりで顔を拭き、クッキーを口に放り込むと牛乳で流し込んだ。しばらくして雨が止むとGさんは、今なら戻ってから画像送信しても十分間に合うから、プーケットに戻りましょう、と言った。時間はまだ一三時前だった。確かに今ならまだ間に合う。私たちは雨が降って埃が少なくなった瓦礫の上を歩いて戻った。

船に乗ると私は縦二列に並んだ座席の一列を占領して仰向けになった。どうせ弾むのなら寝たまま弾んだ方がいいだろうと思ったのだ。その方が頭上の鉄パイプで頭を打つ心配はない。Gさんは来た時と同じように片手でインマルを抑え、カメラを脇で抱えたまま片腕でスチールパイプを握っていた。私も仰向けのままシートから落ちないように片手でパイプを握る。船が走り出すと背中に連続でパワーボムを食らっているような衝撃が続いた。

一四時頃に船がプーケット島に戻ると、私たちはすぐに車に乗り込む。ボスがパソコンを開き写真を整理し始めたので私は運転手さんと話をした。運転手さんは東北地方出身で、プーケット島には出稼ぎのような形で来て、もう何年も生活していると言った。南部のビーチリゾートには、彼のような形で来て仕事している東北人がたくさんいる。今まで行った南部のビーチでは何人も東北部から出稼ぎに来た人間を見たことがあった。タイ南部には海があるから、他の地方よりも観光産業で潤っている。だから今回は、これほど多くの外国人被災者が出たのだ。私は、引き続き運転手さんの身の上について聞いた。とりあえず好きな芸能人など聞いてみようと思い、口を開きかけたその時、ラジオから聴き覚えのあるメロディーが流れ始めた。私はすぐにGさんに、これ、この曲、津波の後にこっちの国民的歌手が作った歌なんですよ、と説明する。私はこの歌をはじめて落ち着いてゆっくり聴けるような気がした。いつもはホテルのテレビで被災地の映像とともに流れるから、あまり歌詞に集中できない。ラジオのＤＪは『サプ・ナムター・アンダマン』（ซับน้ำตาอันดามัน）と曲名を紹介した。「サプ」という言葉は、吸い取る、とか、ふき取る、とかいう意味で「ナムター」は直訳すると、目の水、つまり涙のことだった。やはり、どう考えてもこの歌は鎮魂と支援の歌なのだ。私は歌詞の意味をしっかり聴き取ろうと思い、エート・カラバオの歌声を追ってゆく。

♪考えたこともなかった　夢に見たこともなかった　準備が出来ていなかった　空が曇って　大地が震えた♪

私は歌詞を頭の中で簡単に日本語にする。歌詞は平易な問いかけからはじまっていた。さすがだと思う。私は、エートさんの声っていいよねえ、と言った。運転手さんはにこやかに頷く。

♪出会ったことはなかった　見たこともなかった　気にかけたこともなかった　津波って何だ？知ってるのはサシミだけだ♪

え、サシミ？　サシミって、刺身？　私はすぐに運転手さんに、いま、刺身って歌ったよね。サシミって、日本語だよね生魚のことだよね？　と聞く。運転手さんは、そうだ、と微笑みながら頷き、ツナミは日本語だから入れたんだろうと言った。私は後部座席に振り返って、あのですね、歌詞の中に、津波は知らなかったけど、刺身は知ってたっていう歌詞があるんですよ、とGさんに伝えた。エート・カラバオの歌声に聴き入ってたGさんは、ほんとですか？　それ、むちゃくちゃシュールじゃないですか、と大きめの声でそう言う。中盤、よく聴き取れず、難しい単語がいくつか出てきて意味がほとんどわからなかったが、曲の一番最後で、

♪心の水を流してアンダマンの涙を拭おう♪

と歌ってその歌は終わっていた。いいですねこれ、とGさんが後部座席で言った。私は、でしょ？　多分、この曲を被災者支援に使うはずですよ。今までもこの人ずっとそういうことをやってきたから、と答えた。そう答えながら私は歌詞の中に出てくる「心の水」について考えていた。そのタイ語は直訳すると「心の水」（ナムチャイ／น้ำใจ）なのだが、日本語では「情け」とか「人情」などと訳されることが多い。語源とか概念的にはおそらく、人の心には水があって、その水が乾きそうな人には潤っている人が水を汲んで与える、ということなのだ。これはおそらくタイ人特有の考え方だと思う。私がこの「心の水」という言葉を初めて意識して使うようになったのはカラバオがタイ国産新興ビールのコマーシャルで歌った曲がきっかけだった。『タイ人だろ？』（คนไทยหรือเปล่า）というタイトルを持つその曲のサビの部分でエート・カラバオは、

♪タイ人はどいつだ？　どうやったらわかる？　心の水があれば間違いなくタイ人だ♪

と軽やかなラテン系のリズムに乗せて歌っていた。それをきっかけに私は五年程前にこの日本語的には、情けや人情を意味する「心の水」という言葉を自分の身体に肉化させたのだ。タイ人にお礼を言うとき、特に心遣いに対してお礼を言いたいときは、心の水をありがとうございます、と言った方が気持ちがより伝わる。津波が発生した二六日から、タイ人の心の水が全国から集まって被災地に流れ続けていた。パトン病院で松葉杖をつきながら歩いてきて、タイ人に礼を言うように伝言しに来たデンマーク人も、タイ人の「心の水」に対してお礼を言いたかったのだと思う。私も昨日から防菌防臭の帽子や、消毒液などその「心の水」を分けてもらっていた。今日はクッキーと牛乳、冷たいおしぼりまでもらった。本来なら被災者のために全国から集まって流れてきた心の水が、今私の胃袋に納まっている。私はなんか釈然としなかった。自分がいけないものを食べてしまったような気がした。

少し遅くなった昼食はGさんの希望でまたタイスキになった。Gさんは、これからは、現状報告的な写真は間違いなく載らない、と言った。そうだろうな、と私も思う。おとといの鎮魂式とかそういった感じの、津波発生から数日が経過したこちらの状況を送らなければならないのだろう。しかし、私はどんな状況を日本に送ればいいのか想像もつかなかった。

食事とデータの送信を終えて車に乗ると一六時半を過ぎていた。今日は早めに休みましょう、とGさんが言ったので私は、今日デートみたいですよ運転手さんは、と言った。運転手さんが携帯で話しているのを盗み聞きしていたのだ。お正月だし運転手さんもはやく帰してやらなきゃなあ、と

Gさんが言い、彼女どんな子なのかなあ、と呟くように言った。私はGさんの言葉を運転手さんに伝えると、二人いる、という言葉が返ってきた。私はすぐに、恋人、二人いるらしいですよとGさんに伝える。え、二人なのそれは大変だ早く帰んなきゃ、でも、二人もいてもめたりしないのかなあ、と言うGさんの言葉を伝えると、運転手さんはニヤリと笑って、いや、二人とも仲良くやってるからいいんだ、今日は三人で映画見に行くから、と言った。ホテルに着くと私たちはすぐに運転手さんを解放した。何しろ恋人は二人なのだ。部屋に戻るとすぐにバスタブにお湯を張り、その中に浸かった。たくさんの埃が垢と一緒にバスタブの表面に浮き上がってきた。それに加えて、肩や背中に疲れが残っている。私は今夜は脳みそ溶けるくらいどっぷりと寝た方がいいなと思った。バスルームから出て私は、近くのコンビニで象ビールの大瓶を一本買ってきた。部屋に戻るとそれをグラスについでほとんど三杯くらいを一気に飲んで瓶を空にし、ベッドに入った。

♪タイ人はどいつだ？　どうやったらわかる？　心の水があれば間違いなくタイ人だ♪

ほどよく酔った私の頭の中ではエート・カラバオが歌う象ビールのコマーシャルソング、『タイ人だろ？』のサビの部分がずっと流れ続けていた。

二〇〇五年一月二日（日）

祈る人

一時頃に目が覚めた。反射的にテレビをつけてみると、ＮＨＫでは今回の津波の死者数は全世界で一万六千人以上に達し、タイ国内で六千五百人以上、その半数が外国人だと伝えていた。私はテレビを消して目を閉じる。象ビールがまだ効いていたのか、すぐに寝付くことが出来た。再び六時に起きるとすぐにネットに接続し、簡単に自分のブログに日記の断片のようなものを書き込んだ。

ひとりでレストランに行き食事を終え、Ｇさん用のソーセージとシュウマイ、そして新聞を買って、八時にパトンビーチに向かって出発した。Ｇさんはすぐに後部座席でおいしそうにソーセージとシュウマイを食べはじめた。八時半頃パトンに着き、すぐビーチを見に行く。被災者のために花などが海岸に供えられていないか探すためだったが、線香が焚かれた後はあっても、今、実際に花を供えようとしている人は見当たらなかったし、その線香が被災者のために焚かれたのか、日常の習慣として焚かれているのかすらもわからない。データ送信の締め切りは今日の一四時だった。それまでにＧさんはそれらしきものを撮って日本に送らなければならない。だが、Ｇさんと私が探しているのは、そこで起こっていることではなく、どこでいつ起こるかわからないが、もしかしたら起こるかもしれないことだった。そんなもの、ヤラセでもしない限り簡単に撮れるわけがない。

ビーチをあちこち移動しながらＧさんは次第にあせりはじめていた。だが偶然、パトン病院に手伝いできていた看護婦さんが二人、ビーチに花を置いている場面に出くわし、それを写真に撮らせてもらうことになった。どうやら私たちはそんなに運が悪いわけでもないらしい。彼女たちは津波発生後に要請されてバンコクからこっちの病院を手伝いに来たということだった。撮り終えるとGさんはその画像を日本に送信して一二時半から食事をする。食事を終えるとGさんは再度、ビーチ沿いに車を走らせるよう指示した。もう少しいい感じの祈りの写真が撮れないだろうかと思っているらしく、締め切りの一四時まで私たちは一時間くらい祈る人を探し続けた。車を降りて二手に分かれ、長く人気の少ないパトンビーチを歩き、祈る人を探す。Gさんの姿を見失わないようにしながら歩いていると、そこでピックアップ・トラックを横付けして礼拝するイスラム教徒たちを見つけた。それを見て私は、彼らが毎日、日々の礼拝をこのビーチでやっている人たちには見えなかった。この島の人ですか？　私は近づいて同行の人に聞いてみる。トラックに乗ってヤラー県から来たんだ、ここでお祈りするべきだと思って、とイスラムの服を着て、円筒状の帽子をかぶった彼はそう言った。タイの深南部三県では現在、タイからの独立を求める少数のイスラム過激派によるテロが頻繁に起こっていた。ヤラー県もその中のひとつだ。去年は政府の強行策によって百人を超すイスラム教徒が命を落としていた。彼らはそんな土地からわざわざ車で何時間もかけてこのプーケット県のパトンビーチまで祈りに来ているのだ。私は礼拝の様子を撮影しに来たGさんに、そのあたりの事情を説明してみたが、うまく伝わらなかった。当然だ。そもそも私自身がタイの深南部問題に関して詳しくないし、彼らがどういう気持ちでヤラー県から来たのかわからない。それなのにちゃんと伝えられるはずがない。

Gさんがデータ送信を終えてからも私たちはビーチで祈る人を探し続けた。やがて時間は一八時を過ぎ、日が暮れたので私たちはホテルに戻った。おそらく今日撮った写真が使われる可能性は少ないと思う。車から降りるとGさんは、バンコク支局のカメラマンの人が、インドネシアのバンダアチェに移動することになったと言った。ということは、Gさんの会社はここでの取材体制自体を考え直しているということなのかもしれない。

一九時過ぎにホテルの近くで夕食をとりながらGさんは、空振りが続くとまずいですね、と言った。まだ伝えるべき状況がいっぱいあり、日本のほうでも採用せざるを得ないような絵がたくさん撮れるはずだった。だが、それが何なのか今ひとつはっきりしない。Gさんは、明日はクラビ県の安置所に行ってみましょう、と言った。クラビ県はプーケット県から出てパンガー県の南に位置する古くからのビーチリゾートで、今回被害が大きかった三県の中で、唯一私たちが足を踏み入れていない県だった。クラビタウン郊外にあるクラビ県の遺体安置所には、現在ピピ島で亡くなった人たちの遺体が運ばれているし、撮るべき写真がある可能性は大きい。

食事が終わるとGさんが、白石さん、その鞄、口が開いてて危険ですから、ひとつ買っときましょう。あとTシャツと靴下も、と言ったので、私たちはホテル近くの衣料品店へ行き、シャツと靴下を二枚ずつ買った。私は象ビールのマークがプリントされたもの、Gさんはシンハ・ビールのマークのものを選んだ。鞄は一番安いものを買った。会計のときに象ビールのマークを指差して店の人に、タイ人って心の水があるよね、と甘えるように言うと少し安くなった。

明日も九時くらいに出発するから、早めに休んでおきましょう、とGさんに言われ、私は部屋に戻った。そしてすぐに温かいお湯をバスタブに張りながらシャワーを浴びた。昨日肩や背中を襲った疲れが今、いい具合に回復しつつあった。

二〇〇五年一月三日（月）
人が死ぬということ

目を覚ますとあたりはまだ暗かった。時間は午前三時。テレビをつけ、チャンネルをＮＨＫに合わせると、プーケットで連絡が取れない邦人が現在三十人ということと、ＷＨＯが伝染病の蔓延を警告し、特にインドネシアのアチェでは赤痢やコレラが発生する危険が高いと告げていた。私は再び眠ることにした。眠れるときにはしっかり寝ておかなければならない。私は冷気に晒された身体を再び毛布の中にもぐりこませる。六時前に再び目が覚めると、バスルームに行き、お湯で丁寧に寝汗を洗い流した。テレビにつけると日本の外務大臣がこっちに来ると言っていた。正直、私はそのとき初めて現在の外務大臣が町村という名前だということを知った。日本に二年近く戻ってない私は小泉純一郎は知ってても、閣僚の名前なんてほとんど知らなかった。

レストランでいつものように死ぬほど朝食をとり、部屋に戻ってネットに繋ぐ。メールチェックをしながら掲示板のサイトを見てみると、元旦に私にアホ呼ばわりされた常連が「私は、私が白石氏に言ったことが誤りだとは思いません」と書き込んでいた。正しいとか誤りとかそんな問題じゃなくて、情報をもっとちゃんと得てからプラスとかそういうことを言って欲しいだけなんだけど、と思いながら、「タイのテレビってネットで見れるよ。みんなで見てみるといいよ」とだけ掲示板に書き込んでパソコンの電源を切り、部屋を出てコンビニに向かった。

九時に出発し、車が動き始めるとすぐにＧさんはソーセージとシュウマイをパクつきはじめた。

買ってきた新聞に目を通すと、新聞は当然のように津波関係の写真で満たされていた。私は一面の下段に口ひげを蓄えた男の顔を見つける。エート・カラバオだった。該当記事を読んでみると、そこには『サプ・ナムター・アンダマン』の歌詞の他に、この曲をきっかけにエート・カラバオがタイのミュージシャンたちに声をかけてチャリティーアルバムを作り、その収益を今回の被災者たちのために寄付するということが書いてあった。すでに『カラワン』のンガーことスラチャイ・ジャンティマトーン、『カラバオ』からさらに、レックことプリーチャー・チャナパイとティエリー・メックワッタナーがレコーディングを完了し、ポンシット・カムピーも参加すると報じていた。日本で言えば、矢沢永吉が声をかけ、北島三郎や桑田佳祐、長渕剛がレコード会社の縛りを越えて一斉に追悼と支援のためのアルバムを作るようなものかなあ、と思ってみた。多分そんな感じだろう。正直、すごいなあと思った。そんなの日本では聞いたことない。しかも津波が発生してからたった一週間ですでに何曲分ものレコーディングが完了しているのだ。私は、記事になりにくいことはわかっていたが、Gさんにその記事の内容を説明した。Gさんは一面を見たとたんに少し考えて、白石さん、この象がいる場所わかりますかね？　と聞いた。Gさんが指差したのは、象が緑色のビニールシートに包まれた遺体を運んでいる写真だった。写真には十五頭の象がボランティアとして遺体捜索や運搬の仕事をしに来た、というようなキャプションが書かれていたが、具体的な場所は記されていなかった。書いてないですね、と私が言うと、近くだったらすぐ撮りに行くんですけどね、とGさんは言う。確かに日本に報道する記事としてはわかりやすい絵だ。だが、書いていないのだからどうしようもない。

三時間近くかかって、一一時前にクラビタウン郊外にあるクラビ県の遺体安置所に到着した。安置所は中国系の寺院で、「トゥンローン」という名前がタイ文字で書かれていた。私はこんなに時間がかかるんだったらそうそう行ったり来たりはできないなと思いながら、車から降りようとしてドアを開けた途端に、来た、と思った。腐臭だった。大晦日にカオラックで嗅いだのとも、おととい ピピ島で嗅いだのとも違う、何かこの中国寺院全体が腐臭のお香で焚きしめられたような、そんな感じの濃い腐臭だった。私はポケットから嗅ぎ薬を出して鼻に近づけながら、遺体の腐敗が進んでいるんだろうな、と思った。おとといあれだけピピ島で雨水を吸った遺体もここに集められている。寺院前のテントには掲示板が何枚も並べて置かれ、人々がその前に立ってそこに貼られている遺体写真を食い入るように見つめていた。写真には三ケタの番号とその遺体が収容された場所、性別だけが書かれていた。

あ！　とGさんが声をあげた。振り向くとGさんは目の色を変え、少し離れたところに立っている西洋人の背中を見ていた。白石さんちょっと待っててここで、と言いGさんは小走りで西洋人に近づいて行き、肩に手をかけて、二言、三言、言葉を交わした。会話の中に聞き覚えのある単語が混じっている。日本人の名前だった。Gさんが元旦のピピ島で形もないくらいに崩れ落ちたダイブショップの柱に、マジックインキで書き置きした女性の名前だ。

リアリー？　Gさんは少しトーンが高い声で叫ぶようにそう言うと、力なく両膝を折り曲げしゃがんだまま、よかったあ、と言った。西洋人がGさんの肩に手をかけて、何度か軽く叩く。Gさんはすぐに立ち上がって、携帯電話を手に取り、西洋人から伝えられた番号にダイヤルした。しばらく話した後Gさんは電話を切り、あらためて、よかったあと言った。どうだったんですか？　私はそう聞いてみた。いやね、なんか怪我してるみたい、破傷風の恐れがあるとかで今バンコクの病院にいるって。病室だし、彼女もまだ精神的に混乱してるみたいで携帯で長く話したりはできないみたいだけど……、とりあえず、よかったあ、とGさんは言った。もう亡くなっているかもしれない、と思っていた知人の安全が確認されたというのは、どんな気分なのだろう？　きっとうれしいのだろうな、いや、間違いなくうれしいはずだ。自分なら知っている誰かが生きてるかどうかわからないという状況には耐えられない。もし万一亡くなっていたとしても、行方不明よりはいいだろうと思う。私がそう思ったのは、今私たちが立っている場所にたくさんの掲示板が立てられていて、そこに貼られた写真を確認している人たちの姿が目の前にあったからだ。タイ人もいれば、西洋人もいた。国籍なんか関係なかった。ただ身内や知人の安否を確認したい、人々はその一念だけで集まってきて、どす黒く腐敗し国籍どころか性別もわからなくなっている遺体のカラープリントを見ていた。

私は、人は腐るのだ、と思った。人が死ぬということは、腐臭を放ちながら変色し、腐ってゆくということなのだ。

Gさんがここに運ばれてきている救援物資を撮りたいと言ったので、私は寺院奥に脚立を持って歩いて行った。寺院のスタッフ達によって、私たちの身体に消毒液が吹きつけられる。寺院の中は真ん中にずらりとパソコンが並べられていた。画面には遺体の画像が大写しになっていて、人々はその画像を一枚一枚確認している。奥に脚立を運ぶと、そこには衣類や米など多くの救援物資が積まれていた。Gさんは、白石さんここはひとりで撮れますから、外で待っててもらっていいですよ、と言う。私は指示通りに、本堂前のパソコンがたくさん置かれているテントのところで待つことにした。十台くらい置いてあるパソコンの二台以上が空いていたので、私はそのうちのひとつに座り、画面に表示されている遺体の写真を見ていった。そこに表示される遺体は粘土のように鈍い色彩を放ちながら腐敗している途中で、体のあちこちに蛆虫が湧いていた。静止画だとはわかっているけれど、その画面の中の蛆虫は少しずつ蠢いて人肉を食しているような気がした。私はずっとその画像を切り替えながら見ていった。画像には三ケタの数字でファイルネームがつけられていて、その後にアルファベットが一文字、つけられていたりつけられていなかったりする。上半身写真だけではなく、身につけているものや所持品がはっきりとわかるように遺体ひとつにつき何枚も写真を撮影しているようだった。私はそれらの画像を何枚も見続けた。知っている人がいる可能性はゼロに近かったが、なんとなく衣服や持ち物をまとったまま変質しているこれらの遺体が、私に何かを主張しているような気がした。

しばらくしてGさんが戻ってきた。私が遺体の写真を見ているのに気づくと、この画面も撮っておきましょう、と言う。いやそれは無理でしょう、画面が写ると使えないでしょ、と条件反射的に私がそう口に出そうとすると、Gさんは、なんか所持品とかが写っている写真を拡大できますかね？ と言う。そうかその手があったか。腕時計とかがいいですよね、と言いながら私が写真を切り替えていくと、白石さんちょっと今の、もっかい見せて、とGさんが声をあげた。私は何枚か戻って黄色いTシャツを着た遺体の画像を出した。これ、JFAのヤタガラスでしょ？ とGさんは言う。確かにそのくすんだ黄色いTシャツには鳥をかたどったようなデザインがプリントされていた。なんですかそれ？ 私はすぐに聞き返す。いや、ほら日本のサッカーのマークなんですけど、ちょっと待っててください。そう言ってGさんは電話をかけはじめる。これを着ている遺体が日本人の可能性があるということなのだろう。Gさんが電話で話しているのは先輩記者らしかった。私はGさんの声を聞きながら、そのヤタガラスTシャツを着た遺体番号の写真をもう一度じっくり見てみる。どうやら女性らしく、湿って膨張した身体にブラジャーが貼り付いていた。顔は溶けかけて何十匹も蛆が湧いている状態で、それがどこの国の人間かなんてさっぱりわからない。電話が終えたGさんは、先輩に聞いたらバンコクでは何年も前からヤタガラスのTシャツ売っててよく見かけるらしいから、日本人じゃないだろうって、と言った。私は、じゃあまた所持品拡大しますね、と言って画像の中から適当に腕時計をはめている遺体を探し出し、拡大した。白石さん、まだダメだそれじゃ、蛆虫が写ってる、とGさんは言う。私は文字盤で画面が埋め尽くされるくらいに画像を拡大した。

撮影を終え、一四時半過ぎにプーケットに向けて出発した。しばらく走ってまだ携帯の電波が届くうちに少し遅い昼食をとることにして、国道脇の食堂で車を停めると、Gさんは食事しながらさっきクラビ県の遺体安置所で撮った写真を送信しはじめた。

ホテルに戻った時には一九時になっていた。私は条件反射的に部屋に戻ってテレビをつける。もしかしたら今日の朝刊で見た象が映し出されていないかと思ったのだ。だが、テレビには象の姿はなく、チャンネルを五に合わせるといつもの表が表示された。

	死者	怪我	行方不明
パンガー県	四〇六四	五五九七	九五八
クラビ県	五九七	一三七六	二一五八
プーケット県	二六二	一一一一	六七七

テレビの画面は、パンガー県タクワパー郡のヤンヤオ寺院で、赤く髪を染めてパンクロッカーみたいに逆立てたポンティップ博士が忙しく動き回っている様子に切り替わった。私はテレビ画面から写し取った数字を見ながら、今日行ったクラビ県の遺体安置所よりも六倍以上多い遺体がパンガー県内にはあるのだ、と思う。

二〇時前に先輩記者たちと合流し、五人で食事に行った。ビールで乾杯はしたものの、仕事が終わってすっきりといった感じではなかった。記者の人たちそれぞれの雰囲気がなんとなく重い。話を聞いていると、どうやら記者の人たちは、報道できそうなネタが尽きてきているようだった。食事をしながらGさんは明日の午前中、プーケット県庁舎に撮影に行くことになったと言った。アメリカからパウエル国務長官が来ることになっていて、その時間がはっきりしたらしい。

いやあ、なんかネタないですかねえ、別局の女性記者がそう言った。私は、カラバオって国民的な影響力を持つバンドがあって、そこのリーダーが津波発生後に追悼と支援の曲作ったのが流れまくってますね、と言ってみた。Gさんが、いや津波は知らなかったけどサシミなら知ってるって歌詞でしたっけ？　シュールな歌なんですよ、と言葉を添える。

え、サシミって、刺身ですよね？　彼女は表情を止め、私の、そうですと言う言葉を待って笑いながら、それ、シュールですよう、と言った。サシミの部分は確かに不自然だが、これはエート・カラバオの作品としての味であって、シュールさを狙った歌詞でもなければ、笑いを誘おうとしているわけでもない。しかし、歌詞の意味を汲み取ることも出来ない日本人が曲を聴くこともないま、サシミの部分だけを話として聞かされたら、確かにシュールだと感じてしまうかもしれない。私は彼女の反応に対して自分が憤っているのをはっきりと感じていた。そもそも「シュール」って日本語でどんな意味なんだよ？　と思う。

この歌をシュールの一言で片付けられるのは、すごく問題だと思ったので、私は新聞の歌詞原文が書いてあるページを開いてメモ帳を出し、タイ語の原文を簡単に日本語にしていった。歌詞には見たこともないような文語的な単語がいくつかあったけれど、なんとかこの歌の趣旨が伝わるくらいの日本語訳が出来上がると、今単語帳がないんでわからない単語は飛ばした訳ですけど、と言ってそれを別局女性記者に渡した。私からメモ用紙を受け取った彼女は、その紙の上に目を走らせてすぐに表情を変えた。そして、白石さん、このエート・カラバオさんって人に連絡取れるんですか？　と聞く。それはムリだろう。二十年以上もトップの人気を誇る国民的スーパースターなのだ。簡単に連絡が取れるはずはない。いやムリ、と言いかけて私はひとりの日本人女性の顔を思い出した。彼女はカラバオのファンでずっとライヴで写真を撮っている女性だった。私は彼女の存在を在タイ日本語情報紙で知り、一度、連絡を取ってカラオケに行ったことがあった。何度もライヴに行って写真を撮り、メンバーと面識がある彼女なら、もしかしてツテがあるかもしれない。そう考えると私はすぐに携帯電話を出し、彼女に電話した。すぐに電話に出た彼女に私は新年の挨拶をし、事情を話す。彼女は、今ちょうど、チェンマイにライヴを見に来ているんです、エートさんに少し余裕があれば聞いてみますけど、と言った。

素晴らしい、信じられない。一度しか会ったことがないのにそこまでしてくれる彼女に感謝しながら、ちょっと待って下さい、あとは記者の人と話を詰めてもらえますか？　と言って携帯電話を別局女性記者に渡した。これでコメントが取れて記事になったらすごいなあ、と私が思っているとじきに電話は終わったらしく、女性記者が私に携帯電話を返しながら、白石さんホテルに戻ったらその歌詞の内容をちゃんと訳して、もう少し詳しい話を聞かせてもらえませんか？　と言った。彼女は本気でこの歌を日本に向けて記事にしようと考えはじめているようだった。

食事を終えてホテルに戻ると時間はとっくに二三時を過ぎていた、私は一度部屋にパソコンを取りに戻り、別局女性記者と一緒に仕事部屋としておさえてある部屋に行った。パソコンにはこれまで私が十年くらい入力していったタイ語の語彙が入っている。私はそれを駆使して、この歌の内容を出来る限りきちんと日本語として伝えようと思っていた。

二〇〇五年一月四日（火）

津波後のビーチ

作業は一時半まで続いた。彼女が質問して、私が答えてゆくという形だった。私は机の前に座り、パソコンを使って歌詞を訳していったが、彼女は要点だけを聞きたがった。だが、ほんの三時間ほど前までカラバオを知らなかった彼女に、それがどういったバンドでどういった影響力を持つのか説明するのはそう簡単ではない。それはタイ人にサザンオールスターズと桑田佳祐を説明するよりも間違いなく難しい。彼女は私の脇に立っていて、神経を尖らせながら私の回答を待っていた。しかも簡潔でシンプルな解答を。歌詞を翻訳して彼女の質問に答えていると、なんだか自分が女子大生の家庭教師に勉強を強要される小学生のような気分になった。作業が終わると私は自分の部屋に戻って、ウイスキーと象ビールを飲みながらネットに繋ぎ、ブログに簡単な日記を書き込んだ。そしてウイスキーをグラスに一センチくらい注いで一気に飲んでベッドに入る。

目が覚めたのは五時少し過ぎだった。すぐにシャワーを浴びて買い物をすませ、ひとりで食事をとった。新聞には昨日と同じように象が出ていた。中部のアユタヤ県から何頭かの象がバーンニヤン村に救援に来たと書いてある。だが、バーンニヤン村という場所がどこなのかは書いていない。Gさんと待ち合わせる間、ロビーで受付の女性にも聞いてみたが、彼女にもわからなかった。八時過ぎに車に乗り込んで、運転手さんに聞いてもわからないと言う。おそらくそこはパンガー県で、そうではないとしてもプーケット県かクラビ県のうちどこかであることは間違いないが、具体的な場所が書いていない。

ほら、ラジオ、明日一七時、と運転手さんが言った。ラジオから、一万本のロウソク、津波追悼、とタイ語が断片的に耳に入ってくる。どうやら明日の夕方、追悼式があるということらしい。素晴らしい、私たちの運転手さんは、私たちがネタに困っていることを察知している。これは、プーケット県主催？　私はすぐに今聴いた内容を運転手さんに確認する。そうだ、サッカースタジアムでやるんだ、と運転手さんは答えた。やがて車は県庁舎に着いた。脚立を持って車を降りると、そこにはたくさんの人が行列を作っていた。行列を構成しているのは全てタイ人のようだった。係官らしき人に、どうして並んでいるのか聞くと、津波の被害に遭った人が届出をしているという答えが返ってきた。Gさんはその長蛇の列を撮影してから、報道の人間がたくさん集まっている県庁舎の建物脇に行く。私はパウエルがスピーチをする場所の真向かいあたりに脚立を置いた。脚立を見てその場にいた世界各国のカメラマンがうらやましそうな視線を私たちに投げかけた。

そのとき携帯電話が鳴った。携帯電話から、すみません、今、エートさんがインタビューに答えられる状態で待ってるんですけど、女性記者の人と電話が繋がらないんです。彼女に電話して、エートさんに電話してもらえるよう言ってもらえませんか？　という言葉が聞こえた。チェンマイ県にいるカラバオファンの女性からだった。

えらいこっちゃ、エート・カラバオ本人が私たちからの電話を待っている。わかりましたすぐ電話させます、と言って私は電話を切り、すぐに別局女性記者の携帯に電話したが、彼女は出なかった。エート・カラバオが電話を待っているというのになぜ出ないんだこのねえちゃんは、と思いながらあせっていると、バリバリバリバリというヘリの音が聞こえてきて、空に目を向けると黒いヘリがものすごい音を発しながら県庁舎向かいのグラウンドに着陸した。

パウエルだ。いきなり私の周囲にいたジャーナリストたちに緊張感が走る。Gさんは飛び乗るように脚立にのぼり、白石さん倒れないようにおさえといてください、と言った。これだけ報道の人間がいれば、なんかの弾みで脚立にぶつかることだって十分ありえる。脚立をおさえていると、パウエルが私たちの目の前に姿を現した。そしてマイクを使って何かを話しはじめたが、周りは夥しい数のシャッター音に包まれていて、何を言っているのかはよくわからない。スピーチを終えるとパウエルはすぐに私たちの前から姿を消した。Gさんは脚立から降りて、じゃこれここから送っちゃいますから白石さんここにいてください、と言って県庁舎の吹き抜けの廊下にしゃがんでノートパソコンをひろげはじめた。大物の写真は需要があるだろうからすぐ送った方がいいのだろうな、何しろ大物だし、と私はそこまで考えて大事なことを思い出した。

大物が電話を待っているのだ。この国の国民的スーパースター、エート・カラバオが私たちからの電話をチェンマイで待っている。私はすぐに別局女性記者に電話をかけた。だが繋がらない。私は一度切って再度ダイヤルした。今度はすぐ繋がったが、周りががやがやしていてあまり聞こえない。白石ですけどチェンマイから電話があって、カラバオのエートさんが電話待ってるからすぐに電話してください、と言うと彼女は怒鳴るように、こっちから電話しますっ、と言って電話を切った。彼女は激していた。もしかしたら彼女も今この県庁舎にいてパウエルの取材をしているのかもしれない。電話するって言ってるから待つしかないよなあと思いながら、私が脚立を持って立ち尽くしていると、チェ・ゲバラのようなヒゲに顔面を覆われた西洋人が、あれは何をしてるんだ?とGさんの方を指差して聞く。彼は見るからに旧式のハンディカメラを肩に担いでいた。カメラにはアルファベットのロゴが書いてあるが、それがどこのものなのかはわからない。インターネットでデータを送ってるんだ、と私は答えた。彼は、ほうと感心したような表情を見せ、どこから来たんだ？　と聞く。私が、日本、と答えた途端に男の表情が曇った。どこから来たのか聞いてみると男は、チリ、と答えて、俺とお前の国がもっとちゃんと津波のことを伝えておくべきだったんだ、と言葉を続けた。数秒後、私は彼の言っている意味が理解できた。チリも津波によって多くの死者を出したことがある国なのだ。そもそも津波の怖さなど、津波で被害を受けたことがある国の人間しかわかるはずがない。私がそのチリ人のカメラマンにうなずいて見せたとき、電話が鳴った。別局女性記者だった。すみません。ちょっと立て込んでてごめんなさい。彼女は呪文が解けたように穏和な声でそう言う。私はエート・カラバオが電話を待っているからすぐに電話して下さい、と用件を伝える。わかりました、と言って彼女が電話を切ったあと、いいなあ、と思った。私はエート・カラバオと話が出来る彼女がうらやましくて仕方がなかった。

Ｇさんがデータを送り終えたので、運転手さんに電話して県庁舎の前まで来てもらう。正午少し前に車に乗り込むと、Ｇさんは再度パトンビーチに行くように指示をした。海に潜って珊瑚の被害状況を撮るつもりらしい。しばらくするとＧさんの携帯電話が鳴り、表情がいきなり固くなった。え？　撤退？　マジですか？　Ｇさんはそう言葉を発した。おそらく上司からだろう。電話を切るとＧさんは、くそう、まだ何にも撮ってないのに、と悔しそうに呟く。阪神大震災十周年の仕事があるから戻ってこいと言われたとＧさんは言った。しばらくして、今度は先輩記者から電話が入った。おそらく撤退に関する話だろう。日本で大きな仕事が待っているのなら、Ｇさんだけではなく先輩記者も戻らなければならない。

ちょちょっと待ってくださいね、と言って電話中のＧさんが受話器から顔を離し、白石さん、僕はまだ引き延ばそうと思ってるんですけど、先輩と別局の記者二人は明日あさってくらいにはもう日本に引き上げるんですよ。それで第二陣が別局から来るんですけど、白石さんは残ってその人たちに付いて欲しいそうなんです、と言った。あ、いいですよ、と私は反射的に答える。いいも悪いもない。私もGさんと同じで、まだ見ていないものがたくさんあると思っていた。少なくとも、あれだけこっちの地上波で報道されまくっているパンガー県、カオラック地区やタクワパー郡の方がどうなっているか知りたかった。ここで帰ることになったら、私はこの先、ずっと心残りな状態のままだろう。白石さんオッケーだそうです、とGさんは言ってさらに先輩記者と二言三言、言葉を交わし、電話を切った。

でもちょっと待てよ？　私をここに残すってのは誰の意思なんだ？　考えてみれば記者が全員帰ってしまうというのに、助手の私だけが残るということがありえるのか？　私は釈然としなかったので、残ってくれって言ってるのは誰なんですか？　と聞いてみた。Gさんは、いや、先輩記者ですよ、全然現場がわかってない人が来るんだから現場の流れがわかってる人がひとり必要だろうってことらしいです、と言った。私は思わず笑い声を漏らし、おかしいですよそれ、と言った。え？　なんでですか？　とGさんが聞く。だって、会社の人みんな帰っちゃうんでしょ？　なのにどうして会社の人間じゃない僕が残るんですか？　そんなのどうかしてますよ、と私は答えた。Gさんは数秒考えたあと、確かにそうかもしれませんね、と笑いながら言った。

Gさんは先輩記者達と同様、明後日くらいには日本に戻らなければなくなる。Gさんは、とりあえずやんなきゃいけないことを整理しましょう、と言った。私は、紙に書きましょうか？　と言ってみる。そうですねそうしましょう、とGさんは答えた。私はなぜ私たちはピピ島から戻ってきてからそれをやらなかったのかと思った。取材対象の優先順位をリストにしておけば、あちこち無駄足を踏む可能性が少なくなり、効率的に取材してゆけたのに。足りないことがあったら補足してくださいね、と言ってGさんは取材対象を口に出していく、私もそれをメモしながら好きなように思ったことを口に出した。とにかく私たちは思いつくものを口に出し、それをノートに書いて、重要なものには二重丸をつけていった。

●運転手さん情報——明日夕方の追悼式典
◎ヒン橋——タクシン首相が来るらしい
●象さん、バーンニヤン村
◎水中写真（珊瑚礁の様子）
●タクシン首相の選挙ポスター
●パトンタワー夜景。
●パトンビーチのマクドナルドあたりの夜景——復興の様子
●被災者が泊まっているテントがいっぱいある場所（多分パンガー）
●プーケット県庁舎で物資をヘリに詰め込んでいるようす
●ビーチで祈る人、泣く人
●復興するナイトタウン、ショー・パブ
●被災商品の叩き売り。津波メモリアルＣＤ
●検死の様子
◎病院での、赤痢、コレラ、マラリアなどのワクチン接種の様子
◎ＤＮＡ鑑定の様子

そしてその中でも実現が困難なものや取材価値が低そうなものは、二人で話し合って消去し更に

絞り込んだ。それが終わるとGさんはこれから行くパトンビーチのダイブショップと再度、電話で連絡をとり始めた。Gさんの頭の中では、まずここプーケットで、珊瑚の状態を確認するために水中写真を撮る、という方向で固まっているようだった。あと何日ここにいられるかわからないのに、車で何時間もかかるパンガー県のカオラック地区やタクワパー郡に取材に行くわけにはいかなかった。

一二時半少し前に車がダイブショップに着くと、Gさんは手際よくボンベや一緒に潜る人の手配をはじめた。その様子を見ながら私はこれからの十日間、どうなるんだろうと考えていた。そもそも私は去年の一二月二六日まで、だらだらと一冊の本の翻訳に一年以上もかかっている人間だったのだ。それが今こうして一週間以上も緊急災害取材の現場に助手として働いている。これでいいのだろうか？　と思ったが、これでいいのかどうかなんてわからないし、ダメならクビになるだろう。この先十日間、Gさんがいなくなって誰が新しく私のボスになるのかわからないが、やれることをやるしかない。

濁っているから撮れないかもしれないですよ、とダイブショップの店長さんには言われたものの、Gさんはとりあえずこのパトンビーチの海に潜ってみることにしたようだった。車で海の方に向かっていると、Gさんの携帯に電話がかかってきた。会社の上司からのようだった。通話を終えてGさんは、白石さん四日伸びました。町村外相が八日に来るからそれまでいることになりました、と言った。良かった、と思う。四日あればパンガーにも行けるし、テントも象も撮影できるだろう。Gさんは車から降りると着ていたベストを脱ぎ、白石さんこれ大金とか貴重品全部入ってますからくれぐれもよろしくお願いしますね、と言って渡し、さらにカメラをふたつ私の首に掛けた。このベストにどれくらいの大金が入っているのかはわからないが、ヘリコプターをチャーターできるくらいの額であることは間違いない。

一三時半頃、Gさんがショップのダイバーさんと一緒に海に向かって歩いていくと、私はひとりビーチに取り残された。海に向かって小さくなってゆくGさんのウエットスーツに包まれた身体を見ながら砂浜を歩いてみる。ビーチにはまったくパラソルがなく、リゾートでもなんでもないただの砂浜だった。一週間ちょっと前にここで百人を越す人が死んだとは思えない。私はふと、ビーチに立てられている監視台が目に入り、そこまで歩いていくことにした。それは白い監視台で、十メートルほどの高さだったが、金属製の梯子で上に登れるようになっていた。私はどうしても上を見てみたくて登ってみることにした。目の前に津波が迫ってきている状態だったら、間違いなく人はここに登るだろう。ここに上って一命をとりとめた人間も確実にいるだろうし、もしそのときそれがひとりでなく、この監視台に上がれる許容人数を超えていたら、自分だけ助かろうとこの場所を取り合うような状況があったかもしれないと妄想したのだ。まるで芥川龍之介の短篇のような、そんな妄想など馬鹿げたことかもしれないが、大晦日のバーンムワン寺院の状況はまさに『地獄変』だったし、あちこちから『羅生門』のように死体の所持品を盗む人間がいるという話も聞いていた。だから、ここで『蜘蛛の糸』のようなことがあっても不思議ではない。上がってみると監視台には五人ぐらいが立っていられそうなスペースがあったが、私が妄想したような状況を裏付けるようなものは何ひとつとしてなく、ただのコンクリートで作られた低い円筒状の場所でしかなかった。

降りてしばらくすると、Gさんが海から上がってきた。いやあダメですね濁ってて、明度が足りないから潜れないです、とGさんはかなり残念そうに言う。ダイブショップに戻るとGさんはここより明度が高く、南に三十分ほど行ったカタビーチに明日、潜るための予約を入れた。そしてウエット・スーツを脱いで撮ったばかりの写真を整理し、必要なものをそこから送信してから再び車に乗り込んだ。Gさんは復興の様子がわかるような夜の町の写真を撮りたいと言ったが、まだ一五時になったばかりだった。ワチラ病院にワクチンの様子を聞きに行きましょう、と言う指示に従って車を市内に走らせる。Gさんはノートに書き出した優先順位に従って指示しているようだった。私はさっきダイブショップで見た新聞の一面に、津波後に拾われた赤ん坊に「ウェーブ」という名前がつけられワチラ病院に収容されている、と書いてあったとGさんに説明した。Gさんは、じゃ白石さん、ついでにそれも見ておきましょう、と言った。車は再び峠を越え、ゆっくりとしたカーブに揺られ始め、そこで私の記憶は途切れた。

気が付くと車はワチラ病院の前まで来ていた。いや白石さんすごいですね、どこでも寝れますね、とGさんが言う。私はじんわりと明確になってゆく意識の中で、反射的に、ああすいません寝てましたと言葉を放った。時計を見ると一五時半を少し過ぎている。いやそうじゃなくてあれなんですよ、取材中、待ち時間とかに少しでも寝れる人間は、身体壊したりしないいんです、向いてるんですよこの仕事に、とフォローなのかよくわからないことをGさんは言う。どうやら私は咎められているのではないらしい。

車を降りてボランティアがいる受付に行き新聞記事を見せながら、ウェーブちゃんはどこにいるんですか？　と聞くと、わからないという答えが返ってきた。しかたなく感染症の予防接種とかやっているところはないか？　と聞くと、今二階で子供に注射しているところだ、という答えが返ってきた。私とGさんはすぐに二階に向かった。感染症の予防接種。しかも子供にだ。これは絵になる、ぜひとも撮らなければならない。階段をのぼると子供がたくさん待っていて、奥から泣き声が聞こえてきた。どう見ても予防接種をしている現場だった。私がそこにいた病院の担当者に撮影許可をもらうと、Gさんはすぐに泣いている子供に近づき、シャッターを切りながら、白石さん、何のワクチンを注射しているのか聞いてください、と言った。私が聞くと、タイ語で返事が返ってきたが、よくその言葉が聞き取れない。仕方なくメモを出すと、三つほど箇条書きにしてくれた。私はそれを口に出しながら読んでゆく。一番上はわからないが、二番目がポーリーオー、三番目が、はしか、と書いてあった。はしかあ？　ちょっとまて、感染症じゃないのか？　赤痢とかコレラとかじゃないのか？　バクテリア、と言う答えが返ってきた。生後何ヵ月かの赤ちゃんを集めて注射するのよ、とその白衣を着た女の人はやさしく説明してくれた。Gさんの方を見ると、カメラを下げ、ポリオ？　ポリオなの？　と声を上げる。ポリオってなんですか？　と私が聞くと、Gさんから、小児麻痺、という言葉が返ってきた。

見事な空振りだった。私たちは一気に身体から力が抜ける。そのまま担当者にいろいろ聞いてみたが、結局ウェーブちゃんも見つからなかった。私たちは再び車に乗ってパトンビーチに向かう。時間は一六時を過ぎていた。まだ目的の夜景を撮るまでは時間がある。何か日本に伝えるべきものを撮らなければならない。しばらくしてGさんはビーチのひとつ手前の通りで車を停めるように指示した。そこにはスカーフのような布、そして乱雑に並べられただけの靴などを売っている人がいた。盗品じゃないですよね？　と私が言うと、多分違うと思うけど、白石さん、一応ちょっと聞いてみて、とGさんは言う。私はスカーフ売りのおばさんに声を掛けた。すぐに、全部どれでも五十バーツでいいわよ、と言う声が返って来た。どうしたんですかこれ？　と聞くと、店がやられたのよ津波に。あたしは足に怪我しただけだったけど、二人死んだわよ、とおばさんはそう言って、私に右足のくるぶしを見せた。そこには十バーツコインほどの大きなかさぶたが出来ていた。おばさんの表情には少し、現状に対する憤りのようなものが感じられたが、悲愴感はない。困っていることは困っているが、困っているから何とかするんだ、という前向きな意思が感じられた。Gさんはおばさんに許可をとって何枚か写真を撮る。ありがとうございました、と私が言うとおばさんは、ちゃんと全部五十バーツって書いておくのよ、と笑顔で言った。

日が落ち始め、あたりの空気が少しひんやりし始めた頃、私たちは再び車に乗りこんだ。Gさんがどこかビーチを俯瞰できる高い場所に行きたい、と言ったので、このビーチで一番高い建物であるパトンタワーに向かう。だが、そこは一階と二階が破壊されていて立ち入り禁止だった。警備員は、エレベーターも動いてないと言う。しかたなく三十分ほどあちこちを行ったり来たりした結果、Gさんはビーチの南側の山手から望遠でパトンタワーとその周りの写真を撮ることにした。実際に山手に登り、暗くなってからのビーチを見てみると、正直、絵柄として微妙だと思った。確かにビーチ沿いの陸地百メートルくらいまでは電気が消えていて、その後ろは電気がついているのだが、よほど想像力を働かせなければ海岸沿いが津波で破壊されていることなんて思いもつかない。Gさんは何度か位置やシャッタースピードを変えたりしながら、時間をかけて夜景を撮影する。そして撮影が終わるとカメラの液晶画面に写った画像を私に見せて、どうですかね？と聞いた。思ったとおり微妙な絵だったが、夜の光の有無はちゃんとわかるようになっていて、パトンタワーもちゃんと写っていた。さすがだ。難しいですけどまあわかるんじゃないですか、と私が言うと、Gさんは、じゃあ次は夜の街を撮りに行きましょう、と言った。時間は一九時を過ぎ、再び走り出した車はGさんの指示により、ビーチ側のとある路地の入口に停まった。Gさんと私はすぐにその路地を電気が点いている繁華街の方に向かって歩き始める。しばらく歩くとGさんは一軒の店の前で立ち止まった。その店は小さなカウンターがあり、その中に露出度が高いノースリーブを着た若

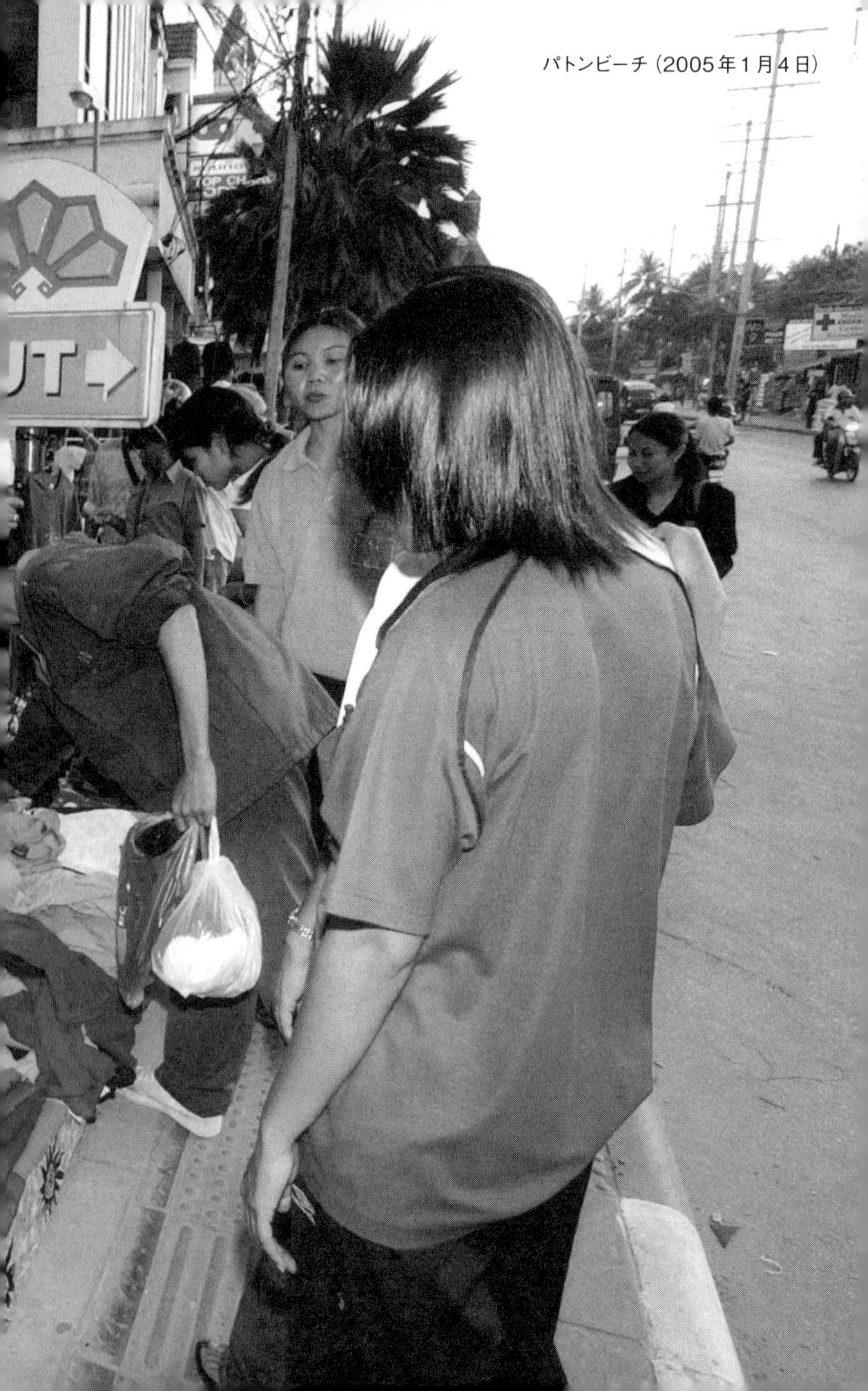

パトンビーチ（2005年1月4日）

い女性たちやバーテンさんがいた。いわゆるビア・バーと呼ばれるタイプの店で、同じようなバーが何軒も並んでいた。Gさんは、いつから営業しているか、店の名前と店員の名前、客足、津波の時は店を閉めたかどうかなどを聞くように私に指示し、写真を撮り始めた。店員の話ではこの店にはゴミが流れてきただけだったから、二九日から営業しているが、津波以降、ほとんど客足がなくなったとのことだった。Gさんは写真を撮りながらいまひとつといった表情をしていた、確かにここに津波の被害があったかどうかはよく考えてみなければわからないほど微妙だった。この店から海岸までの百メートルほどの距離には崩れたままの店や、道脇に残された土砂や瓦礫のかたまりなどが存在していたが、復旧している店は元通りにちゃんと営業している。すぐそこで百人を超える人間が亡くなろうと、客足が減ろうと関係ない。彼らはきちんとここでまっとうに商売を再開していた。バーを離れ、海を背中にして歩いていると、路地脇に営業しているバーには何事もなかったように、西洋人男性がノースリーブのタイ人女性を膝に乗せて酒を飲んでいたし、路地を歩いていると何組かそういったカップルにもすれ違った。津波発生から何日かは、このパトンビーチでそんな風に歩く西洋人男性とタイ人女性の写真や映像が、ゴシップ風に報道されていたりしたが、今こうして前向きに進んでいる夜の街の復興と人々を見ていると、私は生きているからこそ自分たちが死なずにすんだことを確認するのではないかと思えてきた。私ならたぶん、いや間違いなくやりまくる。こんな恐ろしい天災から一命を取りとめて恋人と二人でいたなら、私はいつもより必要以上にいちゃついて、互いの生命の存在を確認するに違いない。

路地の出口から車に乗り、峠を越えてプーケットタウンに入ると、時間はもう二一時をとうに過ぎていた。白石さん……、食事なんですけど、とGさんが口に出した瞬間、私は覚悟した。今夜の食事もタイスキに違いない。危機一髪で生き残ったカップルが互いの身体に触れ、一体化することによって生命の確認をするのであれば、危機一髪で明日あさってにでも日本に帰らなければならなくなるかもしれないGさんは、タイスキと一体化することによって自分がタイにいて仕事をしていることの確認をしなければならないのだろう。タイスキ屋に入ったのはほぼ二二時だった。ラストオーダーは終わっているような雰囲気だったが、店のマネージャーはGさんを見ると、少しだけ考えて入店を許可してくれた。おそらくGさんの表情を見て、タイスキを食わせてやらなければならないと思ったのだろう。

食事が終わると二三時を過ぎていた。Gさんは、明日は九時から県庁舎でJICAが救援物資の引き渡し式をするから、八時にはホテルを出ましょうと言った。私は部屋に戻るとすぐにバスタブに入った。痛みがなくなりつつあるアキレス腱にこびりついたテーピングのあとを洗い流し、きれいに消毒してから、どうしようかと考えた末に酒を飲むことにした。冷蔵庫ではメコン・ウイスキーの小瓶が冷えていた。今日の取材が微妙に空振りに終わったことを考えるとなんかすっきりしなかったのだ。一月二日に続いて、二度目の空振りだった。

私はもう一度服を身につけるとお金を持ってコンビニに行き、三百五十ミリリットル入りのペプシを買う。少し本腰を入れて飲もうと思っていた。

二〇〇五年一月五日（水）

一万人追悼儀式

メコン・ウイスキーを飲みながら、夕方からの追悼式典で一万本のロウソクが本当に使われるのなら、それなりの写真が撮れるだろうけど、時間が時間だから夜撮れても明日の朝に間に合うかどうかわからないしなあ、などと思っているとテレビでいつもの表が映し出された。

	死者	怪我	行方不明
パンガー県	四〇七七	五五九七	二一一三
クラビ県	五九七	一三七六	一六六九
プーケット県	二六二	一一一一	七〇〇

私は一応それをノートに書き取ったものの、その数字がどれくらい増えているかは確認することなく、酒に鈍化されてきている意識の中で、やっぱりパンガーか、と思う。立ち上がって携帯電話をつかみ、表示されている時間が一時であることを確認してから、私は残りのウイスキーを一気に飲み干し、ベッドに潜り込んだ。

六時少し前に目が覚めた。夢は見たようだったが、それがどんな夢だったかは忘れてしまっていた。おそらくウイスキーのお陰でぐっすり眠れたのだ。そういえば頭も身体もいつもよりすっきりしているような気がした。だがこれはあくまで酒の効果で眠りを矯正できただけに過ぎない。徐々に酒の効果に慣れてくれれば、だんだんと中途半端な疲れが慢性的に身体の中に残っていくことは目に見えていた。

一人でレストランに行き、食事をしていると昨日の空振り状況が今日も続くことになったらどうしようと不安になってきた。そしてその不安に急かされるように、必要以上に食事をとってしまう。あるものは何でも、今、自分が何を食べているのかわからなくなるほど食った。いつものように新聞とシュウマイ、ウィンナーを買って八時にロビーに下りると、そこには別局女性記者がいた。彼女は、ありがとうございました、エート・カラバオさんにインタビューが取れました、と言った。電話で話したんですか？　と聞くと、私の助手が代わりに電話で話してました。すごい緊張しながら、と言う。一応確認しなきゃいけないから、コメント取ったあとに本当に本人なんですか？　って助手に聞いたんですけど、真顔で、間違いない、エート・カラバオの声だ。間違うはずがないって。ほんとにすごい人なんですねえ、と彼女は言った。

いやだからすごい影響力がある人だって何度も言ったじゃないですか。エート・カラバオを知らない人なんていないんですよこの国じゃ、と私は言った。言ったあとてめえだって昨日までパウエルがどんな人か知らなかったくせに、と自分にツッコミを入れる。Gさんが降りてきたので、じゃあ、と言って女性記者と別れ、何メートルか歩くと、背後でかすかな笑い声が聞こえた。振り向くと女性記者がこっちを見て笑っている。どうしたんですか？　と私が聞くと、なんか二人、おかしいですよ、二人とも半ズボンで、と言った。服装を咎めるといった調子ではなく、単に面白かっただけなのだろう。確かにあたりを見回してみると、今いるホテルのロビーで従業員も含めて半ズボンを穿いているのは私とGさんの二人だけだった。

車に乗り込むと私はGさんにもう一度昨日のウェーブちゃんの記事を説明する。その新聞には被災者のために用意された夥しいテントと仮設住宅の写真があった。以前Gさんが違う新聞で見て興味を持っていたのと同じ場所だ。写真には、パンガー県のタクワパー郡バーンムワン町、というキャプションがつけてある。大晦日に私たちが千体以上もの遺体を目にしたバーンムワン寺院の近くだ。私はそのことをGさんに説明する。Gさんは少し考えていた。撮りたいと思っているようだった。じきに電話がかかってきて通話が終わるとGさんは、白石さん、別局の記者二人も今日かた明日バンコクに戻るみたいです、と言った。あらこれはまた急な話だなあ。さっきロビーで会ったときには何も言ってなかったのに。先輩記者も今日バンコクに引き上げるということだから、さっきロビーで会っからこっちに残っているのは、Gさんと隣国の支局から来た記者の二人だけになる。

町村外相は七日に入って八日にプーケット入りするみたいです、とGさんは言葉を続けたが、まだいろいろと悩んでいるようだった。車がプーケット県庁舎に着くと、私は脚立を持ち、Gさんはカメラを首からぶら下げて車から降りた。そしてパウエルが昨日スピーチをしたあたりまで歩いてきたとき、ブチッと音がしていきなり腰まわりに緊張感がなくなった。ベルトが切れたのだ。やべぇ食いすぎたからだ、と私は思いつつ、ジーンズの腰の部分を何度も折り返し、なんとかベルトなしで腰を絞りあげる。ズボンがずり落ちる不安を抱えたまま、私はJICAとプーケット県の役人との間でなされている物資の引渡し式を見ていた。その引渡し式は昨日のパウエルのスピーチとは違って台もなく、関係者の数も数人で、日本の報道が取材をして写真を撮っているだけだった。JICAの人からA4サイズの紙が渡される。それは寄贈品の目録で、そこには日本政府がテント、毛布、浄水器、発電機など約五百万円相当のものと、一月一日にも緊急援助物資として遺体を入れる袋やマスク、手袋、デジタルカメラなどの検死用設備、医薬品など五百万円相当のものを寄贈した。さらに被害がひどかったピピ島やタクワパー郡で救助や物資輸送等をしていて、医療チームはバーンムワン町の被災者キャンプで活動していると書いてあった。さすがだ、無駄なものや無駄な活動はまったくない。さすが国際緊急援助隊だ。日の丸背負って海外の困った人たちを助けようというだけある。

　撮影が終わるとすぐにまた私たちの車はパトンビーチに向かった。今度は昨日とは違って海水が澄んだカタビーチの海にGさんが潜るのだ。移動中、またGさんの電話が鳴った。何度か、はい、はい、という言葉がGさんの口から発せられ、しばらくしてから電話を切る。八日には出社しろって言われました。決定だそうです。せっかく延びたと思ったのに、とGさんは言った。私は、日本に戻るのが八日までなんでしょ？　そしたら七日にバンコクから飛行機に乗らなきゃならないから、じゃあ、帰るの……、明日？　と私が言うと、Gさんは、いやあ悔しいなあ、とだけ言った。

　車が峠を越え、バトンビーチにあるダイブショップに着くと、Gさんはすぐにインストラクターの人とボンベなどの準備をはじめる。そしてそれらの準備が終わると、白石さんこれ、くれぐれもよろしくお願いします、と言って貴重品満載のベストを私に着せ、カメラを渡した。Gさんがインストラクターの人とダイブショップ側が用意した車に乗り込むと、私はすぐにその車を追うように運転手さんに指示をした。三十分も経たないうちにカタビーチに到着すると、Gさんは、白石さん忘れてた、これ、飛行機のチケットの番号ですから、明日のプーケット発バンコク行きと、あさっての夜、バンコクから日本に帰る便の予約をお願いします、と言った。私はすぐにその番号を写し取る。Gさんは、くれぐれも車から離れないように運転手さんに言っておいてください。パソコンとか貴重品積んでますから、と言って浜辺でボンベを背負い、インストラクターと一緒に海の方に歩いていった。

ひとりになると私はすぐに自分たちが泊まっているホテルに電話した。タイ航空の電話番号がわからなかったのだ。ホテルのレセプションはあっさりとタイ航空プーケット支店の電話番号を教えてくれた。私は礼を言って電話を切り、すぐにその番号にかけながら、自分もずいぶん電話に慣れたものだと思った。よく見てみると私の腕はココアみたいにくすんだ色になっていた。こっちに来てから日焼けしたのだ。

飛行機の予約が取れると、私は車に戻ろうと思って歩き始めたが、さっきまで停めていた場所に車はなかった。やばい、と私は思う。これまでも何回か、県庁舎などで取材しているときにすぐに運転手さんが迎えに来れなくてGさんがイライラすることがあった。県庁舎の場合は、正面に絶えず警官がいて交通整理をしていたから、離れたところに停めなければならない事情があったが、ここは人気が少ないカタビーチだ。路上に停めてもだれも咎めることはない。私はあたりを見回した。すると車は少し離れた屋台の前に停めてあり、運転手さんが座っているのが見えた。私は飯か、と思いながら歩いていく。一言、注意しておかなければと思ったのだ、Gさんが激するようなことになったら非常に仕事がしにくくなる。

運転手さんはナマズの塩焼きをおかずに糯米《もちごめ》を食っていた。私が歩いてきたことに気づくと運転手さんは笑顔で、飯食うか？　と聞いてきた。私は携帯電話の表示を見る。時間は正午を過ぎていた。そうなのだ飯の時間なのだ。私はその運転手さんの無邪気な様子がすごく可愛いらしくて反射的に微笑みを返し、隣に座った。そして、兄さん、私たちが車から離れるときは車を出来るだけ動かさないでその場所で待っているようにしてください。できれば車の中にいて、寝ててもいいですから、と告げ、Gさん、少しいらいらしてるから、ね、と言葉を付け加えた。運転手さんは笑顔で頷く。そしてさらに、仕事は明日で終わりかもしれない、と告げた。運転手の兄さんは笑顔を少し真顔に変え、オッケー、わかった、と返事した。まあしばらくGさんが海から上がってくることはないし、食事が終わったら車を動かせばいいだろう、と思って私は運転手兄さんと普通に雑談をはじめる。私は運転手兄さんに、これからどうするの？　と聞きかけてその言葉を飲み込み、頭の中で質問を組み立てなおして、これから、どう？　と短く聞いてみた。詳しく聞こうとも思ったが、なんだかめんどくさいし、あまり立ち入るのもどうかと思ったので抽象的に聞いてみたのだ。とにかく今、このプーケット島に住む人に、これから、どう？　と聞いているのだ。それだけで十分私が何を聞こうとしているかは理解してもらえるだろうと思った。兄さんは、指先についた糯米とナマズの脂を舐めながら、わかんないねどうなるか、と言い、脇に置いていた煮沸水のボトルを手に取って水を一口飲み、景気は悪くなるだろうね、しばらく観光客は来ないだろうから、仕事もどうなるかわからない、と言った。

そうなのだ。明日Gさんが帰って新しく来た記者が兄さんを雇わなければ、その時点で兄さんは元の雇われ運転手に戻る。今はオーナーに雇われ、一日いくらで車を借りて私たちの専属になってくれているが、これから先観光客が来ないとなるといつ職を失うかわからない。間違いなく不安なはずだった。

Gさんが海から上がってきたのは一三時半だった。海沿いの場所に車を移動して待っていた私は反射的に、撮れましたか？　と聞く。すぐに、うん、そんなに濁ってなかったですよ、という言葉が返ってきた。ダイブショップに戻ると、時間は一四時になっていた。Gさんはダイブの道具やスーツを返し、すぐにカメラからパソコンにデータをコピーし、使えそうな写真を選び始めた。店内にいた何人かの女性インストラクターから、すごい、さすが、きれー、という言葉が漏れた。Gさんはローミング携帯を使って日本の会社に送信しながら、ダイビング費用の清算を済ませる。

私は気分的にすごく重いベストとカメラを返しながら、明日の夕方にバンコク行き飛行機の予約が取れたことをGさんに告げた。

私たちは途中で軽い食事をとり、プーケットタウンに戻った。そしてそのまま追悼式があると言われているサッカースタジアムに向かう。サッカースタジアムに着いたのは一七時前だった。行くまではまた空振りにならないかと不安になっていたが、その心配はなさそうだった。私たちが着いたスタジアムのフィールドには、夥しい数のワイングラスのようなものがきちんと並べられており、たくさんの人が集まっていた。スタジアムのまわりには、英語とタイ語、中国語、そして日本語で「津波被害者の追悼式」と書かれた巨大な垂れ幕がかけられていて、テレビカメラやカメラを携えた報道の人間があちこちにいた。車から降りるとGさんが、運転手さんに車から離れないように言っておいてください、と言った。私はそのことを運転手さんに伝える。Gさんはパソコンを持っていた。おそらくここから直接ここの写真を送るつもりなのだ。時間さえうまくいけば、明日の朝にはここの様子を日本の人たちに伝えることができる。

スタジアムはサッカーグラウンドのまわりに陸上トラックがあり、正面スタンドはコンクリートで三、四階建てくらいの高さがあった。ラグビー用のポストまである。周囲には木製で十段くらいの観客席が設置されていた。ここでスポーツイベントが開催されるとしたら、一万人近くは収容できるだろう。

とりあえずロケハンしましょう。高いところで撮りたいんで、白石さんは場所を探しながら日本人や西洋人が来ているかどうかチェックしてみてください、とGさんは言った。被害者の遺族などがいればコメントを取っておいた方がいいし、他の国の報道機関がどういう動きをしているか確認していて欲しい、ということなのだろう。私はGさんから離れて、反時計回りにフィールドを歩き始めた。グラウンドに置かれているワイングラスのようなものはロウソクを立てるための燭台らしい。私は歩きながらそこにいる人々を見ていった。正面とは逆の屋根がない観客席のほうには制服を着た少年少女たちが座って直径一メートルほどの、白い円形のものを並べていた。その前方には正面に向かってものすごい数の燭台用グラスが並べられ、さらにその前方にいくつもの椅子が並べられている。そこにいる人たちは比較的地味な服装だったり、明らかに喪服と思える服を着ていた。そして正面スタンドは黄色く染まっていた。袈裟の色だ。何百人もの僧侶がそこに座っていた。スタンドの下にはスピーチをするための台があり、さらにその台の両脇を挟むように椅子がそれぞれ左右に分かれて置いてある。正面に近づくにつれてそれが何を意味しているのかがはっきりしてきた。左右に分けた片方に座っているのは円筒形の帽子を被って顔面に髭を蓄えた人が大半であり、もう片方は普段バンコクや国内では見なれない法衣を着た集団に満たされていた。要するに片方は回教の宗教関係者で、もう片方はキリスト教の宗教関係者なのだ。そして、そのふたつの集団を台の背後から見下ろす形で仏教徒である僧侶たちがスタンドを黄色く染めている。

全て一緒にやるんだ、分け隔てなく、と思った。おそらくその三つ以外の宗教関係者用の席も用意されているはずだ。冷静に考えてみればプーケット県の主催で津波被災五県の追悼式だと垂れ幕にも書いている。分け隔てがないのはあたりまえなのだが、私には席の配置が新鮮だった。少なくとも日本ではこういう風に、自治体が各宗教関係者を同じ場所に集めて行うイベントなど目にしたことがない。実際にはあるのかもしれないが、少なくとも私は見たことがない。正面を横切って歩いていると私にＡ４の紙が渡された。それには三曲分の歌詞と式次第、この追悼式を実行する組織名が、宗教組織、財団、企業、公的機関など、分け隔てなくまとめて書かれていた。歌にはタイ語で『泣かないで』と『あなたは私』という意味の題名がつけられていて、その名のとおり死者を慰める内容の歌詞が書かれていた。そして、もう一曲にもタイ人の作詞者と作曲者の名前が書かれていたが、その歌詞は英語で書かれ、各行にタイ語の意味が書かれていた。

　私は一通り読み終えてその紙から視線を外し、ラグビー用のポストのところまで歩いたところで再びGさんと出くわした。私は、西洋人は何人か見ましたけど、日本人らしき人は見なかったですね、と報告する。Gさんは、白石さん、あのあそこの車の上で写真撮れるように聞いてもらえませんかね、と言う。Gさんが指差した先は僧侶で満たされたスタンドの向かい側の、私たちが入ってきた金網の後ろで、そこには、大きめのワゴン車があり、その上にはビデオカメラが三脚に乗せて置いてあった。それは難しいかもしれないと私は正直思ったが、聞いてみます、と言って中高生がたくさん固まっているほうに向かって歩き出した。私が金網を抜け、車の脇にいた人の方を見る。だが、私がその人を見たとき、すでにその人は私のほうを見ていた。彼が見ていたのは私の顔ではなく、私が着ていたTシャツのタイ文字だった。トゥートムック（ตูดหมึก／クソガキ）、と彼は笑いながら言った。私がすぐにその文字を右手で隠すフリをすると、彼はさらに笑顔の強度を高めた。近づくと彼は、ノート＝ウドムのショーに出て、ドラえもんの歌、歌ってたでしょ？　と聞く。私は笑顔で頷いた。非常に楽だと思う。このTシャツを着ているだけでタイ人は私に注目し、非常に話がしやすくなる。さらに少なくみても百人に一人はその『トゥートムック』（クソガキ）というタイトルの舞台映像を見て私の顔を知っていて、黙っていても向こうから話し掛けてくれる。私はこっちに来てからずっとそのことを感じていて、何日か前から意図的にそのシャツを着るようにしていた。興行のスタッフ用にもらっていたもので、同じものが三枚あったから洗濯には困らなかった。

　何しに来たんですか？　とその男性は質問を続けた。日本の報道が取材に来てるんで、助手と通訳をやってるんです、私は正直にそう答えた。彼は右手の親指を立てて私の方に見せると、歌、上手いね、と笑顔で言う。私は、ありがとうございます、と礼を言ったあとすかさず、うちのカメラマンが車の上に乗って写真を撮りたいって言うんですけど登っていいですか？　と聞いた。彼は笑顔を真顔に変え、ちょっと待って、と言って車のほうに近づき、上に登っているスタッフにそのことを伝え始める。やっぱり無理かな、と私が思っていると彼は私の方を振り返り、いいよ、でも、乗ったり降りたりするときは、車を揺らさないようにしてくれ、と言った。私はお礼を言って、あとからまた来ます、と告げ、再び金網の向こう、グラウンドの中に入った。Gさんの姿を探したが見つからず、仕方なく電話した。撮影許可が出たことを告げると、Gさんは、わかりましたあとで行きます、と言って電話を切った。

携帯電話をカバンにしまい、まわりを見ると、私は自分が制服を着たたくさんの学生の中にいることに気づいた。おそらくプーケットタウンのこの学区内にある複数の学校から来ているのだろう。私は芝生の上に座って金網のすぐそばに固まって座っていた女子学生に、彼女たちが並べた直径一メートルくらいの白い紙を貼った丸枠を指差して、これは何？　と聞いた。真ん中のロウソクに火を点けるとこれが空に上がるんです、と彼女はそう言った。よく見ると丸枠に貼られているように見えた紙は円筒状の袋の形をしていて、その袋の口が丸枠に接着されている。そしてその丸枠には×印の形にワイヤーが張ってあり、真ん中にくすんだ色のガムテープのような物体があった。熱気球だ。そこには同じ物体が数百個ずらりと並べてあった。

どうしてここに来たの？　と私はその女子学生に聞いてみた。彼女からは、先生に言われたから、という答えが返ってきた。彼女たちはみんなで津波で亡くなった被災者の霊を慰め、送るためにここで熱気球の準備をしているのだ。私は金網の出入口からスタジアムの外に出て撮影用の車の脇まで来ると、さっき話した男性に会釈してから、車を揺らさないようにゆっくりと狭い梯子に手をかけ、車の上に登った。車の上にはカメラマンと助手らしき人が二人いた。三人いればかなり狭く感じる空間だったが、二人は笑顔で私を迎えてくれ、立ったり座ったりするときはゆっくり、揺らさないようにしてくれ、とだけ言った。言われたようにゆっくりとカメラの右脇に座り、正面のスタンドを見る。このカメラはおそらく、スタジアムを横切って百メートル以上向こうに位置するスタンド前にあるスピーチ用の壇上を撮影するカメラなのだ。だから、揺れに気を使うのだろう。

あたりがゆっくりと暗くなっていき、一九時になるとフィールドの燭台に立てられたロウソクに、ひとつひとつ火が点されていった。一万本のロウソクの炎が、四畳半の部屋にぎっしりとそろばんを敷き詰めたように整然と並び、ゆらゆらと揺れ始める。スタンドでは僧侶たちがロウソクからロウソクへと手渡しで火をともしていた。その小さい炎は、ゆっくりとカーテンを引き剝がすように何百本ものロウソクに行き渡るとやがてスタンドを埋め尽くした。スピーチ用の壇の周りはライトが当てられていたが、スタジアムの照明はそれほど強くはなく、小さく黄色い一万ものロウソクの炎に埋め尽くされていた。式がはじまり、県知事が、各宗教、企業、教育機関、外国の人たちなどが、南部被災五県や、全国、世界から集まってきたことにお礼を言いたい、みんな一緒に津波で亡くなった人たちを送りましょう、というような趣旨の挨拶をした。そして黄色い袈裟を着た高僧らしき人が壇上にのぼり、お経を唱え始めた。スタンドの僧侶たちはおそらく合掌しているのだろうが、私の方からは遠いし、暗くてその様子がほとんど見えない。スタンドに見えるのは何百ものロウソクの灯りだけで、そこから、何百もの読経の声が聞こえてくる。

高僧が壇上から降りると、次は短い円筒形の帽子を被り、濃い髭に顔を覆われた男性が壇上にあがる。どうみてもイスラム教徒だった。位が高いらしいその宗教者はマイクを前に歌のような言葉の群れを発し始める。抑揚や間の取り方に聞き覚えがあった。コーランだろう、と私は思った。聞いていても内容は全然わからなかった。さっきのお経よりもさらにわからない。おそらくアラビア語による追悼のお祈りなのだろう。仏教の読経の最中には、イスラム教徒やキリスト教徒は厳かに姿勢を正していたし、いま、イスラム教による追悼が行われている時も、スタンドのロウソクが必要以上に揺れたりすることはなく整然と並んだままだった。それが終わると次にキリスト教の祈りの言葉が述べられ始め、タイ語によるその祈りが終わると、アーメン、と言って厳かに締められた。

その儀式がそれぞれ違う宗教だとは思えないほど、そこにいる宗教者たちの気持ちがひとつになっているように思えた。まるで、同じ考えを持つ人たちが同じ意味の言葉で死者を追悼し、ただ単にそれが違う言語に訳され、何回かに分けて述べられているだけのような気がしたのだ。それはきっと間違いではない。教義は違っていてもここに集まっている目的や、今この瞬間にここで共有している思いは同じだ。

時間は一九時半をとっくに過ぎていたが、Gさんからは連絡がなかった。おそらくここよりもいい場所を確保して写真を撮りまくっているのだろう。スピーカーから音楽が流れ、会場にいる人々が歌いだす。さっきもらった紙に印刷されていた歌だった。月明かりに照らされて、金網の内側の席に座っている人々は、その紙を手にしながらたどたどしく声を出して歌っていた。静かな、そして何の作為も感じられない純粋な歌声が何千も集まって、スタジアムを包んでいた。

アナウンスの指示に従って学生たちが立ち上がり、目の前に置かれている丸枠を手に取る。ひとつの丸枠を二人で持ち、さらに一人が紙製の袋の部分を高く持って丸枠の中に空間を作った。そしてさらにもう一人がその真ん中に取り付けられたバームクーヘンのような形のロウソクに、ライターやマッチで火を点ける。歌声が続く中、ゆっくりじわじわと紙製の袋の部分が膨らんでいった。

そして三曲目が終わりに近づいた頃にはそのほとんどが提灯のように光を放ちながら円筒状に膨らんでいた。アナウンスが何か言い、丸枠を持っている学生たちが空に投げ上げるように手を離すと、まるで真上にしか飛ぶことができない蛍の怪物のように、その何百もの灯籠はゆっくりと空に上がっていった。私は座ったまま呆けたように空を見上げていた。海側から吹いてきた風が灯籠を西の空のほうに運んでゆく。私は亡くなった死者の霊がこのプーケットタウンから峠を越えてパトンビーチを通り、海のずっと向こうの国に飛んでいっているような気がした。

二一時頃に歌が終わると、すでにほとんどの灯籠が、空中高くに上がってしまっていた。儀式はこれで終わりらしく、スタジアム全体がざわつき始めた頃、今私が感じている雰囲気とは全く場違いな雑音が、私の耳に入ってきた。携帯電話の音だった。白石さんんんん、いま撮影した画像を送ってるんですけどおおおおしっこがすごくしたいんですよおおおお、でも送っちゃってるからパソコン動かせないんですよおおおお、お坊さんたちがいるスタンドの一番角にいますからあ、すぐこっちにきてもらえませんかああああ、というGさんの声が携帯電話から聞こえてきた。よく目を凝らすと、電気が点けられ明るくなったスタンドの角のところに、黄色い僧侶たちから圧倒されるような形で一人だけ場違いな半ズボンが確認できた。わかりましたすぐ行きます、と言って私は隣のカメラマンに礼を言い、揺らさないようにゆっくりと車から降り、早歩きでスタジアムの中を歩いた。

スタンドに上がるとGさんはまるで神様が来たかのような表情で私を迎えてくれ、端のほうに置いたパソコンを放置したまま私のほうに歩いてきて、じゃあ行ってきますからこのパソコンお願いしますね、と行って早足で歩く。それは早足でありながらも、上下に振動を加えないようにほとんどすり足に近い歩行フォームだった。しばらくして戻ってきたGさんの表情は元通りになっていた。

白石さんとりあえずこれ送り終わったら、会社のほうに電話してから行きますから、向こうの方に車をつけといてもらえませんか？　とGさんは言った。私は、わかりましたと言ってスタンドから降りて運転手さんに電話をする。運転手さんからは、ああ、全然遠くに行ってなんかいない、降りたとこのすぐ近くにいるから、という声が返ってきた。電話を切ってゆっくり歩きながら、私は振り返るようにして山の方に流れてゆくたくさんの灯籠を目で追う。渡り鳥が編隊を組んだまま空中に静止しているように、それらの灯籠は峠の方に固まっていた。もう、揺れたり動いたりはしていなかった。

スタジアムの外に出ると車はすぐに見つかった。運転手さんは車体に身体を預けたまま立ち、ずっと遠くの空に浮いている灯籠を目で追っていた。そしてその隣にはぽっちゃりとした若い女性が立っていた。年はだいたい二十代後半くらいだろう。私はすぐに後ろを見た。Gさんがこっちまで来ているかどうか気になったのだ。スタンドを見るとGさんは送信が終わったらしく、機材を持って降りているところだった。私はとりあえずその女性に挨拶し、運転手さんに近づくと彼女に聞こえないような小声で、車を離れるなって言ってたのに、ここに恋人と一緒にいるところをGさんに見られたら機嫌が悪くなるかもしれないから、彼女に少し離れたところにいてもらって、Gさんが来たときには運転手席に座って待機しておいてもらえないでしょうか？　と言った。運転手兄さんは笑顔で、オッケー、と言って彼女にその旨を告げる。彼女も別段、気にするようでなく、微笑んで頷いた。運転手兄さんが運転席に乗ってエンジンをかけると彼女は、私のシャツのプリントを見て笑いながら、彼からあなたのこと、タイ語下手だけど面白くて、すごく可愛い日本人と一緒に仕事してるって聞いてたの、と言った。私は苦笑しながら、この島の人ですか？　と彼女に聞いた。そうだろうな、と思った。肌が黒いし、顔立ちがマレー系に近かった。彼女は、はい、と頷く。私は他にも何か話をしようと思ったが、金網の向こうにGさんの姿が見えたので、じゃあ、さよなら、と言って車に戻った。Gさんは私と並んで立っていた彼女に少しだけ視線を移したが、別段気にするようでもなく車に乗り込んで、すぐにかかってきた電話に対応しはじめた。どうやら別局から新しく二人の記者が来ていて、今夜一緒に食事することになったらしかった。

二一時半過ぎにホテルに戻ると、ロビーには隣国海外支局記者の人と、はじめて見る男性が二人いた。どうやらこの二人のうちどちらかが私の新しいボスになるらしい。Gさんが、とりあえず食事ですね。白石さんどこか食事するところ探してくれませんか？　と言った。私はどうやって探そうか考え、いつもコンビニに行くときに声を掛けてくるトゥクトゥクの運転手さんに聞いてみることにした。今の私たちには車がなかった。運転手さんは帰してしまっていたし、他の記者の人も自分たちの車を帰してしまっていた。レストランねえ、シーフードでしょ、ムーカタでしょ、とトゥクトゥクの運転手さんが言ったとき、ああムーカタか、と私は思った。そうだそういえばちょうど十日前、その、ムーカタと呼ばれている韓国風焼肉食い放題形式の鍋を食っているときにGさんから電話がかかってきたのだ。そこのムーカタ、美味しい？　と私は聞いた。ムーカタなら好きなもの取り放題だから、炭水化物ダイエット中のGさんにも都合がいいし、それに何より値段が安い。おお美味いよ、いつも人でいっぱいだよ、という声が返ってきたので私は即決して、送迎の料金交渉をし、Gさんたちを車の前に呼び寄せる。五人でその赤いトゥクトゥクに乗り込むと、車は十分も経たないうちにムーカタ屋に着いた。私はトゥクトゥクの運転手さんの電話番号を聞き、帰るときには電話するから迎えに来てくれと言って解放した。

店の中は、運転手さんが言っていたとおり、家族連れでいっぱいだった。Gさんは車から降りると、店の様子を見て、え？　ここですかあ？　と驚いたように言った。ちょっとここは……、白石さん他にないですかね？　とGさんが言う。すると新しく来た二人のうち、年長の記者が、なんかここいい感じじゃないですか、ここでいいですよ、と言った。年長記者がそう言うと他の二人にも異存はないようだった。そのまま私たちは席に着き、思い思いに肉や野菜を取ってきて、ジンギスカン式の丸鍋の中央で焼いたり、そのまわりの水が溜まっている部分で煮たりしながらビールで乾杯した。私とGさんは象ビール、三人の記者はハイネケンを注文する。なんとなく対照的だと思った。私は象ビールを飲みながら、よくよく考えてみればこれは面接であることを思い出す。この時点でこの二人のうちのどちらかに、こいつはいらないと判断されたら、私は明日にでもバンコクに戻らなければならなくなる。でも私はなぜか面接らしい態度や行動をとろうとは思わなかった。ビールの酔いも回りつつあったし、何より腹が減っていたのだ。第一、立ち上がってきっちり直立して挨拶などしたら、穿いているジーンズがズリ落ちてしまう。今の私が立ったまま姿勢を正したりすると非常にまずい。

食事は緊張感がまったくないまま続いたし、緊張感を要求されるようなこともなかった。結局、話しているうちに私よりも明らかに年上の年長記者が、今日引き上げた別局記者が雇っていた助手を使うことになり、もう一人の若い記者のHさんが私を助手として使うことに決まった。そして、Hさんは、別局女性記者が雇っていた人をそのまま運転手として使うことになった。聞いてみたらワゴン車で、料金も運転手兄さんよりも安かった。致し方ない。私たちの運転手兄さんとは明日でお別れだ。年長記者の方はやや恰幅が良く、何年か海外に駐在していた経験があり、英語の助手で全然問題がないといった感じだった。私はそのうち、話の流れでHさんが海外取材が初めてだということを知った。年長記者の方とは対照的に、Hさんは細身で表情から力が抜けていない感じだった。私を含め四人の中で一番年下のせいか、Hさんは基本的にまわりの話に相槌を打ち、時折、笑顔を見せるだけだったが、その笑顔になんとなく余裕がないような感じだった。もっと私にいろんなことを聞いたり、明日からの方針について言ったりすればいいのに、と思ったが、何も言わなかった。もしかしたら、助手でありながら食事中にいろいろとくだらないことを交えて口数多く話す私を、めんどくさい人間だ、と思いながら警戒しているのかもしれないし、単に私の方が年上だから気を使っているのかもしれない。

Hさんとは、Gさんとコミュニケーションをとるようにスムースにはいかないだろうと思う。でもまあそれは当然のことだ。十年以上もつきあいがあり、定期的に連絡を取っていて、私が発信する情報を欠かさず受信しているGさんと比べること自体に無理がある。Gさんにはあらかじめ、私に何が出来て、助手としてどういう風に使えるかすべてシミュレートできるだけの予備知識があったが、Hさんにとって私はまだ、タイに住んでてタイ語ができるらしい日本人でしかない。まあ、Hさんもこっちに派遣されるくらいの優秀な記者なのだから、慣れれば私を上手く使ってくれるだろう。そう思えばGさんと何も変わらない。ただ、決定的に違うことがひとつあった。今度のHさんは記者だった。言葉で状況を切り取り、文章を書く人なのだ。基本的に写真を撮るだけのGさんとは違う。だからそのあたりの勝手が間違いなく違ってくるだろう。だが、それは同時に、通訳としては最上級にやりがいがある、ということだった。

食事が終わり、ジーンズがずり落ちる心配をしなくて済むほど腹いっぱい食べて二三時半頃にホテルに戻ると、Gさんがすかさず、白石さんマッサージ行きましょうタイマッサージ、白石さんも疲れてるでしょうし今夜が最後だから、ついでに新しいベルトも買っときましょう、全部大丈夫ですから行きましょう、と言った。

この十日間、Gさんは何度か車の座席で半分うなされたように、マッサージ行きたい、とつぶやくことがあった。そうなのだ今夜が最後の夜なのだ、そら行かなきゃならないだろう行くべきだ、と思う。なにしろGさんはあの貴重品がぎっしり入ったベストを身に着け、その上から常時二台の一眼レフをたすきがけにかけていたのだ。背中や腰に負担がかからないわけがない。

私とGさんは部屋に荷物を置くと、再びロビーに集合した。考えてみればこれが私たちにとってはじめての息抜きのようなものだった。毎晩帰りは遅く、早いとしても他の記者さんたちとの半分会議のような食事があるだけで、ゆっくりお酒だけを飲むとか、どこかでリラックスするとか、そのような時間は全くと言っていいほどなかった。今夜マッサージに行けば私たち二人はマットに横になって古式ゆかしいこの国の按摩技術を駆使して二時間、たっぷりと骨や筋肉の疲労を癒してもらえる。私はホテルの外に出て、ホテル前のトゥクトゥクのお兄ちゃんに、マッサージ屋はありますか？　と聞く。お兄ちゃんからすぐに、ソープか？　という質問が返ってきたので、違う、古式だ、と真顔で答えた。私たちは疲れを癒したいのだ。疲れるようなことをしてどうする。

お兄ちゃんはすぐにホテルから百メートルも離れていない場所を指差し、あの建物の裏の道の左手の路地の入口にある。看板が出てるからすぐわかるよ、と教えてくれた。お兄ちゃんに礼を言って、とりあえず私は近くの衣料品屋で一番安い布製のベルトを買い、Gさんを教えられたマッサージ屋に連れて行った。黄色い店の看板にははっきりとタイ文字で「古式マッサージ」と書いてあった。時間は二三時過ぎだ。時間がない、急がねばならない。私たちは店に入り、時間を聞かれて「二時間」と即答すると、出されたお茶を飲んでズボンを脱ぎ、マッサージ用の下穿きに履き替えて指示されたマットの上に二人並んで横になった。

お姉さんが二人、私たちの前に現れ、合掌をしてから足の裏を揉みほぐしてゆく。痛い。痛い。気持ちいい。痛い気持ちいい。いたきもちいい。私はその局部的な痛みを身体全体にばら撒くように深呼吸し、全身の力を抜く。お姉さんは線をたどるように指や肘や腕や膝で足の裏を押し、膝の周りを押し、腿を押す。脚の付け根を押されたところで私の意識は遮断された。

二〇〇五年一月六日（木）

友達との別れ

一度、身体をひっくり返してください、と言われ、半覚醒状態でお姉さんの手を借りてうつぶせになったのは覚えていたが、それ以外の記憶はなかった。Ｇさんも眠っていたらしく、目がとろんとしている。Ｇさんにお金を払ってもらい、外に出ると時間は一時だった。私は、マッサージごちそう様でした、とかなんかそんなことを言って、ふらふらしながら二人でホテルまでの道を歩いた。身体は軽かったが、軸が安定していない。なんとかホテルにたどり着き、Ｇさんと別れて部屋に戻る。このまますぐに眠れる、と思った。今日はもう酒を飲む必要なんかない。私はふらつきながらバスルームに行って水浴びをすませ、そのままベッドになだれ込んだ。

六時に目を覚ますと私はすぐにメールチェックをしながら例の掲示板に、また「おはよー、タイのテレビじゃなくてもＣＮＮとかでもいいかもよ」と書き込んだ。前に書き込んだときにはタイのテレビをネットで見るように促したが、反応はなかった。情報を選別することなく、目の前に流れてくる限られた媒体からの情報だけであれこれ発言する、そしてその限られた媒体が取り扱わなくなった情報はそのまま風化させてしまう。それが一般的な日本人の姿なのだろう。だからこんな風に限られた大手の報道会社だけがいい環境で自由に報道できるのだと思う。だが、私がその恩恵を得て、いい環境で助手という仕事をできているということもまた事実だった。

いつものようにビュッフェで暴食してから新聞を買い、Ｇさんの部屋に行く。Ｇさんは荷物をまとめる準備で忙しそうだった。私が、経費の計算、しておきましょうか？　と言うと、Gさんは、お願いします、と言う。今日は取材にならないだろう。私は部屋に戻り自分のパソコンをGさんの部屋に持ってきて、鞄の中に詰め込まれていた領収書を取り出し、表計算ソフトに打ち込んでいった。使途不明な領収書はなく、三十分ほどで表はできあがった。高額なものはほとんど購入していなかった。毎日数紙必ず購入する新聞にしたって、全部あわせても日本円で二百円いかない。この十日間で一番高かったものは、元旦にピピ島に行った船のチャーター代で、あとは車のチャーター代とガソリン代。そして運転手さんの人件費だった。白石さんのギャラも計算しておいてください、と言われ、計算するとすごい金額がでてきた。あくまで私にとってすごいというだけだったが、それはバンコクで仕事だけの地味な生活を送れば、半年は暮らせるだけの額だった。私はそれらのデータをGさんのパソコンにコピーした。

ふと私は、脚立どうします？　と聞いた。Gさんは少し考えて、誰かが使うかもしれないから、仕事部屋に置いていきましょう、と言う。私が仕事部屋に行こうと立ち上がった瞬間、Gさんは、これ、Hさんに、と言って封もしてない封筒を渡した。なんですかこれ？　と聞くと、引き継ぎする暇がないんで書いておきました、と言う。見ていいですか？　と私は反射的に聞いた。すぐに、いいですよ、と答えが返ってきた。じゃあ持っていきます、と言って私は脚立を持って部屋を出た。そしてエレベーターの中でその手紙を読んだ。そこにはパトンビーチの日本人や、そのほかこの十日間に出会った人の連絡先と説明、そのほかに、取材し損ねたネタなどが書いてあった。そして、その中に混じって、ご飯は食べさせてください、一日いくらの契約になってます、持ってる携帯電話の電池が切れやすいので気をつけてください、取材でネタに詰まったら何か聞いてみてください、すばらしい答えが返ってくることがあります、などと私に対しての注意書きが書いてあった。その数行はまさに私という助手を使うためのマニュアルだった。これだけ伝えておけばHさんは有効に私を使うことができるだろう。

仕事部屋には、Hさんと、年長の記者、隣国海外支局記者の三人がいた。私が脚立を置いて、手紙をHさんに渡すと、海外支局記者が、なんかネタないですかねえ、と聞いてきた。私は鞄に入っていたウェーブちゃんの記事を見せて内容を軽く説明し、こっちの新聞、ここ全部置いてありますから、気になる写真があれば言って下さい、と言ってGさんの部屋に戻った。

昼食に最後のタイスキを食べ、一四時過ぎに出発した。車に乗ってすぐに私は運転手さんに、Hさんが、安いワゴン車を使うと言っているから今日で仕事は終わりです、と告げた。運転手さんは残念そうにうなずく。空港へは三十分ほどで到着した。着いてすぐ両替してから運転手さんにギャラを渡し、領収書を書いてもらってから、タイ語で、ありがとう、と言って運転手さんと抱き合った。運転手さんは、また何かあれば電話してくれ、と言い、私がその言葉を伝えると、Gさんは再び合掌しながらタイ語で運転手さんにお礼を言う。次は私のギャラだった。私は、日本円でいいですよ、と言って、これまで十一日間、私が何人ものタイの人たちに書くことを要求した会社指定の領収書に、自分の日本の住所と氏名、電話番号を書いて渡した。そしてそれと引き替えにGさんの手からここ一年半以上手にしたことがないような枚数の一万円札が渡された。私はそれを腰に巻いた貴重品袋の中におさめる。新しい人からはちゃんとこれと同じだけのギャラもらってくださいね、とGさんは言った。私は、わかりました、と答える。じゃ、何かあったら連絡ください、まあ、白石さんだから大丈夫だと思いますけど、とGさんが言ったので私は、今お金もらったから、もしすぐクビになってもバンコクに帰れるんで大丈夫です、と言った。Gさんはその言葉に笑顔を返し、私たちは抱き合って別れた。Gさんの姿が搭乗口に消えてゆくと、私は一人で空港を出て車に戻った。

一八時少し前に車はホテルに着いた。別れ際に運転手兄さんは、何かあったらすぐ電話してくれ、また仕事を手伝うから、と言った。私がその言葉に、ありがとう、と合掌しながら礼を言う。運転手兄さんは更に、電話してくれな、友達だから、と言った。私は基本的に普段「友達」という表現に違和感を感じる人間なのだが、このときは正直うれしくて、ありがとう、と礼を言いながら兄さんと抱き合って別れ、見えなくなるまで車を見送った。ホテルに入りロビーでHさんと合流する。海外支局記者も一緒だった。海外支局記者は、白石さん、どこか食事に行きましょう、と言う。私はタイスキに二人を案内することにした。二食続けてのタイスキだったが、Gさんといつも一緒に行っていたあの店ならホテルから歩いて行ける。食事をしながら話をしていると、私とHさんは明日、JICAが活動しているバーンムワン町の被災者キャンプに行くらしい。そこはもっとも被災者が多いパンガー県のタクワパー郡にあった。Hさんはそのほかに明日からの車代と新しい運転手さんへの報酬のことを私に告げた。Gさんの引き継ぎドキュメントを読んだはずなのに、Hさんがこれからの取材に対して質問などがないのが不思議だった。目の前の二人はただ、会社内のことなどを世間話程度に話していた。そこにはよくわからない雰囲気とテンションがあった。しかし、よくわからないなりにもこのHさんのテンションに臨機応変に対応しなければならない。

二二時前には解散して部屋に戻った。おそらく明日から何もかも勝手が違う仕事になるはずだ。でも大丈夫だ、Hさんは会社を代表して派遣された報道のプロなのだから。私は風呂に入って冷蔵庫に入れていたウイスキーをペプシで割り、一気に飲み干してからベッドに入った。

第3章
パンガー県北部、被災者キャンプへ

■パンガー県タクワパー郡、および同県カオラック地区

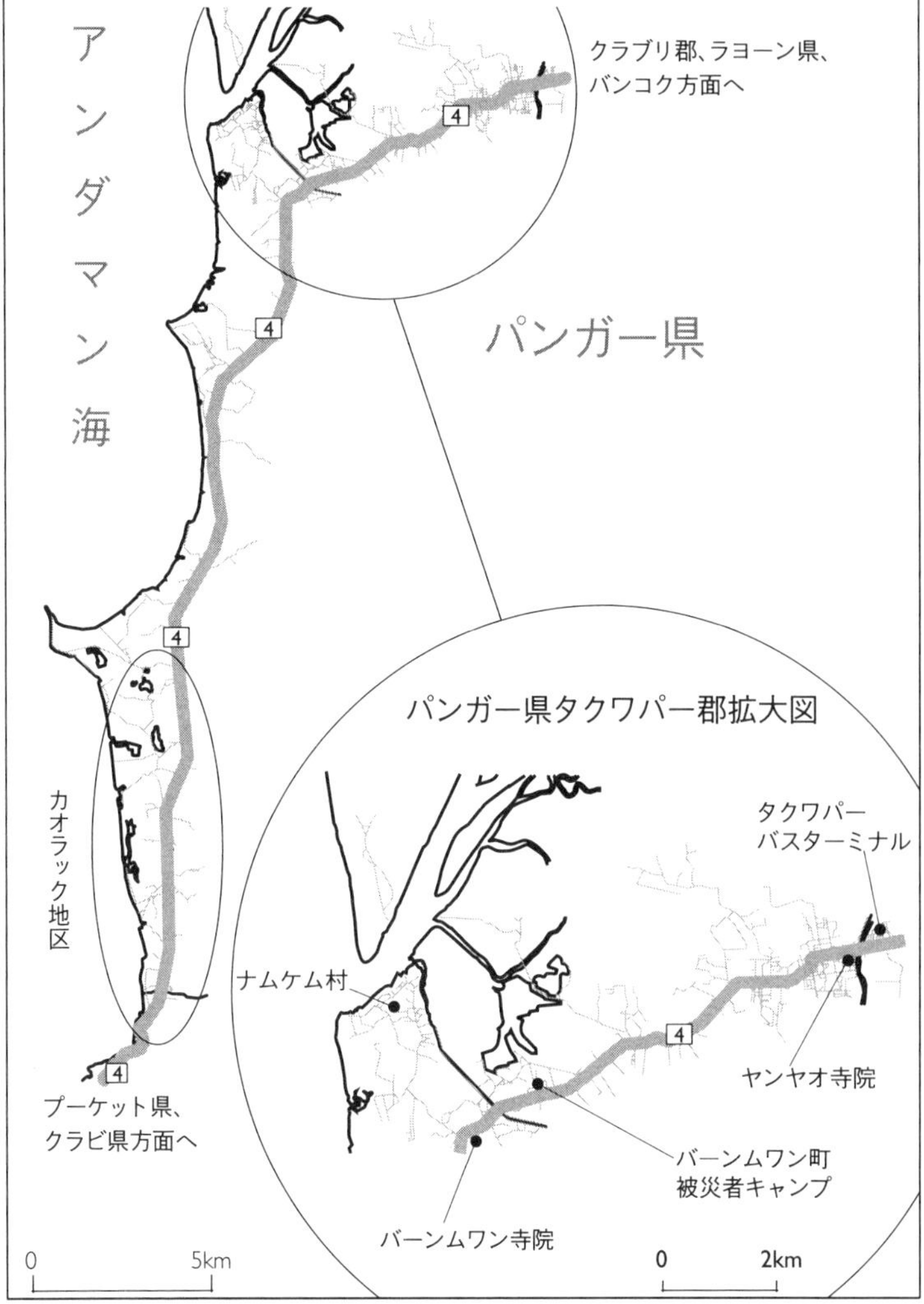

■バーンムワン町被災者キャンプ拡大図

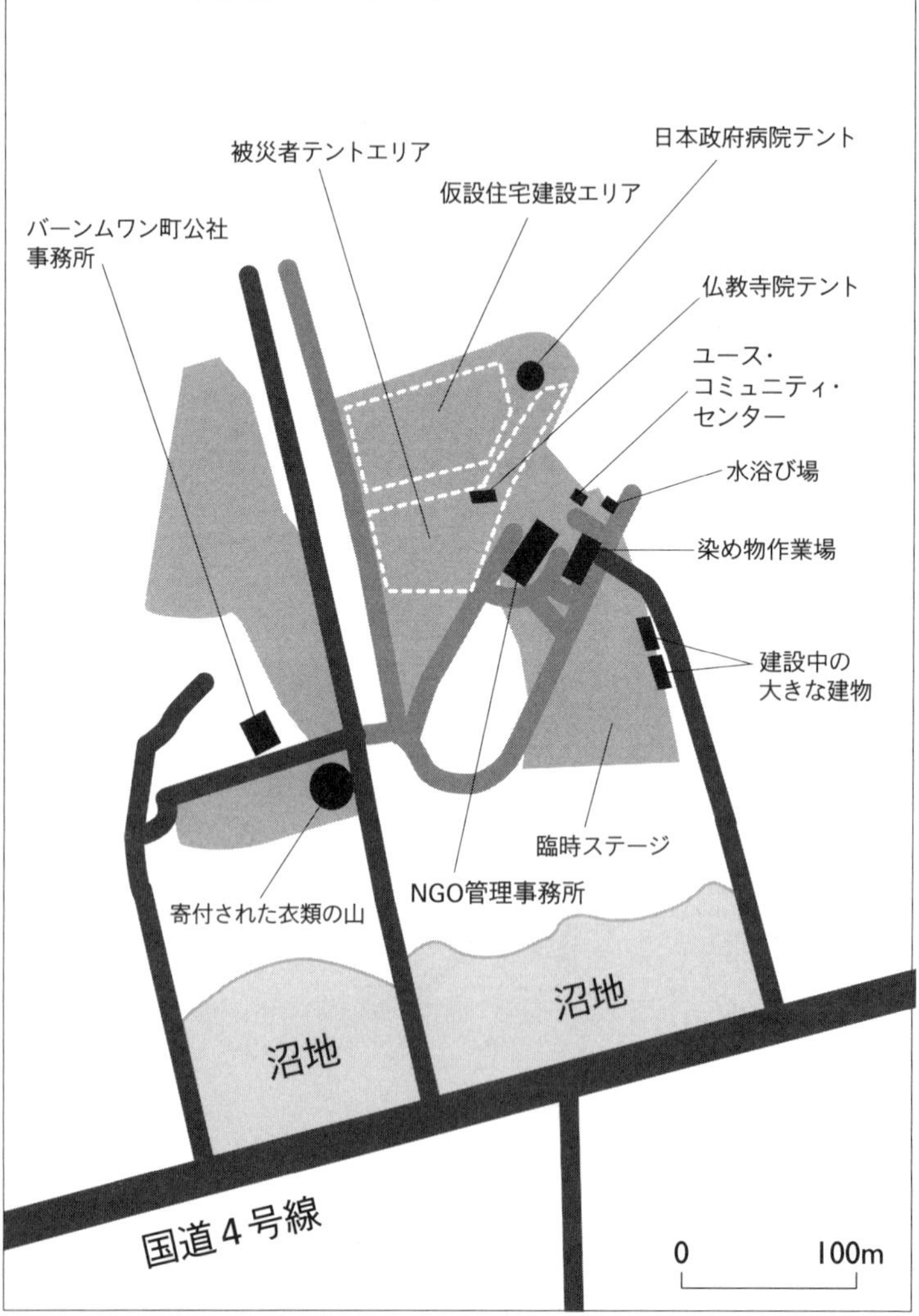

二〇〇五年一月七日（金）

不快

目が覚めると反射的にテレビをつけ、NHKにチャンネルを合わせる。時間は三時二七分。二時間少ししか眠っていないのに、すっきりとした寝覚めだった。ネットに接続してGさんの会社の情報サイトを見ると、夥しい数のロウソクと、黄色い袈裟を着た何百人もの僧侶の写真が目に入ってきた。一昨日撮影した写真だ。私はふと、タイの音楽試聴サイトを開いてみた。もしや、と思ったのだ。CDが発売されている様子はないが、これだけTVやラジオで流れているのだから、おそらくメディアでの音源の使用をフリーにしているはずだ。それならネットでも試聴できる可能性は高い。読みは見事に当たった。試聴サイトの検索窓に「カラバオ」とタイ語で検索すると、あっさりと『サブ・ナムター・アンダマン』という文字が表示された。迷わずそのリンクをクリックすると画面がエート・カラバオの横顔と歌詞で満たされ、アコースティックなイントロが流れ始める。私は歌詞を目で追いながら曲を最後まで聴くと、電話線を外してから、もう一度オフラインでその視聴サイトにアクセスしてみた。すると私のパソコンからは再び、曲のイントロが流れ始めた。これで部屋にいるときにはいつでも曲を聴くことができる。私はそのまま再びベッドに入り、エート・カラバオの悲しげな歌声を聴きながら再び眠りについた。

一時間後に再び目を覚まし、すぐにテレビをつける。NHKでは外務省の要請で歯科大学の教授がプーケットへ検死の手伝いに行くと伝えていた。歯形だ。あれだけ遺体が溶けているんだから、歯形の採取が必要なのだ。私はパソコンの前に座り、メールをチェックしてブログを更新する。掲示板に行くと、そこでは「白石の態度が許せない」と書き込んでいる人がいた。私の死亡説を流した人だった。せっかくなので「許さなくてもいいです別に」と書き込み、『サプ・ナムター・アンダマン』の試聴リンクを貼りつけておいた。

こんな風にはっきりとしない形で匿名の人たちに何かを示唆するのは意味がないことかもしれないと思いながらも、誰かひとりでも調べてくれればいいなと思った。今はネットがあるから自分で情報のウラを取ったり物事を多面的に見たりすることが可能なのだ。それをしなければいろんな方針に従った流れの中で生成された情報しか得ることはできない。私が助手として働いて作られる情報だって、間違いなくそのような方針に従っている。できることなら私は、毎日ここで見たり聞いたり感じたり嗅いだりしているものをリアルタイムで伝えたかった。だがそれは助手として雇われてここにいる以上、やってはならないことだった。仕事には守秘義務というものがある。やるのであれば、取材費用をすべて自分で出してやるべきだ。

一人で食事を終え、新聞を買って七時前に仕事部屋に行くと、すでに年長記者とその助手がいた。私は挨拶してから新聞を置く、彼らはすぐにそれを読み始め、その記事について英語で検討し始めた。しばらくするとHさんが入ってきた。Hさんは挨拶をすると、すぐにテレビを見ながらこっちの支局から毎日送られてくる日本語の新聞に目を通し始めた。私は、今日の新聞です、と言って買ってきたばかりの現地新聞を渡したが、Hさんは、ああどうも、と言っただけだった。仕方なく私もそこに置いてある日本の新聞を読んだ。四日付けの新聞に、三日の時点でパンガー県以外の陸上捜索は断念された、と書いてあった。

七時半になり、Hさんと二人でホテルの正面に降りると、新しい運転手が待っていた。車が走り出すと、私はラジオをつけてもらった。ラジオは、カオラック地区ではまだ百体くらいの遺体が放置され、バーンムワン寺院に千四百七十四体、ヤンヤオ寺院には二千体以上の遺体があると告げていた。一度水や食料を買い込んだ以外に車は停まることなくずっと北に向かって走り続けた。サラシン橋を渡って携帯の電波が届かなくなり、それが再び届くようになった頃、徹底的に壊されたカオラック地区の景色が見え始めた。

私はHさんに、この景色と大晦日にここに来たときの地獄のような状況を説明する。だが、Hさんは私の言葉にはほとんど反応することなく独り言のように、日本の警察を定年退職した鑑識の専門家がタイの警察で働いてるんですよ、その人が多分こっちに来てると思うから連絡取りたいんですけどね、連絡先わからないんですよ、と言った。日本人会の名簿は調べてみました？　と聞くと調べてないと言う。私はすぐにひとりのタイ人女性に電話した。彼女は日本に十五年以上留学していた工学博士で、日本人会にも入っている。昨年末に出産したから家にいるはずだ。彼女が電話に出ると私は、簡単な新年の挨拶をしてから、用件を伝えた。彼女は調べておきますから十分後くらいにまた電話して下さい、と快く承諾してくれた。十分後に電話すると、彼女は名簿にその人の名前はなかったと言う。私は礼を言って電話を切り、そのことをHさんに伝えた。Hさんはああそうですか、とよくわからない反応を見せただけだった。

一〇時過ぎにバーンムワン寺院に着くと、そこにはまだ濃い腐臭が残っていたが、大晦日のように千体もの遺体はなく、代わりに白く塗られた棺がたくさん置いてあった。Hさんは何かをチェックしたり、調べたりする様子もなく、すぐにＪＩＣＡと国際緊急援助隊がいるというバーンムワン町内の被災者キャンプに向けて車を出すよう指示した。

一一時過ぎに到着した被災者キャンプは道路沿いの沼地を挟んだ土地にあり、「バーンムワン町管理公社」と書かれた事務所のような建物があった。二人で歩いて隣の空き地に入ると、入口には何軒かの屋台が出ていて、その奥はサッカーの試合が出来そうなほどの広さで、そこにおびただしい数のテントが張られているのが見えた。空き地全部がテントに埋め尽くされたような感じだった。その光景はまぎれもなく、昨日帰ったGさんが新聞で見て撮りたがっていた光景だった。その空き地の中で、コンクリートの建物がボランティアやNGOの管理事務所になっていた。その前まで歩いていくとHさんは、責任者の人に話を聞きたいと言う。私がすぐそばに座っている人にHさんの意志を伝えると中から長髪をポニーテールにした男性が出てきた。Hさんはすぐに、キャンプにいる人の人数、テントの数、来ているNGOの数などを、激しい勢いのタメ口でその人に聞く。私はその粗雑な質問を、敬語のタイ語に直して通訳しながら、どうしてこの人はこんな風に質問するんだろう？　と思った。責任者の話によると、現在ここには七十くらいのNGO団体が来ていて、彼はその代表らしい。壁に貼られた紙には、支援団体の名前がずらりとマジックで書いてあった。日本人のボランティアは来てないの？　とHさんがそう聞いたので、私はそれをまた頭の中で穏和な敬語に変換して伝える。ひとりバンコクから来てたけど、ここ何日か見ていない、という答えが返ってきた。ＪＩＣＡはどこにいますか？　と聞くと彼は人差し指を建物の外に向けた。その先には白いドームのように膨らんだテントがあり、周囲に人がいるのが見えた。私たちが歩いてその白いテントに近づくとテントの前にはタイ語で、「日本政府の病院　9：00〜14：00」と書かれ、その脇に、食べる前に手を洗いましょう、と書かれた紙が貼られていた。来てる人に話を聞いてみてください、とHさんが言い、私は指示通りに診察を待っている被災者に話を聞いていった。

ナムケム村に住む二十八歳の主婦は、三歳の次男が土埃でアレルギー性鼻炎を起こし、鼻水が止まらないため来院していた。彼女は五人で住んでいた家で津波に遭い、家が全壊して、九歳の長男がまだ行方不明だった。

仮設テント七八二八番の漁師夫妻は、頭痛と発熱、喉の痛みがあり、夫は温かいものを飲むときに胸が痛んで、めまいや後頭部の痛みがあり、涙が出てきて眠れないと言う。夫婦でイカを釣るために沖に出ていて、潮の流れに異常を感じたので、ナムケム村に戻ったら、自宅は全壊していて、二十歳と二十一歳の二人の息子が死んでいたということだった。

いたたたた。私の胸が悲鳴をあげた。Hさんの質問を敬語にして通訳するだけで頭が痛いのに、被災者の話を聞くとさらに胸の奥まで痛くなってくる。私は通訳しながら、その痛い言葉の群れをメモしていった。奥さんが持っていた問診票には、ずっとめまいがして後頭部に不快な感覚がある、と書いてあった。本人は、なんでだかわからない、と笑顔で言うが、そりゃ自分が住んでる村でいきなりこんなにたくさん人が死んだら身体もおかしくなるだろ、と思う。

日本人に話を聞きますから休憩しておいていいですよと言われ、私はしばらく離れたところでHさんの仕事の様子を見ていたが、見ているうちに腹が立ってきた。Hさんが見事な敬語を駆使していたからだ。日本人にならちゃんと敬語も使えて、威圧的じゃない質問の仕方もできるらしい。

私はそこから離れることにして、どこに行こうか考えていると、脇にあった被災者用の小さなテントの前に座っている人たちが私のTシャツを見て笑っているのが見えた。合掌して黙礼すると彼らは場所を空け、ここに座れ、と言う。そこには三十代中盤くらいの男性が二人いた。私と同じくらいの年かもしれない。礼を言って座ると、彼らは水をすすめてくれた。私は、いや持ってます、と答えて自分のボトルを出す。すぐに、どっから来たんだ？　から始まる質問がはじまった。私は、バンコクから来ました、日本人ですと答える。彼らと話をしながら私は、ここに一泊して、もっと彼らの避難生活の様子を知りたいと思いはじめていた。ここで一晩過ごしてみれば、被災者や援助している人たちが何を考え、実際にどう行動しているのか、具体的にわかるだろうと思ったのだ。
私は男性に話を聞く。彼は漁師で三十九歳。ナムケム村の住民だった。海岸から二百メートルほどの、親戚が三軒並んで住んでいる自宅で津波に遭い、親戚家族十一人のうち、妹と六十五歳の母親が死亡し、もう一人の妹と十二歳の息子が別々の病院に入院中だった。家も全壊してしまってすごく悲しい。家と海岸との間に運河があり、椰子の木が生えていたからそれに登って自分は助かった。国内からの寄付で食事と水、衣服は足りているし、このバーンムワン町に住む友達がバイクを貸してくれたので生活の上ではあまり不自由していないが、不快であまり眠れない。彼はそう語った。

不快。

私は彼らの言う「不快」という言葉の意味を考えてみる。彼が発したタイ語を日本語に直訳すると、元気がない、すなわち不快、ということになる。快適を第一の幸せと考えるタイ人の性質からしてみれば、十日以上も不快な日々が続くというのはかなり大変なはずだ。

挨拶をして立ち上がり、Hさんの姿を探すと、HさんはＪＩＣＡの職員の人と立ち話をしているところだった。言葉は敬語で時折笑顔など見せていた。おそらくHさんは自分がタイ人と日本人を差別した取材姿勢を取っているとは全然思っていないはずだ。そこにいた日本人の中で、Hさんはずっと通訳として雇われてきている二十五歳の青年に話を聞いていた。私も隣に座ってメモを取る。彼はバンコクの大学に通う留学生だったが、その学生が語る経歴や身の上は見事に、私がもう何年もタイに住む日本人から聞かされてきたステレオタイプな自己紹介の類型に収まっていた。こっちに住む日本人は自分がタイに住んでいる理由を大袈裟に語る傾向がある。一時間近く話を聞いてようやく取材が終わったが、マスコミには全面的に取材協力しようとするその学生の姿勢も不自然に思えた。Hさんは長々と取ったメモをポケットにしまいながら、白石さん、さっきの彼、ボランティアとしてどう思います？　と聞いてきた。おそらく話を聞きながら記事としては微妙だと思っていたのだろう。私は即座に、彼は私と同じでしょ、と言葉を返した。その言葉を聞いてHさんは、きょとんとした表情になる。いやだから彼はボランティアじゃないから記事としては難しいでしょう、彼はタイ語のプロとして雇われてるんですよ。そう言い終えてふと私は、大晦日にエプロンを着て腐臭まみれだったあの日本人青年のことを思い出した。私は、そういう邦人を取材するんだったら、もっとふさわしい人がいますって、と言ってメモ帳を開き電話をかける。電話はすぐに繋がった。幸運なことに彼は今この瞬間、バーンムワン寺院にいるということだった。もしかしたら取材に行くかもしれませんがいいですか？　と聞くと、かまいませんよ、という言葉が返って来る。私は電話を切り、Hさんに彼のことを説明した。それを聞くとHさんは真剣な表情で、じゃそこに行きましょうか、と言って立ち上がった。

一六時半頃、バーンムワン寺院に着くと彼は正面のテントに座って休憩していた。私は、前のカメラマンの人が交代で日本に帰っちゃったんで、今こちらの助手をしているんです、と言って彼にHさんを紹介する。Hさんはすぐに彼と話し始めた。彼は年末からずっとこっちにいて、こっちで新年を迎えたらしい。自分の会社を持っているので、何日かバンコクに戻ったが、また昨日の夜から車で、同じボランティア財団に所属する友達と一緒に来たと言った。年明けまでやったんだったら、カオラックからこっちの方まで何回も遺体を運んだんだろうなと思う。彼とHさんの話を小耳に挟みながら私は、彼と一緒に車で来たタイ航空の客室乗務員だという女性と話をした。彼もそうだが、彼女にも自分たちが大変なボランティアをやっているというような自負はない。ただ単に、困っている人がいるから手を貸す、といった感じだった。

彼はHさんの勢いに戸惑いながらも、淡々と質問に答えていった。彼はバンコクの英語教育で有名な大学に通っていて、二年前にバンコクでIT系の会社を設立したこと、ここには津波があってすぐにタイ国空軍のC-130輸送機で来たことなどを話してくれた。そして、被災地で犯罪が起こってるという話を聞いてないか、という質問に彼は軽く笑って、幽霊が出たって噂はよく聞きますね。ほんとかどうかわかんないですけど。火事場泥棒については僕が仕事しているときに子供が盗んでるのを見ました、と言った。それは、何を？　Hさんはすぐに聞き返す。遺体についているネックレスを、二バーツ（純金約三十グラム、バーツは通貨と共に純金の単位）だーって言って引きちぎって走って行きましたよ、と彼はそう言った。Hさんの質問はさらに続いた。Hさんは、海外で頑張る日本人としての気概のような話を聞き出そうとしているようだったが、ここに来る前に話を聞いた通訳の青年とは違って、彼はあくまで自然体だった。私は、この財団ってのは完全なボランティアなんですか？　と聞いてみる。彼は、いや、たとえばバンコクで交通事故とかあった場合、財団の方は棺桶代として何千バーツか遺族からもらってると思いますよ、実際に仕事してる僕たちは完全なボランティアですけど、と答える。

これから来る日本のボランティアに何か言いたいことはありませんか？　とHさんが聞くと、いやあ特にはないですけど、来ればいいんじゃないですか？　来れば何かしら、おしぼり渡したりとか受付やったりとか仕事はあるだろうし。僕たちが来た直後に、タイの学生が三人くらい来て、何か手伝うことありませんか？　って聞いてきたんですよ、そしたら僕たちの仲間が、おまえらに何ができるって帰しちゃったんです。で、ここに着いて死体がいっぱいあるのを見たら、その追い返したやつがびびって真っ先にバンコクに帰っちゃったんですよ、学生追い返して人手減らしといて、自分も逃げてんだからいい迷惑ですよ、二重に人が減るんですから。とにかく来れば、なにかしら役に立つことはあるはずだから、自分で考えてやればいいんじゃないですか？

私は、こういうことをこういう現場で普通に口に出せる彼をすごいと思った。しかも無報酬なのだ。私の腰に巻かれた貴重品袋の中には昨日Gさんから報酬としてもらった大金が入っていた。バンコクで私が住んでいるアパートの家賃が一年半払えるくらいの大金だ。もしこの報酬を得られないなら、自分はこうしてここで働くだろうか？　たぶんやらないだろうと思う。ましてや彼のように自分の車を出し、バンコクから十時間以上も運転してここに来るなんて考えられない。彼は、とにかくどんどん全国から物資が送られて来るんで、やりやすくはなってますね、と言った。なんかポンティップ博士が髪切りたいってテレビで言ったら、美容師がバンコクから来たって聞きましたけど、と私が聞くと彼は、それどころじゃないですよ、あそこで働く人がテレビのインタビュー受けて、暑いからアイスクリームが食べたいって言ったら、もうその何日かあとには五社くらいアイスクリーム持ってきてましたよ、と言った。どのテレビ局も寄付を受け付け、それがどれくらい集まったかなどが連日報道されていて、寄付した人や企業の名前や金額はテロップで絶えずテレビ画面下に流れていた。それはこの国の国民が困っている被災者を助けようとする気持ちの速度であり、量でもあった。美容師やアイスクリームも含めて、全国民の気持ちは間違いなく今私がいるこの土地に集中している。

ふと、彼の仲間が少し離れた場所から声をかけた。彼は仲間と言葉を交わしてから私たちに向き直ると、今からヤンヤオ寺院に遺体を取りに行くみたいです、と言って立ち上がった。私も立ち上がって彼を見つめ、じゃあ……、と言葉を放つ。自分の言葉があからさまな期待に満ちていると思いながらも、私はその媚態に近い表情を隠せなかった。私は行けるものなら彼と一緒に行きたいと思っていたのだ。彼は私のそのおねだりのようなオーラを読みとったらしく、行きますか？　一緒に、遺体運ぶの手伝ってもらおうかな、と言った。私はつられるように立ち上がったHさんに視線を移す。Hさんはためらうような表情を一瞬だけ見せたが、彼と私のノリに気圧されたように、あ、すみません、じゃあお願いします、と言った。

　私たち三人と客室乗務員の女性は、六輪トラックの高い荷台に乗り込んだ。そこはコンテナのように高い壁があり、薄暗く、中には濃い腐臭がこもっていた。トラックが走り出すと私は、自分たちがいる薄暗い空間を見回した。遺体の肉片などが付着していないかと思ったのだ。私は、やっぱり年末はこの車に遺体をいっぱい積んで、カオラック地区の方から運んできたんですか？　と聞いてみた。ええ満杯です、もう何回も行ったり来たりですよ、と彼は言う。私は自分が踏んでいる床面に葉っぱのようなものが散らばっているのに気づき、なんですかこの葉っぱ？　と聞く。彼は、お茶の葉っぱですよ。臭い消しのために敷いてるんです、と言った。効果あります？　と聞き返すと、ええ全然違います、という返事がすぐに返ってきた。確かにここの臭いは、これまで行ったどの遺体安置所とも違う、変質した腐臭だったが、その臭い自体が軽減されているとはとても思えなかった。

　二十分くらいで車はヤンヤオ寺院に着いた。荷台から降りると私は自分が間違っていたことに気づく。いまさっきまでトラックの荷台で感じていた腐臭は、明らかに軽減されたものだということがはっきりしたのだ。それほどまでに寺院には濃い腐臭が漂っていた。寺院の奥の方で検死作業をしているらしかったが、タイ語と英語で立入禁止と書かれていた。私はあらためて、ここか、と思った。間違いなくここは今現在、タイ全土でもっとも注目されている場所だった。私はHさんのあとについて歩きながら、さりげなくここがどういうところなのかHさんに説明したが、Hさんは今ひとつピンときていないようだった。今のところ、日本の報道機関はどこも、タイ国内で津波被災の中心地であるこの場所をちゃんと報道していない。私はその理由を考えてみる。どこの報道各社もプーケットタウンに本拠地を置いているから移動に時間がかかってしまう。それにここを取材するとなるとポンティップ博士の存在を外すことは出来ず、彼女が一体どういう人なのか、かなりの予備知識が必要だ。そういったことが日本の報道会社がここをちゃんと報道しない理由だろう。そしてそれはすべて、私たちの取材チームにも当てはまった。

ヤンヤオ寺院の駐車場には携帯電話会社のアンテナ車や、各テレビ局の中継車が停められていた。テレビで何度も見た光景だ。検死が行われている立入禁止区域の手前の方にはアイスクリームのボックスが三つ並べてあって、そのボックスには各社のロゴが書かれていた。ここは今この国で一番注目されている場所なのだから、もしかしたら企業の方にも宣伝しようとの思惑があるのかもしれない。だが、そんなことはどうでもいいと思った。宣伝したいなら宣伝すればいい。困っている人を助けるために何かを提供して、ここにいる人の気持ちが少しでも快適になればそれでいいのだ。今日行ったバーンムワン町の被災者キャンプでも、いくつかNGO団体のロゴが書かれた仮設住宅や看板を見かけた。もしあそこに日系企業がこれ見よがしにジャパンマネーを投下し、企業名が書かれた仮設住宅が一気に建ち並んだりしたなら、私は誰がなんと言おうとその行為を賞賛すると思う。大事なのは困っている人を助けようという気持ちと、その結果なのだ。

結局、遺体はなかったらしく、私たちは再びトラックの荷台に乗り込んだ。私はHさんがこれから何をどう取材するのかを考えてみた。Hさんがこの日本人青年について書くことは間違いないだろう。今Hさんの頭の中にはおそらく、邦人取材しかない。一九時少し前にバーンムワン寺院に戻って彼にお礼を言うと、私たちはワゴン車に乗り込んだ。私は、やっぱりあの被災者キャンプには一泊くらいして、どんな生活してるか見てみたいですねえ、と口に出して言いながら、心の中で、たびたびこういう風に話をふっていたら、Hさんが行く気にならないかなあ、と思っていた。悪く言えば私はHさんを洗脳しようとしていた。

二一時頃ホテルに戻ってくると、Hさんはすぐ仕事部屋に行った。年長記者がHさんに、今日、何取材してきたの？　と聞く。Hさんが、被災者キャンプと安置所に行って、日本人ボランティアを二人、取材してきました、と答えると年長記者は、じゃあ邦人は君に任せるよ、と言った。昨日から見ている感じでは、日本で同じ部署に所属しているワリにはこの二人の間に上司部下の関係はないように思える。年長記者は私にもいろいろと話を聞いてきた。話しながらこの人はいろいろと目配りが利くタイプだが、同時にいろいろと裏技を持った人だろうと思った。理解ある人だけど、油断してはいけない人だと思う。だがそれでも多分、その年長記者ならHさんよりは私をうまく使ってくれるだろう。Hさんが真面目な人だということは今日一日一緒に仕事してみて理解できたが、功名心と真面目さがごっちゃになってるし、取材態度が差別的だ。そして一番問題なのは本人がそのことに気づいていないことだった。Hさんと年長記者が話し合った結果、明日私たちはクラビ県の遺体安置所に取材に行くことになった。日本から東京医科歯科大学の教授が来ていて、その様子を取材するらしい。

Hさんが、食事に行きましょうと言ったので、私はホテル前の食堂に連れていった。今日聞いた話によると、Hさんは学生時代何回かひとりでタイに来たらしいから、エアコンのない店でも構わないだろうと思ったのだ。適当にいいですよ、とHさんに言われて料理を注文すると、Hさんは、明日は八時半に出発しましょう、と言った。八時半に出たらクラビ県の遺体安置所に着くのは一一時半頃で、それから取材をしたら戻ってくるのは早くても夕方になる。Hさんはほとんどビールを飲まなかった。おそらくこれから部屋に戻って原稿を書くのだ。プロだな、と私は思った。だがそう思った瞬間Hさんは、いきなり甲高い声で、かれえええ！　と言ってテーブルの上のコップを摑み、ビールを喉に流し込んだ。どうやらHさんは空芯菜炒めの中に紛れ込んでいた青唐辛子をまともに噛んでしまったらしい。私はHさんがワゴン車の中で言った、タイには何度も来たことありますよと言う言葉を聞いて、てっきり空心菜と青唐辛子の見分けがつくものだと思って注意するのを忘れていたのだ。助手として失格だ、と私は反省した。よくよく考えてみれば、起こり得る危険性はあらかじめ潰しておくのが私の仕事なのだ。

部屋に戻ると二三時を過ぎていた。私はすぐにパソコンを起ち上げて軽く水浴びをし、アキレス腱の靴擦れを消毒した。そこにはしっかりとした薄膜ができていたし、痛みもなく、アルコールをかけてもしみなくなっていた。年末あれほど神経質になっていたのが信じられない。私は明らかに死体に慣れてしまっていたし、遺体は日々見えにくく腐りにくい場所へと管理されてゆく。いろんなものが風化するようにじわじわと変わりつつあった。ウイスキーを飲んでベッドの中に入ると、取り替えられたばかりのシーツが直接肌に触れて心地よかった。パソコンから聴こえてくる『サプ・ナムター・アンダマン』を口ずさんでいると、その歌詞に引き込まれるように、今日行ったヤンヤオ寺院を思い出した。何もかもが違う、と思う。自分が今いるこの清潔な場所と今日行った場所とでは別世界だった。向こうには熱くて速く大量の気持ちがめまぐるしく流れていたが、この部屋ではそれがほとんど感じられない。

目を閉じるとエート・カラバオが「集めたナムチャイを流してアンダマンの涙を拭おう」と歌う。私は目を閉じて眠るまでずっと『サプ・ナムター・アンダマン』を口ずさみ続けた。

二〇〇五年一月八日（土）
日本の検死チーム

六時前に目を覚ますとパソコンからエート・カラバオの歌声が流れていた。私はシャワーを浴びて食事をすませ、ホテルの外に出て新聞を買った。八時半になってもHさんがロビーに降りて来ないので電話してみると、すいませんまだ原稿書いてます。仕事部屋にいますんで上がってきてもらえませんか？　と言う。仕事部屋に行き、新聞をベッドの上に置くと、年長記者がすぐにそのひとつを手にとり一面の写真について聞いてきたので、内容について答える。Hさんはそのあいだノートパソコンに向き合ったままずっと指を動かしていた。しばらくすると、これまだ時間かかりそうなんで、出発は一〇時過ぎになると思います、とHさんが言うので、私はすぐに運転手さんに電話し、仕事部屋に置いてあった日本の新聞を読むことにした。二七日から数日間は、とにかく手に入る情報を流す、といった感じで、スリランカやインド、スマトラ、そしてここプーケットからの情報が載っていて、それらの多くが、邦人の安否情報と絡む形で掲載されていた。三〇日の新聞には、娘さんを捜しに来たご両親がワチラ病院の安置所で立ちつくす写真と、その状況が書かれていた。あの現場にいた他の記者が書いたのだろう。あとは国際緊急援助隊や、外務省発表などのニュースが主で、年明けからは徐々に掲載される数が減っていった。やっぱりそういうものなのだな、と思った。人の興味というものはものすごい速度で風化してゆく。だからGさんはそれをつなぎ止める写真を撮るためにあんなに焦っていたのだ。タイからの記事は主にプーケット県内から発信されていて、カオラック地区、タクワパー郡などパンガー県の記事はほとんどなかった。確かにプーケットタウンには外務省関係の対策本部もあり、各被災諸国の本部もある。だが、このタイ国内で最も被害が大きいのは、プーケット県でもクラビ県でもない、パンガー県なのだ。パンガー県で何が起こっているかを取材することなく、タイ国内での被災状況をきちんと伝えることは難しい。だが、日本の新聞に載っている記事からそのようなことは感じとれなかった。私は腹立たしくなってきたが、やがて腹を立てている自分を客観的に見て苦笑した。考えてみれば私が助手をやっているのもそういった取材チームの中のひとつなのだ。Hさんから昨日の取材内容やその他のことについていくつか確認があった。その中のいくつかはすでに前のGさんから渡された注意書きに書かれているものだった。引き継ぎの手紙に書いてありますよ、と言うとHさんは、まだ読んでなかったんですよね、と言った。どうりで遺体回収の青年の話をしても反応が悪かったはずだ。Hさんは封筒を掘り出すと、それを読みながら、ああ、ちゃんといろいろ書いてくれてるんだ、と言った。私は、不必要なことをわざわざ書いて渡すわけがないだろう、と心の中で呟く。

Hさんは再びパソコンに向かって入力をはじめたが、やがてごそごそとメモ帳を探しはじめた。昨日Hさんは複数のメモ帳にメモを取っていたから、そのうちのどれかを探しているのだろう。私はどうしてこの人はいくつものメモ帳に書き分けるのだろう？　と不思議に思っていた。途中で紛失したりしたときのためなら書きわける必要はない。私は、取材しているときは、私もメモを取った方が良さそうだな、と思った。そうしないとおそらくこうしてメモ帳を探すために余計な時間が過ぎてゆき、いつまで経っても記事は書きあがらないだろう。

一一時少し前に原稿の送信が終わると私たちはすぐにワゴン車に乗り込み、検死が行われているクラビ県の遺体安置所を目指した。途中でパンなどの食糧を補給したが、Hさんはあまり食事をとっていないようだった。車が動き出すとすぐにHさんは電話をかけはじめた。会社の同僚にかけているらしい。さっき送信した記事が編集部内でどのような感触なのかを探っているようだったが、可哀想なことにその通話はじきに切断された。車が携帯電話の圏外に突入したのだ。途端にHさんがイライラしはじめる。私はHさんの気を逸らそうと思い、東京で記者の仕事ってのも大変なんでしょうねえ、などとそんな感じの話をふってみた。Hさんは最初、いやあそうでもないですよ、と謙遜していたが、そのうち仕事上での愚痴を言いはじめ、しまいには、ほんとにうちの部署なんて警察担当は若い女の記者で、ミニスカート穿いてお色気作戦ですよ、ダメですよ女は、などと強い調子で男女差別発言を繰り返した。自分で話をふっておいて申し訳なかったが、私はその話を聞きながら、この気分の悪さをどうしようかと思いはじめていた。おそらくその気分の悪さは、昨日Hさんがタイ人から話を聞くときの態度と言葉遣いから来ていた。今日の男女差別発言といい、どうやらこの人は真性の天然レイシストで、その自覚がないのだ。そしてそのことが通訳をする私の頭に、よけいな負荷をかけていることをわかっていない。私はできれば今日中にそのことだけでも言っておこうと思った。もしそれでHさんに、言葉が差別的でも問題なく通訳できないような助手なんていらない、と言われたらこの仕事はそれまでにしてバンコクに戻ろうと思う。私の仕事はHさんがいい仕事をするためにお手伝いすることであって、取材相手に不快感を与えるようなインタビューの通訳をすることではない。私は適当にHさんの話を聞き流していった。そのうち話が尽きたのかHさんはおとなしくなり、少し寝ます、白石さんも寝ていいですよ、と言って横になり、ゆっくり寝息をたてはじめた。

しばらくするとHさんの携帯が鳴った。すぐに目を覚まして電話に出たHさんは、いきなり何かにおびえたような声色になり、はははい、はい、と返事をしはじめる。どうやら上司かららしい。

はい、という返事が続いたあと、はははは い、確認を取ってみます、と何回か言って、電話は切れた。編集長からですよ、とHさんはうんざりしたような声でそう言って、またメモ帳をたぐりはじめ、二、三、昨日取材した邦人のことについて私に確認した。私はすぐに自分のメモ帳を見て質問に答える。確認がすむとHさんは再び電話をかけはじめた。声の調子からして間違いなく同僚だ。さっきのようにおびえてはいない。その電話が終わると、また電話がかかってきて、Hさんはまたおびえたような声になった。上司からだ。実にわかりやすい人だと思う。Hさんの声はさらに弱くなっていった。はははは い、はい、そうです、そ、そ、そうです間違いありません。上司からの質問に答え終えてHさんは電話を切ると、何でこんな違う編集長から何人も電話かかってくるんだよ、と言いながら再び同僚に電話し、自分の原稿がどうなっているか確認していた。ええええ部署中の人間に回し読みみたいになってるってえ、とHさんは叫ぶように言って、同僚らしいその人と話したあと、何かあったらすぐ電話してくれ、と言って電話を切った。その状況が何を意味しているのかはっきりとはわからなかったが、もしかしたらHさんは日本の所属部署で、いろんな上司から色んな意味で可愛がられている存在なのかもしれない。私はとりあえず、それだけ注目されてるんですよ、と前向きに、そしてにこやかに言ってみた。そう言ってサクリと前向きになってくれるといいなあと思って言ったのだが、Hさんは、私の言葉に反応することなく頭を抱えていた。私はなんだか元気づけようとすること自体めんどくさくなってきて、Hさんをそのまま放置することにした。するといいタイミングでラジオからエート・カラバオの歌声が流れて来た。これ、津波被災者の追悼と支援の曲なんですよ、女性記者が書いたものが報道されたからご存じかもしれませんが、と言って話をふってみた。

いや僕、女、嫌いなんですよ、とHさんは言って再び頭を抱える。私は本気でHさんを放置することにした。しばらくして後ろを見るとHさんは横になって眠っていた。

一四時少し過ぎに車はクラビタウン郊外にあるクラビ県の遺体安置所に着いた。前回来たときから五日が経過していたが、安置所に存在している腐臭は相変わらずだった。Hさんは腕章を整えて車から降りる。Hさんは車に乗る時、きっちりと折り畳んだ腕章を取り出し、儀式のように左腕に安全ピンで留めていた。腕章にはHさんが所属する報道会社の名前が日本語で大きく書いてあるのだが、ローマ字表記も、ましてやタイ文字での表記もない。そんなものを何で大事にここではめているのか不思議だった。Hさんは降りてすぐに電話で話し始める。私はマスクを装着してスタンバイしていたが、電話はなかなか終わらない。Hさんは屋外で電話をする際には半径百メートル以内の範囲にわたたって歩き回る癖があった。私は携帯電話の会話に聞き耳を立てる癖がすっかりついていたが、追いかけるのも変だなと思い、ワゴン車の前で立って待つことにした。

すると、近くの車から男がこっちに歩いてきた。彼は私と目が合ったとたんに、こんにちわあ、と言う。マスクをしたまま半袖のワイシャツと綿のスラックスをはいたその男性は、間違いなく日本の報道会社の記者で、取材中にどこかで目にした顔だった。いやあ、ひどいですねこの臭い、もう慣れました？　とその記者は聞く。いやあ慣れませんけど、とりあえずヤードム使えば何とかって感じですね、と私は答えた。記者は、ヤードム？　何ですかそれ？　と聞き返す。いや、嗅ぎ薬ですよ、こっちの。ほら、こんなんですけど、と私は言って、鞄の中から鼻に突っ込んで嗅ぐタイプと、液体のメンソールをしみこませた脱脂綿が入っている小瓶タイプを出して見せた。そして小瓶のフタを開けると、こうして塗るんですよ、と言いつつ彼のマスクにほんの少し染み込ませてやった。表情が一瞬にして変わり、すごいですねこれ、と言いながら彼は名刺を出してきた。どうやら私のことを記者だと思っているらしい。名刺を受け取っているとHさんが三十メートル以上離れた場所から呼んだので、私は彼に会釈をして小走りでHさんの方に向かった。

トゥンローン中国寺院の中にある遺体安置所の中に入ると、寺院の左奥の方で検死をしているようだった。テレビカメラが入っていて、外国の検死チームに取材をしている。DVIもしくはDVITという文字が、あちこちの貼り紙や仕事をしている人たちの背中などに書かれていた。"Disaster Victim Identification Team"の略らしい。災害犠牲者の身元を確認するチームなのだ。Hさんは何も指示する様子はなく、ただ、日本チームに話が聞けますかねえ、と呟くように言った。確かにそこにはたくさんの外国人が入って取材していたが、日本の報道は見あたらなかった。私はそこで休憩していた西洋人に日本チームがどこにいるか聞いてみた。何台もの検査台が置かれ、その上に遺体が乗せられて作業がなされていたが、どの人たちも帽子とマスクを深く被っていて、ちょっと見ただけではどこの国の人間なのかはわからない。彼は一番右奥で作業している人たちを示して、彼らが日本チームだ、と教えてくれた。私は礼を言って、すぐそのことをHさんに伝える。日本チームは、わき目もふらずに作業をしていた。他国のチームは取材に対応してはいるが、日本チームにそのような様子はない。Hさんはここで取材をしていいのかどうか迷っていたが、電話がかかってくるとHさんは再び寺院の検死場所から出て歩きながら話し始めた。日本チームがいるのはわかったのだから、あとはHさんが自分で話を聞くだろう。そう思って私はそこに立ってメモを取っていた。日本チームの仕事の様子があまりにも真面目だったために、何かメモしておかなければならないと思ったのだ。彼らの前には粘土で作られたような灰色の遺体があった。彼らはその遺体を丁寧にスポンジで拭いてから、遺体に付着している泥のようなものへラでを取り、遺体の表面に目を凝らしていた。皮膚の上に残っている身体的特徴を余すことなく確認しようとしているのだ。年明け早々にわざわざ日本から来て、遺体まみれの仕事だ。私はその様子を見ながら、ただ、えらいなあと思った。ふと、私に気づいた日本チームの人が、ここ、取材禁止なんですけど、許可得てから入ってきてるんですか？　と言った。強い調子の声だった。いつの間にか自分たちの仕事場に現れた私に対して明らかに憤りを感じているようだった。やばい、取材拒否されたらどうしよう。私は半分パニックになりながらも、どこに許可を取ればいいですか？　と聞き返した。彼は、さあ、と言いかけて少し考え、ここ、今スイスチームが仕切ってますから、そっちに聞いて下さい、と言った。私は、わかりました、すみませんでした、と言って頭を下げ、その場から離れた。離れてみてはじめて私は自分がかなり日本チームに近づいてその作業の様子を見ていたことに気づく。そらこれだけ近付けば目障りだろう。私はすぐに、さっき話を聞いた西洋人に、スイスチームのリーダーはどこにいらっしゃいますか？　と聞く。彼はすぐに太った女性を連れてきてくれた。おそらく四十代後半くらいだろう。私はマスクを顎にかけた彼女の唇に薄く口紅が塗られているのを見て、少しどきりとした。多くの遺体と日本チームの真摯さ、そして腐臭に包まれているこの場所で、その彼女の唇に塗られた口紅に、場違いな愛らしさが感じられたのだ。彼女はその愛らしい唇をにこやかに曲げて、ごめんなさいね、ここ、一五時から三十分間が取材の時間になっているから、またそのときに来て、と言った。私は彼女に礼を言い、その場を辞した。よくよく見てみれば、入口には、「取材が入っていいのは一五時からの三十分間だけ」とちゃんと記してある。外国のマスコミが入っていたからといって、それを読まなかった私たちに非があるのだ。私は正面テントのところで電話をしていたHさんに、すみません日本チームの人に怒られちゃいました。一五時から三十分間は取材していいそうです、と報告した。怒られるかな、と思ったがHさんが私を怒る様子はなかった。一五時から取材できるんだったらそれでいいから取材してやろうと思っているようだった。

一五時になって私たち再び検死場所に入った。他国の報道は次々と自国のチームに取材をはじめたが、日本チームが作業をやめる様子はなかった。正当に取材をしていい時間なのだが、仕事を邪魔するのは忍びない。それに今の日本チームには、誰も寄せ付けないような雰囲気がある。十分ほど待っても日本チームが仕事を止める様子はなく、私は少し焦っていた。このままでは限られた取材時間が終わってしまう。私はふと、こちらを見ている視線に気づいた。さっきのスイスチームの女性だった。私がお辞儀をすると、彼女から笑顔が返ってきた。私は彼女に近付いて、今、取材していい時間なんですよね？　と聞いてみる。彼女がいいと言っても、日本チームに取材拒否されたらそれまでなのだが、ここまで来ておとなしく帰るわけにはいかない。彼女は、あらじゃあちょっと待っててね、あたしが聞いてきてあげるわ、と言って、奥の方に歩き始めた。その瞬間私は彼女が天使に見えた。彼女の広く丸い背中には羽根が生えているような気さえした。天使に言われて日本チームは作業をやめると、その中のひとりがHさんと私たちのもとにやってきた。彼はマスクを口からずらして、もう少ししたら行きますから入口のところで待っていて下さいと言い、すぐ奥の方に戻っていった。私はスイスチームの天使のところに行き、ありがとうございました。これで話を聞くことができます、とお礼を言う。天使は、やあね、いいのよそんな、気にしないでえ、規則さえ守れば取材してかまわないんだからあ、と言った。

Hさんと私がしばらく待っていると、さっきの人がやって来てマスクと帽子を外し、Hさんに名刺を渡した。Hさんは、すみません今名刺切らしてて、と言って左の上腕にはめた腕章を示すようにした。ああそうなのかこういうときに使うんだなこの腕章はと私は思う。彼は在タイ日本大使館の書記官だということだった。非常に若々しく、わかりやすく言えば男前だった。彼は五日からここに来てDVI日本チームリーダーとしてコーディネートをしていると言う。私はその事実を聞いて驚いた。外務省の職員がこんなに過酷な現場で仕事をしているということが信じられなかったのだ。もしかしたら彼は解剖学関係の専門資格を持っている人で、そのためにここに派遣されたのかもしれないが、それでも意外だった。六日からこのチームで仕事が始められ、メンバーには医科歯科大の教授がひとり、警視庁の鑑識課からひとりと、科学警察研究所からひとり、解剖学の専門家がひとりと、それから現在タイ国家警察に所属するJICAのシニアボランティアで警視庁のOBが、と彼がそこまで言ったときに、Hさんはある人の名前を口にする。Hさんの口から出た名前に書記官が、ええそうです、と答えた。昨日、日本人会名簿を探してもらっても、見つからなかったあの人だった。ツイてるじゃんうちのHさん、と私は心の中でシャウトする。

このDVIチームにはイスラエル、スイス、オランダ、ポルトガル、タイ、イタリア、日本が参加し、全チームで一日四十五体の遺体のチェックを目標としていて、残り三百五十体くらいの遺体をチェックしなければならないということだった。書記官は、とにかく、正確に死亡情報を集めなければならないと言った。

あの、と脇から声が聞こえた。Hさんの声ではなく、さっき車の脇で私に名刺をくれた記者だった。これだけの死体を扱っていてトラウマになったり精神的な後遺症が残ったりした場合のケアとかは考えてらっしゃるのでしょうか？　と彼は質問をする。書記官は、いや、それは別に、とはっきりと答えた。私はここで実際に被災者の遺体に触れ、腐臭にまみれて仕事をしている日本チームよりも、その記者本人に対するケアが必要な気がした。

Hさんは、すみませんがそのタイ国家警察大佐の方に話が聞けませんかね、と言った。私は、Hさんはあくまでその人一人にねらいを定めて取材するつもりらしい。わかりました、一応本人に話してみますからここで待っっててください、と言って再び奥の検死場所の方に入っていく。書記官がいなくなると他社の記者はメモをしまい私に、ありがとうございました、じゃあ僕は、と言って寺院を出ていった。私は、あの人これから大丈夫かな、と思った。彼はもしかしたらひとりで運転手だけを雇って取材しているのかもしれない。こんなに死体の存在感を色濃く感じる場所をひとりで取材なんかしていたら、精神的にきついだろうな、と思う。

しばらくするとひとりの男性が私たちの方に歩いてきた。どうやらこの人が警察大佐らしい。じゃあ外に出て話しましょうか、と警察大佐は帽子や手袋を外しながら寺院の入口に向かって歩き出した。Hさんと私は警察大佐の後ろについて歩く。寺院の正面まで来てHさんは、いやあ探したんですよ、と言った。消毒液を身体中に吹きつけられ、足の裏や靴に消毒液をひたしながら警察大佐は、よくわかったねここが、と言った。いやあ偶然ですよ、取材に来たら偶然、とHさんが言うと警察大佐は、年末こっち来てて、それから一度バンコクに戻ったんだけどね、とんぼ返りして今日からこっちの方に合流だよ、と言って身体にまとっていた服を取り去り、側に置いてあった紙パック入りのジュースを手に取って、テントの中に置かれているテーブルに座った。彼は去年の一二月末からタイ警察の部下たちと一緒にパンガー県に向かい、バーンムワン寺院とヤンヤオ寺院で検死作業をしていたらしい。年末のバーンムワン寺院とヤンヤオ寺院って言ったら一番きついとこじゃん、と思いながら私は大晦日にバーンムワン寺院で目にした、千人分もの遺体がずらりと並べられている様子を思い浮かべた。もしかしたらあのとき、遺体の間を書類を挟んだボードを持って歩きながら記録していたのがこの人なのかもしれない。そのうちに書記官が来て警察大佐に、もうすぐ車出ますから、と耳打ちした。Hさんは、よかったらついていって、もう少し話を聞かせてもらっていいですか？　と聞く。警察大佐は、ああいいよ、と答えて車に乗る準備を始めた。私はHさんに言われて運転手さんの携帯に電話し、正面に車をまわしてもらうと、日本のDVIチームが乗り込んだ車を追った。走り出すとすぐに、運転席から「臭い」と言うつぶやきが聞こえた。

中はもっと臭いよ、死体もあるし、と私が言うと、運転手さんは少し小さな声で、死体見た？　と聞く。ミラー越しに運転手さんの真剣な表情が見えた。私が、たくさん見た、と答えると、運転手さんはぶるっ、と小刻みに肩を震わせて何も言わなくなった。私は、ねえ、幽霊怖いんでしょ？と少しいたずらっぽく聞いてみる。彼はそれには答えず、にこりと口の端を曲げて見せたが、目は笑っていなかった。

車は国道を脇道に入り、一六時過ぎにホテルに着いた。取材は中庭の通路に出されたテーブルで始まった。私はしばらく黙って座っていたが、すぐにメモ帳を開いてメモを取ることにした。Hさんは相変わらず複数のメモ帳に聞いたことを書きつけている。私は、前衛書道家みたいだなと思った。とにかく数行書いたらすぐに次のページにメモする。こんな風に書くからすぐにメモがなくなり、何冊もメモ帳を持ち歩かなければならなくなるんだと思った。警察大佐は取材慣れしていて、聞かれたことに対して簡潔に答えていった。日本で担当した数々の大事件や、タイの警察から要請されたタイ国警察士官学校での犯罪捜査の指導内容などを、まるで板前が今日出した寿司ネタの説明を馴染み客にするように平然と話していった。Hさんの質問がとぎれた時に私は、タイ警察からの給料とかはどうなってるんですか？　と聞いてみた。彼は、指導要請があったときに、給料はいらないから肩書きだけくれって言ったんだよ。階級があればどこの現場でも入っていけるからね、と言った。そうか、だから警察大佐なんだな、と私は思う。

彼は年末に車で十六時間かけてパンガー県のカオラック地区に入り、年明けまでパンガーで仕事して、そして新年に一度バンコクに戻ってから、再びこのクラビ県で仕事をしているということだった。正直、何考えているんだ、と私は思った。六十五歳なのだ。定年して隠居していてもおかしくない。Hさんもそう思ったらしく、そこまでやる動機は何なんですか？　と聞く。彼は、氷の入ったグラスに入った水をゆっくり飲み干したあと、仕事が好きだからだね、骨身を惜しまず働きたいという気持ちがあるからだよ。それに世界各国から皆さんが来てるのに働かないわけにはいかないよ、と言った。これまでに経験してきた事件とどう違うかという質問になると、いやあ、こんなにホトケさんが多い現場はないよ、ホテルニュージャパンの火事の時とは比べもんにならないし、御巣鷹山でも五百二十人だからね、とにかく数が違う、と答えた。そして、大きな現場になればなるほど疲れを忘れて口に出さなくなるし、慣れてくると見逃しが多くなるから、それが怖い。一体一体が人間だからね、と言って、ホトケさんを一刻も早く遺族の元に帰してあげたいから、とにかく完全主義でやりたい、こういった事件は忘れた頃にやってくるから、忘れてはならないんだ、だからずっと、これでよかったのか？　これで成仏できるのか？　と反省しながらやっているよ、と言葉を続けた。

指を、切るんだよ。

Hさんが指紋採取について聞くと警察大佐はそう答えた。刃物で指のところに浅く切れ目を入れ、それを引っ張ると指先の皮膚が指サック状に抜けるらしい。それを自分の指にはめてスタンプを押すように指紋を採るのだそうだ。最初教え子に指の皮切ってこいって言ったら皮だけじゃなくて指ごと切ってきたんだよ、と言って彼はデジカメで撮った写真を見せてくれる。液晶画面には、古い銃の弾丸のように、黒ずんだ人間の指が写っていた。指に臭いがついて洗ってもしばらく落ちなくてね。夜、仕事終わって部下たちと飲んでたんだよ。タイの人間はよくウイスキーの氷、人差し指でかきまぜるんだけど、ふと、自分の人差し指の臭い嗅いだら、まだ臭いが残ってるのに気づいてね。それで部下たちに、おまえら指の臭い嗅いでみろって言ったらみんな嗅ぎはじめて、それから誰一人として指を入れた自分のグラス、飲まなくなったね。彼ははそう言って笑った。仕事をしていて困ることは何か？　というHさんの質問に彼は、「迷宮入り」と即答してから、だからこうして自分の刑事生活三十六年で得たノウハウを引き継いでもらいたいと思ってるんだ、現場を見ることによって目が肥えてくるからね、ひとりでも多くの教え子に実際に現場に出て捜査をやって欲しいね、と言った。

作業中、どんなことを考えてるんですか？　と私は聞いてみた。彼は、いやあ、指紋原紙に指紋採ってるときに、蛆虫が紙の上に落ちるんだよ、それ見ると淋しいと思うね。蛆虫はこんなに元気に動いてんのに、どうしてホトケさんは動かないんだろうって思うよ、と言った。

一八時をだいぶ過ぎた頃、私たちはプーケットタウンに戻ることにした。帰りの車の中、Hさんはすぐに日本に向かって電話をはじめる。え？　載ってる？　間違いなく載ってるの？　とHさんは携帯電話に向かって叫ぶ。私はすぐ、私たちのHさんの仕事が採用されましたー、と運転手さんにタイ語で伝えた。運転手さんはミラー越しに、なんだかよくわからないけど嬉しそうな顔をしておくか、といったような笑顔を見せた。私はさらに、どうですか我々のボスがいい結果を出せてどういうお気持ちですか？　と運転手さんに質問する。運転手さんは「よかったね」と、とりあえずの笑顔でそう言った。私は振り向いてその言葉を、運転手さんもHさんの仕事がうまくいって運転手として至極うれしく思います、とおっしゃってます、という日本語にして伝えながら、全く幽霊は怖いクセにクールな運転手だな、と思った。

Hさんは興奮しながら何度も、それすぐファクスしてホテルに送ってくれ、と言って電話を切った。そして、あのボランティア青年の記事が載りました、ありがとうございました、と私に言ってから、少し寝ます、と言って横になった。私は寝入り際のHさんに催眠術をかけるように、次はもう一度バーンムワン町の被災者キャンプに行った方がいいかもしれませんね、泊まり込みで取材する日本のマスコミなんていないから、きっと意味がありますよ、と言ってみた。なんとなくHさんがこのまま日本人に関する記事しか書かないのはもったいないと思ったし、何よりも、私自身があそこで一夜を過ごし、いろんな状況を見てみたかった。

年長記者から連絡があり、ホテルに着くとそのまま食事に行くことになった。Hさんは車の中で、飯なんかわざわざみんな集まって食べなくてもいいのに、と愚痴るように言った。しかしHさんがそういう愚痴を、年長記者の前で面と向かって言うことはないだろう。ついでに私の前でも言わないでいてくれると気分よく仕事できるのだが。食事を終え二一時頃にホテルの部屋に戻ると、私はすぐにパソコンを起ち上げ、『サプ・ナムター・アンダマン』を流しながらGさんから届いていたメールを読んだ、メールにはGさんが日本に戻って思い出した取材のポイントと反省が書いてあり、最後に、何か御入用のさいは遠慮なく僕の携帯を鳴らしてくださいませ、と書いてあった。たぶん何かがご入用になるようなことはないだろう、と私は思う。だが、わざわざ忙しい中、そう言ってくれる気持ちがうれしかった。立ち上がってシャワーを浴びると私は携帯電話の充電をセットし、パソコンはつけたままベッドに潜り込んだ。昨夜と同じようにエート・カラバオの声に合わせて『サプ・ナムター・アンダマン』を口ずさみながら目を閉じる。

私はすでにその歌の歌詞を暗記しつつあった。

被災児童の作文

二〇〇五年一月九日（日）

目覚ましの音で四時四四分に目が覚めて、私はすぐにパソコンから流れる『サブ・ナムター・アンダマン』を口ずさみながら水を浴びた。バスルームを出てパソコンをネットに繋ぐと、私はGさんに、ノリが変わったので気を抜かないようにしたいという内容のメールを書いた。そして参加しているメーリングリストへ簡単な新年の挨拶メール、そして在タイ日本語雑誌に依頼された原稿を書いて送ったあと、ブログを更新して、いくつかのコメントに返信した。まだ時間があったので、私は例の掲示板を見てみた。そこには、プーケットに遊びに行くといいよ、という私の書き込みに対して「死臭がする汚れた土地なんてやだよ」と書き込まれていた。私はすぐに「あなたが死体になって晒されてあたしが近くにいても、身元確認も遺体搬送も防疫も殺菌もしてあげない」と、書いて何行か改行を入れ「うそうそ、余裕あればちゃんとやりますよ、腐ると大変なんですから」と書き込む。するとすぐに「そんなに現地大変ですか？」という返信が書き込まれた。私はすぐに「プーケット県はもう大丈夫。クラビ県とパンガー県がまだ検死やってるみたい」と書き込んだ。自分は何をやっているのだろうと思う。出来れば自分のサイトやブログでちゃんと伝えたかった。匿名掲示板で、自分の名前を添えて書き込んではいるが、今の立場では肝心なことがぜんぜん伝えられない。

七時頃、仕事部屋に行くと、Hさんはパソコンに向かって原稿を書いていた。私は黙って買ってきたばかりのタイ字新聞を読む。タイラット、デイリーニューズ、マティチョン、バンコクではあまり見かけないサヤームラットと、南部の地方紙シィヤンタイ。五紙の記事に目を通してゆく。その中には使えそうな記事があったが、Hさんに言ったとしてもまず無駄に終わるだろう。Hさんは基本的に日本人以外に取材をする気はない。私がそう思っているとHさんが口を開き、申し訳ないんですけど……、あさって、バーンムワン町の被災者キャンプで一泊取材しようと思うんですが、一緒に来てもらえませんか？　と言った。私は驚きながら、はいわかりましたよろこんでっ、と答えた。

時間が一〇時を過ぎた頃、運転手さんから、まだなのか？　という電話がかかってきたが、Hさんの原稿はまだ終わっていなかった。さらに一時間くらい経って、二度目の電話が運転手さんからかかってきた頃、Hさんはようやく原稿を送信し終えた。

Hさんは今日、プーケットの病院で日本人の被災者がいるかどうか調べに行くつもりらしかった。車に乗っている時、私はなんとなしに、今後、取材対象も限られて来るし、ヤンヤオ寺院でポンティップ博士に話を聞けたら面白いかもしれませんね、と言ってみた。Hさんの反応はない。私は彼女が災害発生時からこっちに来て検死作業の中心的存在となっていること、この国では何冊も検死に関する本を出版していて、有能な検死医として有名であることなどを説明した。そして、パンクロッカーのように赤く染めて逆立てた彼女の特徴的な髪について説明するとHさんはようやくわかったのか、ああ、あのおばさんか、どうもあのおばさん胡散臭いと思ってたんだよな、と言った。どういう人なのかほとんど知らなかったのにそう思っていたということは、どう考えてもHさんは博士の外見だけを見てそう判断していたのだ。私は、どんな髪型していようが、現地でちゃんと仕事してる医学博士なんですよ、と言いかけて、やっぱり言うのをやめた。

パトン、ワチラ、バンコクプーケットの病院を回ったが、日本人はいなかった。ほとんどがバンコクの方に転院していたり、すでに退院したりしていた。一四時過ぎに車に戻ると、携帯電話が鳴り、Hさんの声がいきなり気弱になる。上司だな、と私は思った。はい……、はい……、という今にも消え入りそうな返事が続き、はい、今から本人に確認取ってきます、と言ってHさんは電話を切った。クラビに行って下さい、とHさんが言い、私は運転手さんに指示を出す。Hさんはすぐに警察大佐さんに電話で連絡し、会う段取りを整えた。車がサラシン橋を越え、電波が届かなくなったところで私はふと思う。これからクラビタウンのホテルまで行って一時間くらい話を聞き、それからプーケットタウンに戻れば全部で五時間以上かかる。どう考えても話を聞くのにわざわざ行く必要はない。電話で聞けばすむのだ。私はHさんにそう言おうと振り返ってみたが、Hさんはすでにシートにもたれて眠ってしまっていた。

クラビタウンのホテルには夕方の一六時半過ぎに着いた。Hさんは昨日と同じテーブルに座って話を聞きはじめる。今日は、タイの方式で指紋を採取し直した、と警察大佐さんは言った。タイ人は十五歳以上が全員、国民登録証を作るときに指紋のデータを登録しているからタイ国の方式で二百体くらい採取したらしい。Hさんは去年の災害発生時からどれくらいの検死をやりましたか？と聞く。それは昨日も聞いた質問だったが、私は黙っていた。結局、警察大佐さんの話はほとんど昨日と同じで、Hさんは新しい話を聞き出そうとはしなかった。

二〇時過ぎにプーケットタウンに戻ってくると、ホテルには年長記者と海外支局記者が待っていた。一緒に食事するために待っていてくれたらしい。食事中、Hさんが年長記者に、あさってバーンムワンの被災者キャンプに泊まろうと思ってるんです、と言うと、年長記者は少し驚いた顔をしていたが、それもいいんじゃない、と言った。

二三時過ぎに部屋に戻って水浴びをし、テレビをつけてパソコンを起動しながらふと私は、自分が去年の一二月二七日から二週間以上休みなしで働いていることに気づいた。テンションがあがってるからいろんな方に迷惑をかけただろうなあ、と思いながら私は掲示板のページを開く。開いてすぐ、背後から子供の声が聞こえたので、振り向いてテレビを見た。画面には子供が映っていた。その女の子はレポーターとしてプレゼントを持っていった芸能人の前で作文を読んでいた。今回の津波で親戚や友達がたくさん亡くなったけど、全国のいろいろな人が助けてくれるのでとてもありがたい、という内容の作文をその小学生の女の子は淡々と読み上げていく。ナムケム村の小学生だった。その小学生から発される言葉の群れに、私はどう呼吸して良いのか一瞬忘れるくらいの胸の痛みを感じた。少女が発する一言一言のリアリティが棘のように私に突き刺さって来た。画面の芸能人も顔の下半分を押さえて泣いている。その女の子は、ほんの二週間ほど前から自分の中にはち切れんばかりに詰まっていた感情と、すでに私が知っている現実をただ言葉にしただけだったが、淡々と作文を読むその姿が切なすぎた。その姿を見ながら私は、自分にはこんな風に誰かに言葉を伝えることはできないだろうと思う。テレビから流れている朗読の言葉の力は、文章として書いたとしても、そのまま伝えられるようなものではない。それは今画面に映っているその子だけではないだろう。いま、アチェやスリランカやインドには何人も、こんな風にリアルに淡々と語って、私たちの胸を突き刺すことができる言葉を持った子供たちがいるのだ。今テレビに映っているナムケム村の住民が避難している被災者キャンプに、私たちはあさって、泊まりがけで取材に行く。じっくりと被災者に話を聞いて、私はその重くリアルな言葉をしっかりと通訳しなければならない。

朗読が終わると、テレビ画面の芸能人は泣きながら女の子を抱きしめた。

二〇〇五年一月一〇日（月）

助手の分際でぶち切れ

ネットを切断すると私はリモコンを取り、ニュース以外のチャンネルを見ることにした。何度かボタンを押し続けMTVで止めると、ニルヴァーナの『スメルズ・ライク・ティーン・スピリット』が流れ、カート・コバーンの顔がアップになった。私は画面に映っている男が銃で自殺したことを思い出し、死んじゃいかんよカート。会いたいって人がいても死んじゃったら会えないじゃん、とつぶやく。人に、会おうと思えば会えるということは幸せなことだと思う。実際に会わなくても、会いたいと思ったときに会えればそれでいい。できれば私は今、この瞬間、知っているすべての人に会いたかった。ただ会って挨拶するだけでいい。それだけですごく幸せな気分になれるはずだった。多分それは、会いたい人にもう会えない人たちをたくさん目にしたからだろう。私はテレビの電源を切り、もう会うこともできないカート・コバーンの歌声と映像を消滅させ、いつものように『サブ・ナムター・アンダマン』を聴きながらベッドに横になった。

四時四四分にアラームが鳴って起きあがると、ベッド脇のテーブルに座ってGさんにメールを書いた。ネットで聴けるようになりました、と書いてメール本文に『サブ・ナムター・アンダマン』の試聴リンクを貼り、明日、被災者キャンプに一泊します。とりあえず記事がひとつ載ってHさんは海外記者としての筆下ろしがすみ、よかったよかったといったところです。Hさんの記事が載るようお祈りしてあげて下さい、と書いた。そしてバスルームに行き、蛇口を開いて水温を調節してからバスタブに横たわる。しばらくすると自分が浸かっているお湯がぬるく感じられはじめられ、そのぬるさが気持ちよかった。私は身体の芯からぬるさになじんでいた。確かにGさんからHさんになって仕事の雰囲気が変わったし、追うもの自体も画像からストーリーのようなものに変わった。そしてそれとともに仕事の内容自体がぬるくなっていた。

食事を終え、新聞や水などを買ってから仕事部屋に行き、Hさんと合流した。出発は八時前だった。今日はバーンムワン町の被災者キャンプで一四時からJICAの施設引き渡し式があるのだ。Hさんはそれまでに昨日と同じように近場で日本人の被災者を探すつもりらしい。私たちを乗せた車はまずワチラ病院に行き、その後、バンコクプーケット病院に行ったが、どちらの病院にも日本人はいなかった。まあそうだろう。津波発生からもう二週間も経っているのだ。

一〇時頃になり、Hさんはパンガー県に行くように指示した。私は本屋の前で車を停めてもらい、切れかけていた携帯のプリペイドカードを買った。そのついでに地図を探したが、品切れだったので、仕方なくパンガー県のガイドブックを購入した。そして車に戻り、地図がなかったのでこれ、買っておきました、と報告した。Hさんはああ、と返事しただけで何を買ったか確認もせず、手に持ったA4大の紙を見ていた。バーンムワン寺院で死体を運ぶボランティア青年について書き、採用された記事のコピーだった。Hさんはうれしそうな表情でそのファクスのコピーをずっと見ていた。私は正直、まだ見てるのかと思ったが、Hさんのその表情を見てると私は、さらにいい仕事してもらいたいと思った。

一三時頃にバーンムワン町の被災者キャンプに着くと、Hさんは一目散に日本政府の病院テントに歩いていこうとした。私は、明日泊めてもらうから、ここの事務所でテントを貸してもらえるか聞いておきましょうと言ってNGO管理事務所の方に歩く。Hさんはめんどくさそうに私のあとについて歩いてきた。まず窓口で、ここの責任者の方はいらっしゃいますか？　と聞くと、今ちょっと見あたりませんが、もう少ししたら戻ってくると思います、という返事が返ってきた。私は、日本の報道なんですが、明日一晩ここに泊まって取材をしたいので、テントを貸していただけないでしょうか？　と聞く。対応してくれた人は、ああ、いいですよ。あとで責任者が来たときに言っておきますから、とりあえずここに名前と所属を書いて下さい、と言って紙とボールペンを出してきた。私がそれを受け取ってそのことを告げるとHさんは、何でそんなの書かなきゃいけないんですか？　と真顔で言った。私は一瞬、何言ってるんだと思いながら、取材させてもらうんだしテント貸してもらうんですよ、名前くらい書いて当然じゃないですか、とほとんど恫喝に近いオーラを意図的に発しながらそう言って、Hさんの前に紙とボールペンを差し出した。Hさんは一瞬だけためらったものの、渋々名前と会社名を記入した。私もHさんの名前の下に自分の名前を記入する。書き終えると担当者の人は私たちの背後に視線を移し、責任者が戻ってきました、と言った。振り返ると背後には長髪をポニーテールにした中肉中背の男性が立っている。先日Hさんが話したのと同じ人だった。私はすぐに、この記者の人と私が明日の晩、ここに泊まって取材させてもらうことになりました、と言った。ああわかりました、と彼はにこやかに答える。少し話を聞いてみると、ここに避難しているのは主にナムケム村の住民で、人口七千人のナムケム村住民のほとんどが津波でなんらかの被害に遭ったということだった。私がそのことを日本語で告げるとHさんは、ここには何人いて、そのうち何人が被災者で、人の数はどうなっているの？　と矢継ぎ早に質問をはじめた。その質問は敬語ではなくこのあいだと同じように威圧的な勢いがあった。やべえこのひとなんでこんな聞き方するんだ？　と思いながら私はその日本語を柔らかく丁寧な敬語に直して通訳する。代表は質問に答えてはいたが、Hさんの勢いに対して明らかに困惑していた。Hさんが、じゃ、白石さん行きましょう、と言っていきなり病院テントの方に行こうとしたので、私はその日本語を、ありがとうございました。明日また来ますので、という敬語に翻訳して伝え、Hさんの後を追った。

病院テントに着くとHさんはすぐにそこにいた日本人に話を聞き始めた。さっきとは違って敬語で、妙な勢いはなかった。私はそれを聞いているとイヤな気持ちになると同時に疲れてきた。

一四時になるとテントの前で施設の受け渡し式が始まった。今日までJICAはここのテントとナムケム村で六百人もの被災者を診療していたが、このテントとその中にある医薬品、医療機器をすべてここの人たちに譲渡して活動を終えるということだった。県知事が来れないらしく、副知事がかわりに日本政府からの目録を受け取ると、それで譲渡式は終わった。終わるとすぐに日本とタイの報道が副知事を取り囲む。Hさんと私もその中に入って話を聞こうとした。まずタイ人の記者らしき人間が副知事に話を聞き始める。そのとき携帯が鳴った。Hさんの携帯だった。あろうことかHさんは副知事の真後ろにしゃがんで電話を受け、話し始めた。Hさんが話す声がその場で重なり、副知事の言葉がほとんど聞き取れなくなる。私は恥ずかしくなってすぐに、あっちで電話してっ、と小声で言う。Hさんは私に言われてはじめて、自分が他の人たちの取材の邪魔になっていることに気づいたらしく、立ち上がって奥の方に歩いていった。副知事は、日本から助けてもらって被災地パンガー県の人間としてとてもうれしい、お礼を言いたい、と発言した。副知事の笑顔は柔らかで、それを見ていると日本政府は本当に喜ばれるようなことをしているのだと思った。副知事が車に戻りはじめると、電話を終えたHさんが戻ってきて、白石さん、僕こないだの通訳の彼にまた話聞いてきますから、とりあえず副知事の名前と年だけ聞いといて下さいと言った。私はすぐに副知事を追い、名前と年を聞いた。副知事は私の質問に答えると丁寧かつ程良い高さの合掌を返してくれた。この二週間、いろいろと公務で大変だろうに余裕がある人だなあ、と思う。聞き終えてその場を去ると、Hさんの姿を捜した。Hさんはテントの脇で留学生通訳に張りついていた。私は近づいてHさんに、そのあたりでいろんな人に話聞いてきます、と言った。Hさんは、あ、どうぞ、と返事する。これ以上脇についていてメモを取る必要はないと思った。冷静に考えてこの間の取材で大量のメモがある。これ以上留学生に何かを確認することはないだろう。

私は病院テントから離れ、遊んでいる子供たちに挨拶をしながら近づいていく。明日来て泊まるのなら仲良くなった方が話がしやすいと思ったからだ。子供の姿を追うように歩いていると、地面にビニールシートを敷き、吹き抜けのテントを張っている場所にたどり着いた。そのテントの前には、「ユース・コミュニティ・センター」と書かれた紙が貼ってあり、その中では幼稚園児から中学生くらいまでの子供がいた。西洋人の男女がギターを弾き、子供たちに歌を歌って聴かせていたが、英語の歌なので何をどう歌っていいのかわからず、子供たちはただ、断片的に声を出しているだけだった。私はそのテントの下に入ってゆき、そこにいた人たちに挨拶し、促されるがままに座った。ユースと書かれているからには、ここはキリスト教系の団体によって運営されているのだろう。私はそこにいた西洋人女性に許可を取り、転がっていたギターを手に取った。だが、ここで今何を歌えばいいのか、さっぱり見当がつかなかった。私が弦の感触を確認しながら、声も出さずに適当に音を出していると、貸してくれた女性が、もっと練習してから弾いた方がいいわね、と言った。私はギターを彼女に返しながら、くそうそのうちあんたよりここの子供たち喜ばしたるからな、と心に誓う。

一五時を過ぎて病院テントの方に戻っても、Hさんはまだ留学生に話を聞いていたが、しばらくすると取材は終わり、プーケットタウンに戻ることになった。今から帰れば日没前にはホテルに着くだろう。さっきのNGO代表がいたので私は、明日また来ます、と挨拶する。Hさんは彼に挨拶しようともしなかった。その態度を見て私は強い憤りを感じた。

口のきき方に気をつけて下さい、プーケット方面に向かって走り出した車の中で、私はHさんに向かってそう言った。Hさんは、え？ と目を丸くして私の方を見る。まさかこんな物言いを助手にされるとは思っていなかったのだろう。私は、タイ人に話聞くときのあの言葉遣いと態度はなんなんですか？ 日本人と全然違うじゃないですか、と言った。そしてさらに、私はいちいちそれを敬語にして通訳してるんですよ、そのままの雰囲気で伝えると問題だから。二度手間だし、余計にエネルギー使うんです、と言葉を続けた。

それをちゃんと問題がないように伝えるのがお前の仕事じゃないかと言われればそれまでだが、あれだけ敬意が欠けた言葉を、問題がないように通訳することは私には不可能だった。もしその二度手間が出来ないのが私の問題だと言うなら、私は、クビにして下さい、と言うつもりだった。私はさらにHさんに向かって、日本語で言ってるから大丈夫だと思っていても、相手にはちゃんとこっちの取材態度が敬意を欠いているかどうかわかるんですよ、雰囲気で伝わるんです、取材拒否されたらどうするんですか？ と言葉を続けた。困った表情のHさんが何か言おうと口を開きかけた瞬間、私はそれを遮るように、それにタイ人に取材しているときの態度を見ている日本人がいたら、その人にも取材拒否される可能性がありますよ、あそこのNGOの中には日本人だっているって言ってましたから、と、とどめを刺すように言った。

あー、一気に言っちゃったー、と心の中で呟きながら、私は、これでクビになったら明日からバンコクにもどんなきゃいけないかもしれないと思った。だが、今の私には、Gさんからもらったお金がある。二週間前に二百バーツだけ持ってバンコクのホテルにGさんを訪ねたときとは違う。ここからひとりで帰ろうと思えばいつでも帰れるのだ。私は、自分という人間は経済的に安定するといつもより底意地が悪くなるのかもしれないと思った。だがこれは、はっきり言っておかなければならないことだった。このままの差別的な取材態度でこの先、いい仕事ができるわけがない。Hさんは多少不服そうな表情を見せたが、わかりました、と小さな声でそう言った。言っていることは理解してくれたらしい。おそらく今、彼の中では何で助手のこの男にそんなこと言われなきゃならないんだ、という思いと、自分でがこれまで取ってきた取材態度の回想が複雑に同居しているのだろう。じゃよろしくお願いします、一緒にいい仕事をしましょう、と私は言って後部座席のHさんに背を向けた。Hさんの不満気なオーラがビリビリと背中から伝わってきたが、それはじきに、何度も日本からかかってくる原稿の細部確認の電話にかき消されていった。どうやら採用に向けての確認らしかった。

日没前にホテルに戻ると、Hさんはすぐに仕事部屋で記事を書き始めた。Hさんが、白石さん、部屋で待機してもらってていいですよ、と言ったので、私はひとりで部屋に戻り、メールを書く。そのうち食事の時間になり、二〇時頃に仕事部屋に呼び出された。部屋にはバンコク支局のカメラマンの人がいた。アチェから戻ってきたらしく、今日は年長記者と二人でピピ島に行ってきたということだった。年長記者の希望で、夕食はまたあのムーカタ屋になった。食事中Hさんは少し不機嫌だった。年長記者がその様子に気づいて、まあ、彼も海外取材初めてで若いから、白石さんよろしく頼みますよ、一回くらい喧嘩してくれた方がちょうどいいくらいでしょう、と口を挟む。それを聞いてHさんは一瞬、なんてこと言うんだあんたこの助手の底意地の悪さ知らないだろ、という表情になったが、そのまま苦笑した。もうすでに一回それに近いようなことはやってるんですけどね、と私は心の中で呟きながら、いや、できればしないですむにこしたことはないんですけどね、と笑顔で言った。年長記者はそう言ってくれたが、もし私が実際にHさんとが喧嘩になったときに、私をかばってくれることはないだろう。彼は目配りは利く人なのだが、同時に老獪な腹芸ができる人で、それを隠そうともしていなかった。

食事が終わるとHさんは、明日は一〇時から国際緊急援助隊がこちらの内務省の人に救助技術指導をするから、それを取材に行きます。そしてバーンムワン町の被災者キャンプの方に行きますから、と言った。じゃあ九時頃出発ですね、おやすみなさーい、と明るく言ってから部屋に戻った。必要以上に明るい私にHさんはとまどっているような表情を見せた。

二三時近くに部屋に戻ってメールをチェックし、そのついでにHさんの所属する報道会社のサイトを見る。今日Hさんが書いたバーンムワン町の被災者キャンプ内での病院施設その他引き渡し式の記事がもう載っていた。明日はまたHさん、機嫌がいいだろうなあ、と思いながら、私は冷蔵庫からウイスキーを出してコーラで割って飲んだ。そしてバスルームに行き、汗ばんできた身体を洗い流して再びパソコンの前に座り、匿名の掲示板にレスしていった。そうしながら、ぬるくなってきている、と思った。Gさんと一緒にいたときのように、状況を見ていろいろと考えたりすることは少なくなっていた。まあでも、明日はキャンプで被災者と同じようにテントで眠れば、私が今不快に感じているこのぬるさは何とかなるかもしれない。

いつものように『サプ・ナムター・アンダマン』を聴きながらベッドに入る。ふと、この歌を英語で歌い、今日被災者キャンプで私に、練習が足りないわね、と言った西洋人女性に聴かせてやりたいと思う。いやむしろ日本語で歌って、日本人に聴かせてやりたかった。

私は、目を閉じたままその歌詞をゆっくりと頭の中でなぞり続けた。

二〇〇五年一月一一日（火）

被災者キャンプの夜

　四時四四分に目が覚めた。気持ちはぬるいままだったが、部屋の中を流れっぱなしの『サブ・ナムター・アンダマン』を聴くと少し引き締まった。シャワーを浴びてからパソコンをネットに繋ぎ、自分のブログに、今日は外泊しますと書き込んだりした。食事をとり、いつもより大量の水と新聞を買って仕事部屋に行く。仕事部屋にはHさんと年長記者、そしてその助手がいた。新聞をベッドの上に置くと、助手はそのうちの一部を読み始めた。私は何も考えずデイリーニューズを手に取る。上半身裸の男が目に入ってきた。キャプションには「海ジプシー」「アンダマン」「津波」という文字があり、記事には彼らが津波を予知して逃げたと書いてあった。私は助手に、彼らが予知して逃げたというのは本当ですか？　と聞いてみる。彼は、ああ、テレビでもやってたよ、家は全部壊されたのに、誰も死んでないらしいね、と答える。記事にはその海ジプシーをモーケンと呼び、彼らの歴史的背景や信仰について書いてあったが、詳しいことはちゃんと読まなければわからない。私は彼に、彼らが住んでいるスリン島というのは遠いですか？　と聞いてみる。Hさんが興味を持てば取材することだって可能だし、何よりも私が興味があった。エート・カラバオが歌っているようにこの国の人たちが知らなかったことを知っていて、逃げることができた人たちに会い、話を聞いてみたいと思ったのだ。助手はすぐに、タクワパー郡のさらに奥の港から六十キロくらい沖にある、と言った。私は、ああダメだ、と思った。どう考えても一泊コースだ。

九時少し過ぎに私たちはホテルを出た。国際緊急援助隊が指導している内務省の自然災害研究所はプーケット国際空港の少し手前にあり、着いてすぐHさんは、少し年輩のリーダー的立場の人に話を聞き始める。大晦日のバーンムワン町や元旦のピピ島で見かけた人だった。国際緊急援助隊は年末から年明けまで救助のためにナムケム村やピピ島で活動し、その後ヘリコプターを使って救援物資を輸送したらしい。そして今、彼らはここで救助技術を指導している。日本側とタイ側が向き合って二列に並び、お互いに敬礼をしたあと演習がはじまった。あたりにエンジンカッターの爆音が響く。日本側の隊員はスイッチを入れる前に、前後左右に人がいないか指さし確認をするよう指導していた。通訳の人が、隊員の言葉を逐一通訳していたが、確認の声である「ヨシ」だけは日本語のままだった。タイ側の青年たちは、普段身体を使っていないインテリらしく、エンジンカッターを持つ姿勢がぎこちない。私の隣には、さっきHさんが取材していたリーダーがいた。私は、あの「ヨシ」っての可愛いですよねえ、と言ってみた。リーダーは、いやあ、あのかけ声がそのまま日本語で使われちゃってますよねえ、と笑顔で答える。私は、去年からずっとこっちですか？と聞いてみた。ええ、でもおたくだってそうでしょう、と彼は言って微笑む。五十代中頃くらいだろう。日本の優秀な消防士とは思えないくらい可愛い印象の人だと思った。この技術講習はタイ海軍の要請によって行われているということだった。彼らは救助をしに来たのだが、生存者がほとんどなく、持ってきた設備と専門家が宙ぶらりんの状態になってしまったので、せっかくだから災害が多い日本の救助技術を教えてくれ、と要請されたらしい。七人から八人の隊員が、救助装置の使い方を指導していた。リーダーが、午後からプーケットタウン郊外にあるラチャパット大学でセミナーをやると教えてくれたので、Hさんは一足先に現地に行くことにして車に乗り込む。私はHさんに、セミナーは一三時からだから大学の学食でご飯食べましょうか、女子大生がたくさんいますよ、と言ってみた。Hさんは、え？　と少しとまどったような声を出したが、間違いなく女子大生という言葉に反応していた。この人はこういうところが可愛い、と思う。というよりも私たちはこれまで一度もゆるい気分で昼食をとっていないような気がした。昼食はけっこう大事だ。一日に二回くらいはきっちりとゆるゆるしないと、周囲が見えなくなってしまう。そう考えてみると、大晦日のあの状況で鞄にクッキーの缶を詰めてきた先輩記者はすごいと思った。とにかく一三時までの一時間あまり、Hさんには女子大生に囲まれてゆるゆるしていただかなければならない、と私は勝手にそう思っていた。今夜はバーンムワン町の被災者キャンプに泊まるのだ。ここでちゃんとゆるゆるしないと、胸が痛くなるような被災者の話をちゃんと聞くことはできないだろう。

ラチャパット大学まではそんなに遠くなく、セミナーが行われる講堂の前には、日本から津波の専門家が来て講義をすると看板で告知がしてあった。幸運なことに講堂の真ん前に学食があり、その学食は私が思っていたよりも女子大生にまみれていた。私が想像していたよりも多いのだから、Hさんにとっては想像以上の数のはずだ。車から降りると私は、飯食いながら取材ですね、とHさんに向かって言った。え？　何を？　とHさんが言う。私は即座に、女子大生に話を聞くに決まっているじゃないですか、とこれ以上ないほどしっかりと主張した。

えー、マジですかー？　Hさんはそうは言ったものの、間違いなく何かを期待していた。いや、取材しないならいいですよ、僕ひとりで勝手に取材しますから。お昼休みだから僕が誰と何話したって問題ないでしょ？　私がさらにそう言うとHさんは、少しふてくされたような表情で、白石さんがどうしても取材したいんならいいですよ、と言った。言動は素直じゃないけど、態度は正直だ。運転手さんは私とHさんのやりとりが何を意図しているのかとっくに気づいているらしく、笑顔のまま自分の食事を選びに行ってしまった。ご飯の調達がすむと私は、あそこに座っているふたりに話を聞こうかと思うのですが、取材対象としてはどうでしょうか？ とHさんに聞いた。左の子、あの髪が長い子可愛いですね、Hさんはすっかり気合いの入った姿勢をゆるめて真顔でそう言う。私がふたりが座っているところに行き、ここに座っていいですか？ と聞くと、すぐに彼女たちから、いいですよ、という言葉が返ってきた。私はすかさず、津波を取材に来た日本の報道なのですが、今回のことについてどう思いますか？ と聞いてみる。彼女は素直に「ツナミ」って日本人の名前に似てるから日本語だとは思ってたけど、それが何かは知りませんでした、と言った。彼女たちはもちろんセミナーを聴きに来ていた。Hさんが何か聞きたそうだったので、私は、何か質問ないですか？ と話をふってみる。いまここで女子大生とゆるゆるとお話ししなければならないのは私ではなくHさんなのだ。大学生活はどう？ Hさんはそう聞いた。私はその言葉に敬語を加えて柔らかい言い方で彼女に伝える。彼女は、楽しいです、友達がたくさんいるし、と笑顔で答える。私がその言葉を伝えるとHさんは、いやあ可愛いよなあ、と誰に言うともなくそう言った。どうやらいい感じにゆるゆるしてきたようだ。その言葉もちゃんと伝えると彼女は照れながら、ありがとうございます、と答える。彼女の照れた顔にまたHさんが、可愛いなあ、と萌え悶える。だんだんいい感じに取材なんかどうでも良くなってきていた。Hさんが、大学卒業したら何になりたいの？ と聞くと彼女は、高校の先生になりたい、と答えた。しばらく会話を続けたあと、そのままセミナー開始の時間になったので席を立ち、Hさんと私は彼女たちから離れ、講堂の方に向かった。

私は入口にいた国際緊急援助隊のリーダーに、なんかすごいですよ、ここの女子大生が講義を楽しみにしてるって言ってましたよ、と言ってみた。隣には実際に講義するらしい専門家の人がいて、私の言葉に、ほんとですか？ と微妙な表情を見せた。私は、ええ。多分すごい数の女子大生が見に来ますよ、と煽るように言ってみたが、講堂の中で入ってくる聴衆を見ていると、自分の煽りが低レベルだったことを思い知った。女子大生がいっぱいどころではない、女子高生もいっぱいなのだ。いやすごいですね、と講義をする予定の専門家が私にそう言う。いやマジですごい、正直これほどまでとは思わなかった。なんか聞くことありませんか？　とHさんに聞くと、あ、え、別に今んとこはないです、と言ったが、私が、じゃあ、と言って一人で海軍関係者に近づくと後をついてきた。おそらく私と同じようにどうやってこれだけの人を集めたのか気になるのだろう。私の質問に海軍の人は、各教育機関と自治体に通達を出しただけです、と言った。ふと、右の方を見ると、いつのまにかクラビ県の遺体安置所で会った記者が立っていた。嗅ぎ薬が効いたのか、それとも大量の女子学生の影響なのかはわからないが、今日は表情が暗くはない。海軍側は椅子を五百個ほど用意したが、更に百個以上追加し、講堂の中には最終的に七百人くらいが入ったらしかった。

講義がはじまると、今回の津波について簡単な説明があり、壇上に上がったさっきの専門家が、津波のメカニズムと今回のケースについて説明をはじめた。何百人ものタイ人が静かに説明を聞き、ノートを取っている学生もいた。異様な光景だったが、考えてみたら自分たちが住む島で自然現象によって何百人も亡くなり、その自然現象について全然予備知識がなかったのだ。興味がないわけがない。私は一番後ろの女子高生らしき集団の中に座り、Hさんは通路を挟んで私の隣に座った。津波というのは大きな波がくる、というわけではない、海底で起こった地震によって水がブロック状に思い切り持ち上がり、そしてその持ち上がった海水の塊がずっと海岸に向かって進むような感じだ、と専門家は説明した。私は頭の中で、震源地の海水が豆腐のような塊の状態で海上に跳ね上がり、そのまま海岸に進んでいくような様子をイメージした。そうだよなあ、普通の大きい波だったら一キロ以上も内陸まで行かないよなあ、と思いながらまわりにいる女子高生たちのおしゃべりに耳を澄ます。彼女たちはかなりのレベルの日本語を話していた。私の隣に座っている生徒など、日本語でノートを取っている。話しかけてみると彼女たちは、日本語の先生に言われてこの講義を聴きに来たということだった。先生は？　と聞くと彼女たちは、通路を挟んで座っている日本人女性を目線で示した。Hさんはすぐに席を立って彼女の後ろに席を移し、話を聞く。私は引き続き壇上の話に注意を向けた。津波というのは海岸に向かって浅くなってゆくときの海底の地形によってかなり威力や方向が変わってくる、と専門家の人は言った。カオラックやナムケムは地形的にその海水の塊が集中しやすい場所だったのだ。Hさんは立ち上がると、ここはもうこれでいいでしょう。夕方まで原稿書きます、と言う。私はHさんのあとについて講堂を出た。

一五時前にホテルに着くと私は運転手さんに、夕方出発して被災者キャンプに泊まるから、帰りはひとりで戻ってもらうことになる、と今夜の予定を説明した。Hさんは仕事部屋に戻るとすぐに救助技術指導についての原稿を書き始め、受講していたタイ人の名前と年を聞いてきた。また、どこにメモしたのかわからなくなったらしい。私が自分のメモ帳を見て質問に答えると、Hさんは写真を選んで、原稿と一緒に送信した。それが終わったときには一七時になろうとしていた。

ホテルの前で待っていた運転手さんは挙動不審で、表情にいつものようなクールさがなく、Hさんと私が車に乗り込むと、夜遅くなるから家に寄っていく、と言った。私はすかさず後部座席の方に振り返って、すみませんが夜が遅くなると妻が心配するので家に寄ってから行っていいでしょうか？　という日本語に変換して伝える。Hさんの了承が得られると私は運転席の方を向いて小さめの声で、本当は幽霊が怖いんでしょ？　と言ってみた。運転手さんはミラー越しに私に向かって笑顔を見せる。口元は笑っているが目が笑っていなかった。どうやら本気で幽霊が怖いらしい。車はプーケットタウンの下町で停まり、運転手さんは車を降りていった。私はおそらく奥さんを連れてくるだろうと思った。あれほど幽霊が怖い彼が、その道路沿いで千人以上も命を落とした四号線を、暗闇の中ひとりで運転できるとは思えない。しかし、彼の行動は予想をはるかに上回っていた。奥さんだけではなく、ふたりの子供も一緒だったのだ。彼はドアを開け、妻と娘、甥も一緒につれていっていいか？　と聞く。私がすぐに、ああ怖いんですね幽霊が、と言葉を返すと、彼は再び口元だけで笑った。私はすぐHさんに、なんか遅くなると家族が心配するんで一緒に行きたいとか言ってますけど、実際のところこの運転手さん、ひとりで夜に運転して帰ってくるのが怖いみたいです、と通訳というより状況の説明をした。Hさんはすぐに、ああいいですよ、と答え、奥さんとまだ二つか三つくらいの娘は前の座席に、そして甥だという小学生低学年くらいの男の子は私の隣に座った。途中でコンビニに寄ってパンなどの食料を買い、車の中で簡単に夕食をすませると、原稿を書いて疲れたのか、Hさんは横になった。車がサラシン橋を過ぎる頃には空はかなり暗くなり、カオラック地区にさしかかった頃には真っ暗になった。そら怖いだろうなあ、夜こんなところをひとりで走るのは。そう思いながら運転手さんの娘に、ねえ、暗いの怖くない？　と聞いてみる。すぐに、怖くないです、と返事が返ってきた。私はその返事を受けて、娘は怖くないって、ねえ、お父さん、娘は怖くないんだって、と運転席に向かってからかうように言ってみる。ねえ、怖くないよねえ、と私は隣に座っていた甥にも声をかけてみた。だが答えはなかった。さっきまで普通に会話を交わしていたその男の子は、今この瞬間明らかに表情がおかしく、何かに取り憑かれたように私の話を聞いていなかった。その表情は今走っている四号線を取り巻いている霊魂に包囲され、その圧力を感じているからではなく、身体の奥から何かがこみ上げてきているような表情だった。やばい、乗り物酔いだ、と思った。吐かれたら私はかなり気分を害すだろう。というか閉め切った空間のすぐ隣で嘔吐されて気分がいい人なんていない。その男の子は、少しずつ呼吸が困難になっていった。気分が悪くて呼吸を忘れているような感じだ。私はコンビニの袋を渡し、この中に吐くように言った。男の子は即座に私が渡した白い袋を両手に持って口の近くに構える。私は、どうか吐きませんように、と四回、お祈り念波を隣の甥っ子に送ってみた。だが私の祈りも空しく、被災者キャンプに着く寸前で甥っ子はとうとう吐いた。袋を口の前で構えてはいたが、よほど気分が悪かったのが、自分の口から放たれた吐瀉物をちゃんと受け止められず、三分の一くらいをワゴン車の床にこぼした。ああああやっちゃったあ。そう思いながら私はHさんが怒り出さないかヒヤヒヤしていたが、実際に憤っていたのは他でもない私で、Hさんはけっこう平然としていた。基本的にこういうことには心の広い人らしい。よかったと思いながらも、徐々に車内を浸食してきた酸っぱい臭いに耐えきれなくなりそうな頃、車はようやくバーンムワン町の被災者キャンプに着いた。

車から降りて運転手さんたち、そしてゲロ臭に別れを告げて私たちは暗い道を歩き、テントの方に向かう。時間はもう一九時を過ぎていた。NGO管理事務所に行くと代表の人に、じゃ、これテント、空いてるところに張っていいから、とだけ言われた。私たちの相手をしているヒマはない、といった感じだった。Hさんと私はテントを張る場所を探す。空いた場所がすぐに見つかり、ここにしましょうか、と言うとHさんは、ここうるさいですから、他のところないですかね、と言う。確かにそこは、建設中の仮設住宅と十メートルくらいしか離れていなくて、釘を打つ音が響き渡っていた。私は、いやでも仕方ないでしょ、と言った。他にテントを張るような場所はないし、実際、私たちよりも建設現場に近いところにテントを張っている人たちもいる。Hさんはすぐに諦め、私たちはテントを張りはじめた。ペグが上手く地面に刺さらずに困っていると、隣のテントにいたおじさんが手伝ってくれた。にこやかにペグを打ち付けるおじさんの表情を見ていると、津波で突然家を失った人間だとは思えなかった。何とかテントを張り終えると、私はすぐにコンビニで買っておいた蚊取り線香に火を点け、ふたりでテントの中に入った。しばらくすると読経の声が聞こえはじめた。この被災者キャンプにお坊さんがいるのは知っていたが、実際に読経の声を聞いたのは初めてだった。Hさんが、白石さん行きましょう、と言って立ち上がる。テントを出ると、さっき手伝ってくれたおじさんが、荷物を置いてテントを空けるときは泥棒に気をつけるんだよ、と言った。私は、盗難が発生しているのだろうな、と思う。ただでさえやりきれない状況でここに住んでいるのに、そのやりきれない思いを抱えたひとが同じようにやりきれない思いを抱えたひとの物を盗み、お互いを警戒しあっているのだ。その状況自体が私にとってはやりきれなかった。

読経の声を追うように歩いてゆくと、そこは仏像が置かれた吹き抜けのテントだった。何人ものお坊さんが読経していて、その前には何十人もの被災者の人たちが座って合掌していた。しばらくして読経が終わると私とHさんはお坊さんに話を聞きにいく。お坊さんは、主に死者を送るための祈りと、精神的不安を抱えた被災者たちを慰める祈りを唱えている、と言った。Hさんはさっきまで祈っていた中年女性に話を聞こうとした。女性は私たちが近づくと、目に涙を溜めたままいきなり、ありがとうございます、と言った。私はその言葉をすぐにHさんに伝える。ワケがわからなかった。なぜそんなことを言うのだろう？　私が言葉を失っているとその女性は、私たちを気遣ってわざわざ外国から取材に来てくれてありがとう、と言葉を続けた。私はその言葉をHさんに伝えながら、この状況でどうしてそんなことが言えるんだろう？　と思った。たくさんのものを失った立場の人間が、私たちを気遣っているのだ。ここに来るまでの私は、このキャンプで取材をして、それがHさんの仕事として成立するのか、被災者のためになるのかもわからないまま、ただ行きたいからという理由だけで行動していたが、女性のその一言で救われたような気がした。もしかしたら彼女はわけがわからないままお礼を言うくらいに絶望しているだけなのかもしれないが、そんな風に絶望している人を無視しないことが大事なのだと思う。私のように報道助手としてお金を貰って来ていようが、ここで被災者の人たちの手助けをしているボランティアだろうが関係なく、彼女たちにとっての区分けはまず「ここに来てくれる人」と「それ以外の人」なのだ。Hさんは彼女に、今回の津波で誰か知っている人が亡くなりましたか？　と質問を続けた。私がその質問を伝えると彼女は、娘の婿が行方不明で、娘は逃げる途中に流産しました、と目に涙をためながら言った。私は彼女の名前と年齢を聞いて、Hさんのメモ帳に直接書き加えた。

あっちに行ってみましょう、とHさんは言って病院テントの方へと歩き始めた。そして仮設住宅の建設現場の前で足を止める。どうやらここが釘を打つ音の発信源らしい。話聞いてみましょうか？　と私はそこで金槌で釘を打ちまくっていた男性に視線を移しながら言ってみた。Hさんは、ええ、ちょっといろいろ聞いてみて下さい、と言って、私に自分のメモ帳を預けた。ひとりで話を聞いてきてくれ、ということらしい。金槌を振り回している男性に近づいて声をかけると、彼は振り向いて、何かに取り憑かれたような笑顔を見せる。ボランティアの方ですか？　と聞くと彼はいきなり、俺らはチュンポンからトラックに百人で乗って来たんだ、と言う。ここから北東に直線距離で百キロは離れている県だ。何時から仕事してるんですか？　と聞くと、朝の五時からだよ、今日は零時までだよ、休んでいられないよ、同じ南部人だし、ナムチャイだよ、と言った。また、「心の水」だと思いながら私は、彼の名前と年齢を聞く。もし、ランナーズハイと同じように釘打ちハイというものが存在するなら、今の彼がそうなのだろうと思う。彼は自分の中にいっぱい貯めてきた心の水をいまこのキャンプで、芝生に水をまくスプリンクラーのようにずっと放射し続けていた。私はHさんのところまで戻って、まだ誰かに何か話聞きますか？　と聞く。Hさんは私が取ったメモを確認しながら、しばらく自由にしてもらってていいですよ、僕テントにいますから、と言った。おそらくテントに戻って今聞いた話のメモをまとめるのだろう。

Hさんと別れてキャンプの中を歩き始める。さっきまで読経が行われていた場所の隣で、ホワイトボードを立てて多くの人が集まっていた。人々は順番に前方のボードの前に立って拡声器で何か言っていた。そこにはユース・コミュニティ・センターの西洋人もいたし、集会を仕切っているのは私たちにテントを貸してくれた人だった。誰かが報告をするたびに、人々から拍手の音が響く。このキャンプで活動をしている何十ものNGO団体が、今日やった活動を互いに報告し合っているらしい。今日は子供達と一緒に絵を描きましたとか、水浴び場の穴掘りを手伝いました、などの報告が続く。どんな団体のどんな活動であろうが、みんな分け隔てなく拍手をしていた。もし今私が前に出て拡声器を持ち、日本の人たちにここの状況を知ってもらうために、泣いているおばさんの通訳をしました、と言ってもこの人たちは拍手をしてくれるような気がした。

二三時過ぎにテントに戻るとHさんは横になっていた。私は新しい蚊取り線香に火を点け、なんか話聞きたいことありました？　と聞く。Hさんは、い、いや別に、と言って溜息をついた。おそらくここの人たちの境遇に同情しているのだろう。私は一応、さっきお祈りしてたところの横で、NGO団体の代表たちが集会してましたよ、と言ってみた。Hさんは、そうですか、と言ってさらに溜息をつき、いいよなあ、第一陣は何書いて送っても採用されるから、と言った。私は一瞬Hさんが何を言っているのかわからなかったが、その言葉の意味が理解できるといきなり全身の力が抜けた。Hさんは自分の原稿がなかなか採用されないことに対して溜息をついていたのだ。

いやでもいい仕事すれば採用されますよ、年長記者の原稿だって採用されてるじゃないですか、と私は言った。そう言うしかなかった。というよりいまさら派遣時期に対して愚痴を言うHさんが理解できなかった。Hさんはすぐに、いや政治力ですよ、僕の社内での政治力じゃ無理なんです、あんなには採用されないんです、と一気に反論する。私は、いやそんなことここで言ってもしかたないんだけど、と正直に言いそうになって言葉を飲み込み、いやあ同じ条件で仕事してるわけですから、ガンガンいい記事書いて送ってやりましょうよ、と言った。Hさんはすぐに、いやもうネタ的にきついんですよ、第一陣とは違うんだから、と言い返す。ほとんど日本人しか取材しようとしないクセに何言ってやがんだ、と思いながらも心の中で思っていることが表に出ないように心を整えた。ヘタなことを言ってこれ以上ヘソを曲げられてはたまらない。ネタがないなら毎朝買ってるこっちの新聞に目を通せばいいじゃないですか。それで使えそうな記事があったらいくらでも取材手伝いますよ。第一陣の人だって、年長記者さんだってそうやっているじゃないですか、と言った。言ったあと、少し声のトーンが強かったかな、と思ったが、私は今まで、どうしてHさんがこっちの報道をチェックしようとしないのか疑問に思っていたのだ。採用された自分の記事はいつまでもずっと見てるのに。Hさんは言葉に詰まっていたがポツリと、一度他が報道したものをやるのは僕的にイヤなんです、と言った。なんだそのわけのわからんプライドは？　そんな理由で現地の情報に目を通すことさえもしないのか？　どうやらHさんはどうしても自分が不幸な記者だと私に納得させたいらしい。だってそんなの日本の媒体じゃないんだからオッケーでしょう、と私は言った。そしてさらに、それならロイターとかAPとかの外電が配信したものを伝えることもしないんですか？　と言おうと思ったが、そこまで言うとHさんが完全に反論ができなくなるので言わなかった。

とにかくダメなんですよ第二陣で政治力がないからっ、僕のやり方に口出さないで下さいっ、黒子でいいんですよ白石さんは助手なんだからっ、とHさんは吐き捨てるように激した声で言う。あ怒らせちゃった助手として失格かも、と思いながらも私はHさんに、ほんとに言われたことだけやればいいんですか？　と聞く。Hさんからの答えはなかった。しばらく沈黙があった後Hさんは、白石さん、僕のやり方に不満があるんだったら、やめてもらってもいいんですよ、と言った。やべえよこの人冷静な判断力失うまでテンパってるよ。というよりそのHさんの支離滅裂なテンパリ方を隣で横になって聞いてると、私の方も頭がおかしくなってきたような気がする。何で今、この被災者キャンプのテントの中で、こんな話になってるんだ？

私は、それは、雇う人の判断なので、私のことを要らない、と思ったらすぐにでも切ってもらってかまいません。ただ、一昨日のようなことがあればまた言わせてもらいますけど、と言った。Hさんは、一昨日って？　と聞く。私は、差別していると取られてもしかたがないような言葉遣いですよ、と言った。終わった話を蒸し返すなんて、自分は何て底意地が悪い人間なんだろうと思う。Hさんは小さめの声で、わかりました、と言った。励ましてるのになんでこんな話になってんだろ？　と思いながら私は、ちょっと外を見てきます、と言ってテントを出た。もしかしたら話がおかしくなったのは、この狭いテントの中で二人で横になって不安になっていたせいかもしれない。もちろん、原因の大半は私がHさんの愚痴に同意しなかったからなのだが。

ただ私はこれ以上Hさんの愚痴を聞いてたら、本気で我慢できなくなりそうだった。私はHさんにいい仕事をしてもらうために雇われているのだ。生産性のない愚痴に対して、ええそうですねえたいへんですねえ、なんて相槌を打つために雇われているのではない。そもそも冷静に今、自分がいる状況を考えてみれば、自分が今一番恵まれていないなんて愚痴、吐けるはずがない。ここは被災者キャンプであり、私たちが川の字になって横になっていたテントのまわりには、家や船や愛する人たちを失った被災者が千人以上いて、タイ全土や外国から来たひとたちがナムチャイを持ち寄り、被災者を助けるために働いているのだ。

テントを出ると、仮設住宅の方ではまだ、金槌の音が続いていた。

二〇〇五年一月一二日（水）
それは死神のように

私はテントを出てゆらゆらと歩いていった。記事が採用されねえのを愚痴ってもしかたないじゃねえか、ここをどこだと思ってやがるんだ、私はHさんに対して愚痴りながら病院テントまで歩き、クビ切るならとっとと切れ。そしたらまたひとりでここに来てやる、と頭の中でそう呟く。ここに来て何をするかはよくわからなかったが、もし再び来たとしても、私が愚痴を言わないことだけは確かだった。ここはよそから来た人間が簡単に愚痴を言っていい場所ではない。

零時をとっくに過ぎていたが、金槌の音はまだ続いていた。私は吹き抜けのテントの方に向かって歩く。そこからギターの音が聴こえていた。そこは以前訪れたユース・コミュニティ・センターで、薄暗い明かりの中で西洋人がひとり座ってギターを弾いていた。まだ寝ないの？ と聞くと、うん、と彼は答える。体格がいい男性だった。彼は、何か弾けよ、と言ってギターを私に渡した。ひとりでギターを弾くのに飽きたという感じだった。私はギターを受け取り、少し考えたあと、ボブ・マーレーの『レデンプション・ソング』を歌った。昔、奴隷として海賊船に乗せられて来たアフリカ人のために作られた救いの歌だ。他に私が歌える英語の歌はなかった。この自由の歌を、救いの歌を、と私が歌う英語の歌詞を彼は黙って聴き、歌い終えると、俺もここでこの歌を歌えるようになりたい、と言った。彼もまた私と同じで、ここに来て必要以上に感傷的な気分になっているのだろう。私は、今度ここに来たときに紙に書いてあげるよ、と言ってギターを返し、テントを出た。歩いて戻る途中、四人ほどがテントの前に敷いたビニールシートに座っているのが見えた。被災者たちがウイスキーを飲んでいた。彼らは、バンコクで普段目にするタイ人たちとは明らかに雰囲気が違っていて、楽しんで飲む、という感じではなく、痛みを癒すために飲んでいるという感じだった。私は、そんな雰囲気をまといながら酒を飲むタイ人をほとんど見たことがない。彼らは私に気づくと、酒飲むか？　と笑顔で誘ってくれたが、さすがにそれは断った。この酒はどこかの誰かから寄付された「心の水」なのだろうから、それを彼らからの「心の水」として私が受け取ることはできないと思ったのだ。それに何より私は彼らに何かを言われそうで怖かった。もし自分が彼らと同じ立場で、私のような何のリスクもなく安全な立場の外国人が自分たちのキャンプに現れたら、間違いなく皮肉の一言でも言うだろう。実際に言われることはないだろうが、すでに私はいっぱいいっぱいで、自分がこれ以上感傷的になるのに耐えられなかった。

テントに戻るとHさんは横になっていたが、眠ってはいなかった。まだ続いている金槌の音が気になるのか、私に腹を立てていて眠れないのか、それとも自称恵まれない記者である自分の状況を憂いて眠れないのかはよくわからないが、とにかく起きていた。私はHさんがまた何か愚痴っぽい発言をしたら、めんどくさいので一切無視してやろうと思っていた。ただいまー、と何事もなかったように言って私は横になり、そしてすぐにおやすみなさーい、と言って目を閉じた。頭上からカンカンという釘打ちの音が響いていて、その音がこのキャンプを包んでいる優しさを象徴しているような気がした。

朝起きると、意外にすっきりとした気分だった。感傷的な気持ちも、Hさんに対する憤りもいい具合に薄れていた。まだ六時前で、五時間くらいしか寝ていなかったが、エアコンの効いた部屋よりもよく眠れたような気がする。隣を見るとHさんはすでに目を覚ましていた。おはようございます、と言うと、Hさんは、眠れなかったですよ全然、金槌の音がうるさくて、と言った。私はすぐに、よかったじゃないですか、これで被災者の気持ちになった記事が書けますよ、と言葉を返す。皮肉でも何でもなかった。実際にここに泊まってまで記事を書こうとしている日本の報道なんて、Hさん以外にはいないのだ。そうですね、とHさんは苦笑しながら言う。私の言葉が素直に伝わったみたいだった。

私は、顔洗ってきます、と言ってテントを出た。病院テントの近くに来ると、左の方に黄色い布が見えた。近づいてよく見るとそれは袈裟だった。僧侶がこないだ私に棕櫚巻き煙草をくれた男性と話をしている。脇にいた他の男性が私に声を掛けてきたので私はすぐに、どうしてお坊さんが来てるんですか？　と聞いた。男性は、ここに住んでいる彼が辛くて耐えられないから来てもらってるんだ、と言う。お坊さんの肩越しに少しだけ男性と目が合ったが、私は挨拶の合掌と会釈だけして顔を洗い、テントに戻った。

NGO管理事務所の裏手に、制服に着替えた子供たちの姿があった。ああそうか学校に行くんだ、と私は思い、近くにいた子に、学校、どこに行くの？　と聞く。その女の子は、バーンムワン町の学校に行くの、と答えた。どうやらトラックが迎えに来るらしい。私はすぐにテントに戻ると、子供が制服に着替えてました。登校するみたいですよ、と言ってみる。じゃあそれ見に行ってみましょう、とHさんはそう言い、私たちはふたりでNGO管理事務所の裏に向かった。子供のそばには軍服を着た男たちがいる。どうやら学校まで送ってゆくのは陸軍の仕事らしい。子供たちの話では、バーンムワン町に行く子供と、ナムケム村に行く子供に分かれているようだった。どの子供たちに質問しても、学校は楽しい、という答えが返ってきた。しばらくして、濃い色のトラックが私たちがいるNGO管理事務所の裏まで入ってきた。子供たちは軍人の指示に従って並んでいて、

Hさんはその様子を丁寧に撮影していた。収穫されたての野菜が車に積まれていくように、子供たちは新鮮な表情をたたえたまま荷台に乗ってゆく。子供たちの笑顔は本当に瑞々しく、荷台には希望が積まれているような気さえした。走り出したトラックに向かって手を振ると、子供たちは荷台から無邪気に手を振り返してきた。

私は戻ってテントを片づけはじめた。時間はもう九時を過ぎていた。そろそろワゴン車が迎えに来る時間だ。二人でテントを畳んで袋に入れ、事務所に返しにいく。貸してくれたNGOの代表がいたのでお礼を言ったが、彼は私たちの方を見て、表情もなくうなずいただけだった。

迎えに来たワゴン車の車内は昨日ゲロをぶちまけられたとは思えないくらいきれいに掃除されていた。車が走り出すとHさんはすぐに横になって眠ってしまった。私は何もすることがなかったので、Hさんがいい記事が書けますように、採用されますように、と祈ってみた。四分間くらいかなり本気で祈ったが、目を閉じて祈っていると眠くなってきたのでそのまま眠った。

正午過ぎにホテルに着いた私たちを迎えたのはレセプションから渡された一枚のファクス用紙だった。それを見てHさんの表情がいきなり緩む。私がのぞき込むとそこにはエンジンカッターの使い方を指導する国際緊急援助隊の写真があった。私はエレベーターの中で思わず、いえーい、載ったー。ステキー、と叫んでみる。Hさんは、いや白石さんがついていてくれたおかげですよ、と照れながら言ったが、私はその言葉を遮るように、こうなったら次もがつんとかましてやりましょうよ、と言った。Hさんは、ええ、と言いながら微笑んだ。

仕事部屋に入るとHさんはすぐに原稿を書き始める。時間を忘れそうなほどに集中していたので、私は途中で運転手さん、どうします？　と聞いてみた。Hさんが、もう今日は帰ってもらってかまわないですよ、と言ったので、すぐに運転手さんに電話する。Hさんはやる気満々だった。おそらくこれは載るだろう、と思う。あんだけピリピリしながら一夜を過ごしたのだし、日本の報道が取材に行かないあの被災者キャンプで金槌の音を聞いて、眠れなかった記者が書いた原稿だ。帰りの車の中でお祈りもしたし、行きの車では子供がゲロ吐いてまでついてきてくれたのだ。採用されない方がおかしい。私は何の根拠もなくそう信じていた。しばらくするとHさんは書いた原稿を送信しはじめた。

いつのまにか時間は夕方一六時になっていた。白石さん、部屋に戻って待機しててもいいですよ、寝ててもいいですから、とHさんが言った。いやあなたこそ寝るべきですよ、と思ったが、わかりました、と言って部屋に戻った。部屋に入るとまず、パソコンの電源を入れて『サブ・ナムター・アンダマン』を流し、パスルームに行った。

♪まんまあだんまっちゅらあ♪　私はシャワーを浴びながらサビの部分を声に出して歌ってみる。本当にそのフレーズは、死神が浜辺に押し寄せたような感じだった。私は彼らが味わった恐怖を想像してみたが、どんなに想像しても現実にはほど遠いような気がした。実際に被災者たちから話を聞いても、彼らの言葉は、どうやって逃げたとか、誰が何人死んだとか、どこで被災したとかいう数量化できる現実でしかない。昨夜私が感じた彼らが持つ様々な思いや恐怖、それらから生成された雰囲気を言葉で表現するのは難しいだろう。

シャワーから上がってからも私はずっとエート・カラバオの歌声を聴いていた。そして何回目かにサビの部分、♪まんまあだんまっちゅらあ♪　というフレーズを聴いたときに「ま」からはじまって「まっちゅらあ」の促音「っ」の音が歌詞にインパクトを与えているのだと思った。私は自然にその表現に合う日本語を探しはじめた。ここに来るまでずっと、駄洒落が混ざったウドム・テーパーニット氏の文章を翻訳していたから、それが習い性になっていたのだ。

まんまあだん＝それは〜のように
まっちゅらあ＝死神

もし日本語で歌うのだとしたら、その部分に収まる日本語は意味的にも合うような日本語でなくてはならない。私がそんなことを考えていると一九時少し前に部屋の電話が鳴った。呼び出されて仕事部屋に行くと、年長記者とバンコク支局のカメラマンが戻ってきていた。年長記者の希望で食事はまたムーカタになり、食事をしながら今日Hさんが書いていた記事の話になる。被災者キャンプの写真は、前日にバンコク支局のカメラマンが撮影した写真を送っておいてくれるらしい。彼がインドネシアから戻ってから会うのは初めてだったので、私はバンダアチェの様子を聞いてみる。報道を見る限り、タイより震源に近いバンダアチェの方が被害が大きかった。いやあ、あれ、まだたくさん人、埋まってますね。内陸五キロくらいまで津波が来てるから、瓦礫とかが混ざってごちゃごちゃになっててわからないですよ、と彼は言った。私は、きっとこっちとは比べものにならないんだろうな、と思った。彼はアフガンやイラクにも派遣された人だと聞いていた。海外取材の場数が違う。彼の説明する言葉にムダなものはなかった。

明日は八時出発で、どこに行くのかはまだわからないらしい。部屋に戻ってで私はGさんに、現状報告のメールを書いて送信する。そしてまたパソコンをつけっぱなしにして『サブ・ナムター・アンダマン』を聴きながらベッドに横になり、目を閉じたまま、Hさんの原稿が採用されますように、と四回お祈りした。

二〇〇五年一月一三日（木）

パトンビーチの在住日本人

目覚めてすぐに時計を見ると四時を少し過ぎていた。シャワーを浴びてパソコンをネットに繋ぐと、Gさんからのメールが入っていて、Hさんの仕事中の愚痴に対してメールで愚痴った私に「そっちにいたときは仕事中に愚痴ってごめんなさい」と書いてあった。いやむしろ謝るべきなのはメールで愚痴った私のほうなのだが、そうやって謝られては愚痴っているのが一体誰なのかさっぱりわからなくなる。メールの最後には『タイ雑記』と題された四百字詰め原稿用紙十枚ほどの文章が貼り付けられていた。その文章を読む作業は私にとってここに来てからの自分を客観的になぞることと同じだった。瓦礫、土砂、遺体、腐臭、そして人々のナムチャイ、読みながら私はいろんなことを思い出した。Gさんはその文章の中で取材方法について反省していたが、私はそうは思わなかった。あの時はあれが精一杯だったのだ。パソコンの電源を切るといつも通りに新聞を買ってから食事をし、仕事部屋に行く。年長記者が、白石さんなんか新聞出てますか？　と言ったので私は今買ってきたばかりの新聞を出す。年長記者とその助手の人はいつものようにタイ字新聞をチェックしはじめた。Hさんは昨日採用されたばかりの記事をニコニコしながらずっと読んでいた。

八時頃、ワゴン車に乗り込むとHさんはパトンビーチに行くように指示した。私は運転手さんに指示を伝えるついでに、僕らのHさんの記事がまた載りましたー、と言ってみる。運転手さんはとりあえずといった感じの笑顔で、それはいい、と一言だけ言った。私がその適当なタイ語を、わたくしも運転手としてうれしく思っております、という日本語にして伝えると、Hさんは照れながら、今日もよろしく頼むよ、ちゃんと金は払うからさあ、と言う。私はその無礼な日本語を、いろいろ力を貸してくれてありがとうございます。また一緒にいい仕事しましょう、という敬語のタイ語にして伝えた。

昨夜の話では年長記者とHさんが一七日に引き上げて新しい人に交代するらしい。次はまたバリバリ仕事出来る人が来るんでしょうねえ、と言うとHさんは、ひとりは若い女性記者で、もうひとりはすごく僕と仲がいい若い記者です。白石さんはたぶん彼につくことになると思います。僕が推薦しときますから、と言った。あら、また私だけ延長？　Hさんの中ではもうそういうことになっちゃってるんですか？　私はそう思いながら、ありがとうございます、と礼を言った。しかし長く続くなこの仕事。考えてみたら去年一二月の二七日から休みなしで十七日間だ。一七日から入れ替わりで来る予定の第三陣はおそらく最低でも一週間はいるだろうから、二四日までとすると、全部でほぼ四週間、ということはあと十日間はこの仕事が続くことになる。それでも、私はぜんぜん余裕だった。最初、Gさんの時は肉体的にも多少無理しているようなところがあったが、Hさんに代わってからこの一週間ほどは睡眠時間もたっぷりとれていて、身体の調子も良かった。やっぱり海外取材って、かなり使える人しか行けないんでしょ？　と私はHさんに聞いてみる。Hさんは、いやあ、確かに海外取材だとみんな行きたいって手挙げますけどね、と言った。どうしてですか？と聞くと、箔がつくからですよ、とHさんは即答し、イラクとか行って帰ってきたら箔つきますもん、海外取材やって帰ってきてから講演会とかやって稼いでる人もいますからね。僕はそんなのやらないけど、と言った。そんなんで稼げるんだ、と私が思ってるとHさんは、ほんとは僕はそんないきに出来る記者じゃないんですよ、と呟くように言った。え？　と私は思わず声を出す。そんないきなりそんなこと言われてもどう反応していいのかわからない。私は黙ってＨさんの言葉の続きを待った。

以前、僕と、次に来る記者が二人で取材した記事を、上司が自分の名前で出しちゃったんですよ。それで負い目があって推薦したんじゃないですかね。あれ、部署でもだいぶ問題になってましたから、とＨさんは言葉を続けた。私は、そうですか、と答える。そうとしか答えようがない。Ｈさんの会社にもいろいろと複雑な人間関係があるのだ。だからＨさんは脅されたような声で電話したり、テントの中で会社内の政治力を嘆いたりするんだろうと思う。私はＨさんの社内での立場が良くなるために、出来るだけのことをしようと思った。Ｈさんには実質あと三日しか残されていない。

パトンビーチに車が着くと、Ｈさんは邦人に話を聞きたいと言った。私はＨさんを、先月末こっちに来てからＧさんと話を聞きに行った旅行代理店の女性のところに案内した。彼女は相変わらず饒舌で前向きだった。二週間たってもすべて、日本からの客はキャンセルのままだったが、けっして気落ちしていたりはしない。彼女の言葉で一番印象的だったのは、現在、ビーチでのビーチパラソル営業や、パラセーリング、バナナボート、ジェットスキーなどのマリンスポーツが禁止されているので、地元の年輩の人たちの中には、昔のパトンビーチに戻ったという人もいるという話だった。

Ｈさんは最後に、関西出身の方でこっちに住んでらっしゃる方ご存じないですかね？ と聞く。阪神大震災とこの津波を両方経験した人がいないか探しているのだろう。彼女は知らなかった。車に乗り込むとＨさんは、プーケット島内の遺体安置所ってどこにあるんですかね？ と聞く。安置所があるターチャッチャイ村はたしかサラシン橋の近くだ。私が空港の近くです、と言うとＨさんは、行ってみましょうか？ と言った。見ておきたいのだろう。私も見ておきたかった。パンガー県と、クラビ県、私たちは二ヵ所も安置所に行ったのだ。どうせなら一番近いプーケット島の安置所も見ておきたい。

到着してみると、そこはバーンムワン寺院やヤンヤオ寺院、クラビ県のトゥンローン中国寺院とは比べものにならないほどの小さな安置所で、大量の冷蔵コンテナもなく、小さなテントがひとつあるだけだった。そこにいる人に聞いてみると、ここにある遺体は全部で五十二体、外国人はいるだろうけど、どの遺体がそうなのかはわからない、と言う。検死をやっている様子もなく、海沿いの敷地内にお寺の本堂のようなものがあるだけだった。聞くと、この施設はもともと海洋民族が宿泊するための場所らしい。一応そのことをHさんに告げたが、Hさんはそれをメモしようともしなかった。

車に戻ると一六時半を少し過ぎていた。Hさんは、パトンビーチに日本人経営のレストランがあって、そこの経営者の人がこっち長いはずだから、関西出身の人、教えてもらえると思うんです、と言った。すぐに車でパトンに向かうと病院の近くにレストランは見つかった。店の前に出されたテーブルに中年の日本人が座っていて、話しかけてみると彼が経営者だった。Hさんはそこに座ってハイネケンの大瓶を一本注文し、飲みながら取材をはじめる。経営者は、このあたりまでも来ましたよ水が、と言った。ここはビーチから五百メートルは離れているから、それほど被害はなかったのだろう。Hさんはその経営者からひとりの関西出身の人の情報を入手した。その人はここよりももう少し海側でインターネットカフェとゲストハウスを経営しているらしい。そうとわかるとHさんの行動は早かった。私たちは再びワゴン車に乗り込み、教えられたゲストハウスの方に向かった。

その場所に店はあったが、そこには従業員らしいタイ人の姿しか見えなかった。私は従業員にここのご主人の居場所を聞く。従業員の女性は私の質問に、インターネットショップに行ってます。あっちの方、と言ってビーチの方を指さした。Hさんは、じゃ行ってみましょう、と言って海に向かって歩き始める。

店はほぼ直撃だった。たぶんここにいたら命はないな、と思う。そこから海までは数十メートルしかなく、まわりの建物もほとんど壊れていた。店の中は少しずつ改修しているみたいで、けっして瓦礫が乱雑に散らかってはいなかった。背後に人がいる気配に気づいて振り返るとそこには私より十歳以上は年上だろうと思われる男性が立っていた。彼は松葉杖を一本、脇に挟んで片足に包帯を巻いていた。Hさんが挨拶をすると、彼がこの店のご主人だった。Hさんが話を聞きたいと言うと、宿に戻って取材することになり、私たちは三人で海を背にして来た道を歩きはじめた。ご主人は歩きながら足をケガしたときの状況を話してくれた。まず店の前を人が逃げてきて、その次に浅い水が来たからこれはまずい、と思って店を捨てて足で水をかきわけながら海と逆の方に走った。徐々に水かさが足まで上がってきたので、これは本格的にまずい、ということになり、途中の道路沿いにあるホテルの二階に上がって難を逃れた。足はそのときにケガしたみたいだが、どうやってどこで切ったのかはよくわからないと言った。

宿に戻って食堂のテーブルに着き、Hさんは取材を開始した。ご主人は二六日の一八時に傷を縫ってもらうためにパトン病院に行ったが、消毒だけで縫ってくれなかったので、仕方なくプーケットタウンの病院に行って縫ったと言う。そらそうだろうなあ、と思った。年末に私が見たパトン病院の地下駐車場には、百体以上の遺体があった。一日にしてそれだけの遺体と、重軽傷者をあの病院は抱え込んでしまったのだから、外来で来るケガ人にかまっている余裕はないだろう。どう考えても医者の数が足りるはずはない。話を聞き始めるとすぐに、ご主人がここに来て十年、今年で丸十一年経過していることがわかった。あちゃあ、と私は思う。空振りだ。ご主人は条件からはずれている。Hさんは阪神大震災とこの津波を両方体験した人を狙っていた。阪神大震災から来月で十周年だから、その節目にふさわしい記事は採用される可能性が高いのだ。

ご主人は、ツアー会社はこっちの宿の方にカウンターだけ移して営業はしているけど、ツアー客が来なくなったから実質やっていないに等しい、と言い、現状への不満をぶちまけた。客が来ない、この宿は津波の十日前にオープンしたばっかりなのに、誰ひとり泊まっていない、NHKなんか見とっても、危ないってことだけ報道して普通に営業していることを伝えてへんから何とかしてほしい、と言葉を続けた。

私は笑顔を作ったまま座って話を聞いていた。途中でHさんが、ご主人の写真を撮るように言って私にカメラを渡したので写真を撮る。シャッターを押すと不機嫌そうな表情の写真が撮れた。Hさんはご主人の身の上話、タイに来るまでの経緯を聞き始める。いつもと同じパターンだった。やっぱりHさんの狙いはこっちに住むようになった日本人のストーリーを書くことなのだ。しかも、非常にステレオタイプな型にはまったストーリーを。やめときゃいいのに、と私は思う。極論だが、出張とか駐在で来ている以外に、自発的にこっちに来ている日本人は誰もが、タイに居たいから、もしくは、楽だから、という理由でタイにいるのだ。もちろん私だってそうだ。仕事上の理由もあるが、それはやった仕事を見て他の人が判断すればいいだけで、いろいろ自分で語ろうとは思わない。そのことに自分でいろいろ理屈をつけはじめると、それはほとんどが後づけで作りあげられた自己正当化の物語になってしまう。それはこっちに六年以上いる私には経験上わかっていた。物価の高い日本よりもこっちに居たいし、その方が楽だ。それ以外にはっきりした理由などない。

Hさんが、この宿の常連客は今回、心配してくれてますか？　という質問をするとご主人は、ネットで心配してくれて連絡があった人には、ここの宿泊クーポンの前払いという形で寄付をしてもらえないか、というメールを返信している、と言って立ち上がり、日本の口座に振り込まれた金額の明細がプリントアウトされた紙を見せてくれた。そこには二十人くらいの振り込みがあり、残高は十万円以上あった。

パトンビーチを去るときには一九時半近くになっていた。Hさんはプーケットタウンに戻る車の中で、ホームページで寄付を募って十万円以上かあ、と言った。それを聞いて私は、困ったなあと思う。Hさんは明らかに事実誤認をしている。そして、まずいことに事実誤認をしたまま記事を書こうとしているようだった。ホームページで寄付を募ったのと、心配して連絡をくれた常連客だけに、宿泊費の前払いという形で援助してもらうのとでは、ご主人の立場がまったく違ってくる。私はとりあえず、寄付を集めたとかはデリケートな問題だから、ちゃんとやった方がいいんじゃないですかね？　と言ってみる。するとノリノリだったHさんは不機嫌になって黙り込んだ。そのうちまたHさんの電話が鳴る。昨日送ったバーンムワン町の被災者キャンプ宿泊ルポについての問い合わせらしい。Hさんの声のトーンが急に下がる。上司からだろう。私は、こんなに問い合わせがあるということは何書いたんだろう？　と思った。

二〇時頃、ホテルの仕事部屋に戻るとHさんはいきなりパソコンを開いて原稿を書き始めた。そして三十分ほどで書き終えると、白石さん、これちょっと見てもらえますか？　と言った。取材対象が日本人なので、事実関係のチェックではない。文章全体を見て欲しいということだ。私は、ここまでHさんに信頼されるようになって正直うれしかった。しかし、そこに書かれた文章はやはり、ご主人がホームページで津波災害の寄付を募ったという内容になっていた。これ、事実と違うと思うので、送るんであれば今日のご主人に見せてチェック入れないとダメだと思いますけど、と私は正直に言った。Hさんはすぐに、いやそんなこと出来ませんよ、と言う。私が黙っていると、Hさんはその記事をそのまま送信しはじめた。ああまたヘソ曲げちゃった、と私は思ったが、これ以上どうしようもない。

そのうち年長記者とバンコク支局のカメラマンが戻って来て、四人で食事に行くことになった。年長記者の希望でまたムーカタになった。私はカメラマンと他愛もない話をしながら食事していたが、Hさんの表情はすぐれなかった。おそらくまだ原稿のことを考えているのだ。どうしたの？と年長記者さんがHさんに声をかける。被災者キャンプの原稿にチェックが入ってるんですよ、とHさんは言った。誰から？　と年長記者が聞くと、Hさんはその担当上司の名前を言う。年長記者さんは、ああじゃあ、帰ってから原稿見てあげるよ。せっかくあそこに泊まってまで取材したのに載らなかったらイヤだもんなあ、と言った。

二三時半過ぎに仕事部屋に戻り、三人で作業を開始した。事実関係の確認などがあれば困るので私も一緒にいなければならなかった。年長記者さんはパソコン上でHさんの書いた原稿を読むと、これ、何が言いたいのかよくわからないと言った。背後からのぞき込んでみると、確かにそこに書かれている文章は、被災者の人たちの嘆きを書きたいのか、キャンプの状況を書きたいのか、登校する子供たちの様子を書きたいのか、それともNGO代表のコメントを書きたいのか、それぞれの文章の関連が微妙にはっきりしていなかった。

二〇〇五年一月一四日（金）
検死チームの記者会見

一時を過ぎても原稿はまとまらない。私は助手の分際で失礼だとは思ったが、状況とコメントだけにすればいいのに、と言った。Hさんは書きながら精神的にテンパってしまったようで、私の言葉に怒る様子もなくうなだれている。年長記者が、僕がいじっちゃうけど、いい？　と聞いた。Hさんが、お願いします、と答えると年長記者はパソコンの前に座り、Hさんに確認しながら添削していった。一時半頃にようやく作業が終わると年長記者は、まあ載るでしょう、これで載らなかったらもう知らなーい、じゃおやすみー、と言って部屋に帰っていった。

部屋に戻ると私は服を脱ぎ、パソコンの電源を入れて『サプ・ナムター・アンダマン』を聴きながらベッドに横たわった。この歌を口ずさんでいると、自分が置かれている状況がはっきりしてくる。状況が風化する、それは仕方がないが、それ以上に緊張感を失ってはならないと思う。

午前六時前に目を覚まし、ゆっくり準備をしてロビーに行く。Hさんは集合時間に二十分以上遅れてきた。今日はクラビタウンへ検死チームの記者会見に行く予定だったが、一一時開始なので、少し出発が遅れても問題はない。車に乗り込んでしばらくするとHさんの携帯電話が鳴った。昨日送った原稿のうちの、パトンビーチ在住のご主人の記事にチェックが入っているらしい。Hさんは電話を終えたあとしばらく落胆していたが、そのうちまた後部座席で横になって眠ってしまった。

会見会場のホテルに着いたのは一一時少し前で、ホテルには、日本のテレビや他の報道機関も取材に来ていた。各国チームの人たちは、ロビーで記念撮影などしている。私はその中からスイスチームの女性を見つけ礼を言う。彼女が繋いでくれなかったら警察大佐から話を聞くことも出来なかったのだ。彼女は、ユアウェルカム、と言って微笑み、他のチームの人たちのところに歩いていった。宴会のような雰囲気で、各国のチームが入り乱れてビールを酌み交わしていた。

レストランのバルコニーに二十脚ほどの椅子と二つの長テーブルが置かれて、そこで記者会見が始まった。テーブルには四人の男性が座っていて、ひとりは私たちが初めてクラビタウンの検死所で話を聞いた書記官さんだった。Hさんは真ん前に座ってしっかりメモを取る準備をしてから私にカメラを渡し、これで撮影するように言った。記者会見がはじまると、歯科的な検死およびDNAのサンプル採取も含めて昨日ですべての作業が終了したと報告があった。さらにクラビ県での被害者数と検死数を報告し、検死作業から邦人は見つからなかった、との報告があり、その後記者との質疑応答の形で具体的な仕事内容の説明があった。

一三時半頃、記者会見が終わるとHさんは、戻って原稿書きましょう、と言ってホテルを出た。走り始めたワゴン車の中でHさんは、ほんとになんだよ、あのテレビの記者、質問がなってないよつまんない質問しやがって、と激しながら独り言を言った。私は何でこのタイミングで他社の人間に対して怒ってるんだ？　と思う。だが少し考えてみてピンときた。私はHさんに、もしかしたら、あのテレビ局受けたでしょ？　と聞いてみる。Hさんはすぐに表情を緩め、ええ僕、あそこの入社試験、落ちたんです、と言った。私が、ほんっとうにわかりやすい人ですねえ、とすかさず突っ込みを入れると、Hさんは私のその言葉に照れたような笑顔を見せた。

ホテルに戻ったのは一六時少し前で、車を降りるとHさんはすぐに、今日はもう帰っていいから明日も八時によろしく、と言って運転手さんを帰らせた。ホテルに入った私たちをレセプションで待っていたのは日本からのファクスだった。私はそれを受け取るとすぐにHさんに渡す。Hさんはそれを見て、その途端に笑顔を見せた。そのファクスを覗き込むと、今朝一時過ぎまで書き直していた被災者キャンプの記事で、Hさんが撮った陸軍トラックの荷台に乗って微笑む子供たちの写真が採用されていた。よかったですねえ、と私が言うと、Hさんは、とたんにやる気になったらしく、仕事部屋に直行して原稿を書き始めた。時折、Hさんから今日の記者会見について質問があったが、一時間くらい経つとHさんは、白石さん、飯の時間まで部屋で待機してていいですよ、と言った。私は素直にHさんの命令に従い部屋に戻る。冷やしていたペットボトル入りの水を一気に飲み干してからシャワーを浴び、お湯をバスタブに貯め、ゆっくりとその中に浸かった。そしてバスルームから出るとパソコンをネットに繋ぎ、掲示板に適当なことを適当に書き込んだ。私は自分を取り巻くいろんなことがぬるくなってしまったように感じていた。

二〇時頃、みんなで夕食をとりながら、次に来る人が女性記者ひとりだけであることを知らされた。もう一人、Hさんと仲がいい男性記者はインドネシアのアチェの方に行くことになったらしい。それは面白いことになるかもしれないと私は思う。もう邦人はいないのだから、パンガー県の方を取材しようという流れになる可能性もある。女性記者だからヤンヤオ寺院で検死を続けるポンティップ博士の取材だってやろうと思うかもしれない。

食事が終わると、明日は救助技術指導の最終日を取材に行くので、八時に出発します、とHさんに告げられた。明日からどうするのだろう？　と私は思った。もう邦人はこっちの在住者しかいなかったが、現地の被災者を取材する気がHさんにはほとんどない。私は、明日の取材に新たな展開は見られないだろうと思った。

二〇〇五年一月一五日（土）

ぬるい状況

零時少し過ぎに眠りにつき、四時四四分に目を覚ました。すぐにパソコンの電源を入れ、ネットに繋ぐ。もうバンコクにいた頃とあんまり変わらない。ここ何日かは、朝夕ちゃんとネットに繋ぐ余裕がある。困ったものだと思いながら私は試聴サイトにアクセスし『サブ・ナムターー・アンダマン』を流したが、曲が流れても私はこのぬるい状況を振り切れそうになかった。

仕事部屋に行き挨拶をしてすぐに私たちはホテルを出た。九時半頃に内務省の自然災害研究所に着くと、すでに講習は始まっていた。今までと違って建物の脇にある大きなグラウンドを使っての講習だった。そこには廃車と椰子の木の丸太が置かれていた。近づいてきたリーダーに話を聞くと、海軍の人たちが全部用意してくれたんですよ、と言う。Hさんはまたあの通訳留学生を見つけて取材を始めた。詳しく話を聞いて新しい事実を書き足せば、遺体運搬のボランティア青年の時のように記事として採用されると思っているのかもしれない。

終了式の取材が終わったのは一四時前だった。Hさんの指示でホテルに戻ると、Hさんはすぐに仕事部屋で原稿の書き直しをはじめた。部屋で待機してていいですよ、と言われ、私は部屋に戻りタイの地上波のテレビを見た。どこのチャンネルも報道はやっていたけれど、すでに年末年始のように二十四時間報道体制といった感じではなくなっていた。発生から三週間近く経って、いろんな人の力で事態は良くなっていて、状況は落ち着いてきている。ホテルに戻る車の中でHさんは、明日もう一度バーンムワンの被災者キャンプに行ってみると言っていた。おそらく、日本に伝えるべきものがありそうなのはあそこしかないと思っているのだろう。私はふと、今日が土曜だということに気づく。あの遺体搬送ボランティアの青年が来ているかもしれないと思ったのだ。私は、彼に電話してみようか、と思ったがやめた。取材するような予定はなかったし、仕事中だったら迷惑がかかる。私はなんとなく、彼の声を聞いたら今自分を取り巻いているこのゆるゆるな気分がしゃきっとするような気がした。

一八時過ぎに年長記者が女性記者と一緒に戻ってきた。私は彼女と簡単に初対面の挨拶をし、四人で食事に行くことになった。女性記者は思った通り頭の回転が良い人だった。この人ならヤンヤオ寺院でポンティップ博士に話を聞いて記事に出来るかもしれない、と思う。

食事はまたムーカタだった。もうそれは私たちの中ですでにローテーション化されていた。そしてその席で、バンコク支局のカメラマンが再びインドネシアのバンダアチェに行ったということを知る。またかよ、すげえなあ、と私は思った。ビールで乾杯すると年長記者が、白石さんは、明日で終わりということで、今までありがとうございました、と言った。

私は一瞬頭の中が空っぽになり、何も考えられなくなったが、反射的に、いえ、こちらこそありがとうございました、と答えた。年長記者と彼女は今日、助手を決めてきたらしい。頭の中にあさってから自分一人で取材する計画を詰め込みながら、私は何か妙な安堵感を感じていた。いやあ終わりかー、三週間ですか、長いのか短いのかよくわかりませんね、と言ってみた。年長記者は、いやほんとうにお疲れさまでした、と言ってビールを注いでくれる。Hさんは妙に沈んだ表情をしていた。どうやらHさんも今この席で私が明日までだと知らされたらしく、そのことに軽くショックを受けているようだった。おそらく、第三陣も私が助手をやる、と決まり切ったように言っていたのでバツが悪いのだろう。私は、この人やっぱりいい人だな、と思った。

二二時前に食事を終えてホテルに戻ると、Hさんは、明日は朝からパトンの方に行きますからまた八時頃お願いします、と言った。私は、最終日ですんでよろしくお願いします、と言ってHさんと別れ、部屋に戻った。戻ってシャワーを浴びるとなぜか無性に象ビールが飲みたくなった。私は再び服を着て外に出るとコンビニで大瓶一本を買ってきて飲んだ。飲みながらパソコンを起ち上げ、とりあえずGさんに、明日で終了です。予定では明後日バンコクに戻ります、という内容のメールを書いた。そして三週間前、クラビ県で津波から逃げた友人から届いていたメールを読んだ。彼はすでにバンコクに戻っていて、チャリティーとしてエート・カラバオが企画したCDが発売されていたので早速買った、と書いてあった。私は明日、仕事の途中でCD屋があったら探してみようと思った。しかし津波発生から三週間でいろんなアーティストに声かけてアルバムが出来ちゃうんだからすごいよなあエート・カラバオは。私はそう思いながら、パソコンから電話線を外した。そしてそのまま『サプ・ナムター・アンダマン』を流したまま、残りのビールを飲み干してベッドに横になった。

♪まんまあだんまっちゅらあ♪　と、サビの部分を歌っているとふと、その部分にうまくかぶさりそうな日本語の表現を思いついた。それは意味的にも音的にもオリジナルを崩していないフレーズだった。このサビの日本語歌詞さえあれば可能かもしれないと思う。この曲『サプ・ナムター・アンダマン』の日本語詞を、意味も音も崩さない状態で作れるかもしれないと思ったのだ。サビの部分の完成度さえ高ければ半分は出来たも同じだ。あとはオリジナルのコンセプトに合わせて全体的に意味と音を合わせながら微調整していくだけだった。

二〇〇五年一月一六日（日）

少年が描いた絵

六時前に起きるとすぐに、寝る前に思いついた日本語の歌詞をメモしておこうと思ったが、結局しなかった。一度自分で決めてみて記憶に残らないなら要らないと思ったからだ。

ひとりで朝食をとり、新聞を買ってからHさんとワゴン車に乗る。車は昼前にはバーンムワン町の被災者キャンプに着いた。ユース・コミュニティ・センターの前に行くと、大きなベニヤ板に子供が描いた絵が何枚も貼ってあり、私はヨットとヘリコプターの絵の前で立ち止った。その絵には海も空もなく、青一色の何かが全面を覆いながら迫ってくるような感じだった。Hさんはすぐにその絵を撮影しはじめる。私はこれも撮った方がいいんじゃないですか？　と言って一枚の絵を示す。それは漁村の海岸に、一頭の巨大な海洋動物が飛び込んできている絵で、その動物はこれ以上ないくらいどぎつい黒い色のクレヨンで塗られていた。Hさんは、それはいいです、と言ってさらにヨットの絵を撮影し、ここの責任者の話を聞きたいと言った。テントの中に入ると子供たちが楽しそうに絵を描いている。責任者はすぐに見つかった。彼はソーシャルワークをしている公務員で、先月の三〇日くらいからここで子供に絵を描かせていると言った。絵を教えるのではなく、画材などを提供しているらしい。さらに話を聞くと、あのヨットの絵は、子供が描いたものではなく塗り絵だということが判明した。ただ、それが塗り絵だとしても、その絵にはヘリコプターとその下にヨット、そして水平線しか描かれてなく、その上から暴力的に塗りつぶしてある青色のインパクトは強烈だった。責任者に聞いても、この塗り絵を描いた子供がどこにいるかはわからなかった。どうやらナムケム村の仮設住宅に移ってしまい、現在はときどきこちらに来て遊んでいるだけらしい。Hさんは描いた本人に話を聞きたいのだろう。私も聞きたかった。こんなに風にクレヨンで塗られた青色、今まで見たことがない。私はテントを出て溜息をつく。Hさんはまだ写真を撮っていた。私は、他の絵も撮らないんでいいんですか？　ともう一度目の前の、海洋動物が飛び込んできている絵を示してみたが、Hさんはカメラを向けさえもしなかった。そのとき、ひとりの男の子がベニヤ板のボードに絵を貼りに来た。私はその子にヨットの絵を示しながら、この絵描いた子知ってる？　と聞いてみた。僕です、とその少年は言った。え？　ホント？　と私は聞く。少年は貼ろうとしていた絵と塗り絵に書かれたサインを指で示し、本当ですと言った。私はすぐにHさんに、この子です。ちょっと話聞きましょう、と言った。ちょっとこっち来て。インタビューしていい？と言って私はその少年をNGO管理事務所裏手のベンチに座らせる。Hさんと少年が並んでベンチに座り、私がしゃがんでその二人に向き合った。Hさんはまず少年に年齢と名前を聞く。少年は九歳。四人家族で父親は三十二歳、母親は二十八歳、三歳の弟がいる。ここには陸軍の車に乗せてもらって遊びに来ていると言った。Hさんが、絵を描くの好きなの？　と聞くと少年は、はい好きです、と笑顔で答えた。私はすぐに自分のメモ帳とボールペンを渡し、ここに何か描いてみて、と頼んだ。少年はボールペンを握ると三十秒も経たないうちにイルカの絵を描いた。Hさんが、どうして空も海も青い色で塗ったの？　と聞くと少年は、紫色のクレヨンがなかったから、と答える。どうやら空を紫色で塗ろうとしていたらしい。それもすごいな、と私は思う。紫色に空が塗られたら、あの絵はどんな風になったのだろう？、私がそのことについて考える間もなくHさんは、津波が来たときはどこにいたの？　と聞いた。私がその質問を伝えると少年は、海を見ていました、と答える。海を見るの好き？　とHさんが引き続きそう聞き、私はその質問を伝える。海を見ている時と、絵を描いている時は気分がいいです、という言葉が少年から返ってきて、私は右から左にその言葉を日本語にしてHさんに伝えた。Hさんが、津波の時はどうだった？　とすぐに質問を重ね、その言葉もすぐに私の中を通って左から右へとタイ語に変換される。少年は数秒考えてから、大きなしぶきが沖の方に見えたから、お父さんに教えに行ったんです。そしたらお父さんが逃げろって言って僕と弟を抱えて、お母さんと四人で逃げました、と言った。Hさんはさらに、で、どうだった？と質問をした。私は、それを、どんな感じがした？　という意味のタイ語にして伝える。怖かった。もう思い出したくない、少年はそう言った。Hさんが引き続き、友達とか知ってる人、いっぱい亡くなった？　と聞いたので私はその言葉を少年に伝えてすぐに、しまった、と思った。少年は私がタイ語で言ったその質問を聞くと、かすかに肩を震わせはじめたのだ。やばい私のミスだ。Hさんは取材をはじめるといろんなものが見えなくなるのだから、状況を見て私が質問を止めるべきだった。Hさんは少年の変化に気づいていないらしく、質問を続けようと口を開く。私はすぐに掌をHさんの方に向けて、これ以上は勘弁してあげて下さい、と言った。その瞬間ようやくHさんは少年が泣いていることに気づいた。少年を泣かすような通訳をしてどうしようというのだ。いくら精神的にゆるくなっていても、そのくらいのことには気づかなければならなかった。通訳として最低だ。

　私は、ごめんねもう聞かないからね、ごめんね、と少年に謝罪した。少年は一分くらい鼻をすすっていたが、少し落ち着いたのか涙と鼻を腕で拭きはじめた。私はもう一度、ごめんね、もう遊びに行っていいよ、インタビュー終わりだから、と言った。すると少年は顔を拭っていたその腕をおろし、しっかりと私の方を見据えて涙目のまま、まぎれもなく私に向かって、お金をください、と言った。少年が放った言葉は間違いなくそういう意味でしかなく、私を見つめるその表情は少しだけ怒りを帯びていた。お金下さいって言ってますよ、と私が少年の言葉をHさんに伝えると、Hさんは言葉を失った。どう対応していいのかわからないのだろう。私にだってわからない。だが、私はその少年の要求は当然だと思った。ただでさえ命からがら逃げてきて何週間も不自由な暮らしを強いられ、ようやく家族で仮設住宅に住めるようになったと思ったら、わけの分からない外国の報道が来ていらん質問をして辛い思い出を引き出し、不快な思いをしたのだ。怒って当然だ。その怒りを収めるにはお金とか現実的なものでなければならない。当然だと思う。

いくら？　私は聞いてみた。少年は少し考えてから金額を言った。その金額はあめ玉が四十個買える金額で、私たちが泊まっているホテルの宿泊料金の二百五十分の一ほどだった。私はすぐにその金額をHさんに伝える。Hさんはまだとまどっていた。たぶんいくらであろうとお金を渡す気はないだろう。ここでお金を渡してしまえば、少年から聞いた言葉はまっとうな取材で得た言葉ではなくなってしまう。私は考えた。何とかならないかと思ったのだ。そして私は少年に向かって、その絵を売ってくれ、と言った。少年が今、貼ろうと持ってきたばかりの新しい絵だ。私はポケットをさぐってみた。そこには小銭しか入ってなかった。全部合計しても少年が要求した額にあめ玉五個分ほど足りなかった。少し足りないけどこれでいい？　と言うと少年は笑顔を見せて頷く。そうしてナムケム村の若手アーティストの新作ドローイングは私のものになった。少年から渡された絵は線で四等分に区切ってあり、四コマ漫画のように四羽の鶏が描かれていた。作品の説明をして下さい。プロのアーティストなんだから、と私はお金を渡しながら少年にそう言う。少年は笑顔で山の鶏と蝶、雨の鶏と蝶、森の鶏と蝶、野原の鶏と蝶、と説明した。各コマごとに色や景色が違っている。絵の右上を見ると『鶏と蝶の物語』というタイトルが書かれていた。

私が、ありがとう、と言ってその絵を鞄の中にしまうと少年は、ありがとうございます、と私に合掌して再びユース・コミュニティ・センターの方に走っていった。私は、いやあこんなところでこんなに素晴らしいアートが買えるとは思ってもみませんでした。持って帰って飾ろうっと、と言ってみた。Hさんはしばらく困ったような表情を見せたあと、少しだけ笑顔を見せた。

Hさんがユース・コミュニティ・センターの人に話を聞きたいと言うのでテントに行く。私は、以前泊まったときにギターを貸してくれたアメリカ人の青年とHさんを引き合わせた。とにかくHさんは自分が疑問に思うこと、興味があることは今のうちに全部聞いておこうといった感じだった。しばらくして戻ってきたHさんが、行きましょう、と言ったので私は立ち上がって携帯電話で車を呼んだ。迎えに来たワゴン車に乗り込むと、私はHさんの指示を待った。行き先がまだはっきりしてないようだったら、ナムケム村を見たい、と言ってみるつもりだった。さっき絵を買った少年が逃げのび、千人を超す人が亡くなったというその場所を見てみたいと思っていたのだ。もしかしたら私はかなり物欲しそうな表情をしていたのかもしれない。Hさんは私の視線に気づくと、ナムケム村に行ってみましょうか、と言った。

四号線をカオラック側に向かって一キロも南下しないうちに右に折れ、十分ほど海の方に走ると、一三時半頃にはナムケム村に着いた。だがそこには何もなかった。いや、何もなくなっていたという方が正しいのかもしれない。行く途中、右手と左手に仮設住宅が見えたが、緩やかな坂を下りて海に面した場所に着くと、そこには建物らしいものはほとんどなく、目立った建造物は村の中に打ち上げられた何艘かの大型漁船くらいで、ほぼ全部と言っていいほどの建物が瓦礫になっていた。あちこちに小型の漁船の残骸が散乱している。かなりにぎわっていた漁港らしく、かなりの建物が建っていた形跡があったが、それは形跡でしかない。ほとんどが一階建てか二階建ての建物なのだ

少年から買った絵（2005年1月16日）

ろうが、土台しかないので何階建てだったのかはわからない。車の中から景色を見ていると、私は遺跡巡りをしているような気持ちになった。ここには人が住んでいたのだ。しかも、かなりの密度で。Hさんの指示で海岸の方に行くと、重機が地面を整地していた。どこが港だったか、かろうじてわかるくらいだった。車から降りてふたりでそこを歩きながら私は、いやあこりゃ死ぬわ、と思った。この村は平らな土地がアンダマン海に向かって剥き出しになっていて、少し沖の方にはマングローブに囲まれた低い島があるが、海を遮るものは何もなかった。さらにこの場所にはかなりの密度の住宅がある。おそらくパンガー県でも有数の漁港だったのだろう。だが、どんな風景だったのか、まったく想像できなかった。

しばらくその光景を見ているとHさんと視線が合う。行きましょうか、別に何もないですね、とHさんは言った。その言葉が、本当に何もなくなってしまっている、という意味なのか、自分がニュースとして今日中に書けるものがないという意味なのかはわからなかったが、おそらくその両方だろう。私はわかりましたと言って運転手さんを呼んだ。再び車に乗って国道四号線にむかって潰された町をゆっくりと走りながら、私はこの十日間バーンムワンの被災者キャンプで何度も見た、人々の複雑に曇った表情の理由が今ちゃんとわかったような気がした。もちろん、あくまでわかったような気がしているだけなのは自分でもよくわかっている。私は単に、この十日間で実際に逃げて一命を取り留めた人々の言葉を聞いて、それを元に第三者としてここに存在していた状況を安易に想像しているだけにすぎない。だが、想像することが間違っているかどうかなんてどうでもよかった。ただ想像せずにはいられなかった。

私は明日ひとりでここに来て、バーンムワン町の被災者キャンプのどこかで寝るのだろうと思った。そしてそれからどこに行こうか？　と思った。突然、私の頭の中に、スリン島、という言葉が浮かんだ。何日か前の新聞に載っていた、言い伝えによって高台に逃げ、ひとりも死者が出なかったという海洋民族モーケン族が住む島だ。船が出ているかどうかはわからないが、とにかく行ってみようと思う。津波が起きてから何日かはタイや海外のマスコミも取材できず、ましてや日本の報道が取材に行った形跡もなかった。だからそこで海洋民族の人たちにいろいろと話を聞くのもいいかもしれない。全員が津波から逃げて、一人も死んでいないのだから、元旦のピピ島のように死体が埋まっているようなことはないだろう。もしかしたら私はこれ以上遺体を目にしたり、目にした人たちと話をすることが耐えられないのかもしれない。

ヤンヤオ寺院に行きましょう、とHさんが言ったので私はすぐにその指示を運転手さんに伝えた。寺院に着いて車のドアを開けるとすぐに腐臭が私たちがいる世界を満たした。というよりも私たちが降り立ったのは死者の腐臭に満たされた世界だった。寺院の正面から五十メートルほど離れた道脇に車を停めたのだが、それでも町全体が腐臭に包まれているような感じだった。ヤンヤオ寺院は十日ほど前に来た場所とは違っていた。西洋人とタイ人らしきボランティアが数人、受付に座っていて、人の出入りが厳重になっている。私は受付の方に行き、取材したいという意思を受付の女性に伝えた。おそらく二十歳を少し過ぎた頃だろう。一目で中国系とわかる顔立ちだった。

パードン？　と彼女は私に聞き返すと同時に表情を変え、すぐに、私、タイ人じゃないです、と英語で言った。かなり頭の回転が速いようだ。彼女は私の勘違いを一瞬にして理解している。私が、中の様子を取材できませんか？　と英語で聞き直すと彼女は、インタビューと撮影は禁止です。あとプレスカードをここに預けて下さい、と言った。私は当然だが、Hさんもプレスカードは持っていない。私たちは何ひとつとして自分たちが報道の人間であると証明するものを持っていなかった。私たちが少し困った顔をしているのに気づいた彼女は、じゃあ、パスポートを預けていって下さい。

ここに記帳して、と言ってきれいに線が引かれた名簿を目の前に出す。彼女が目線で示した箱にはタイ人の国民登録証がぎっしり詰められていた。頭の回転が速い上に気が利いていて、なおかつ説明と動作に無駄がない。だが、Hさんは彼女のスマートなあしらいに対して露骨にいやな顔をしていた。そして、どうしてパスポートを預けなきゃいけないんだ？　と独り言のように言ったあと、自分の左上腕に安全ピンで留めている腕章を右手でつまんで誇示するように彼女に示した。彼女は当然のように、ノウ、と一言でHさんの動作を切り捨てる。私は素速く貴重品袋の中から自分のパスポートを出して彼女に預けると、わけわかんないことやってないで早くパスポート出して下さい、と言った。確かにHさんが所属している報道会社は有名な会社だ。日本でなら腕章を見せるだけでフリーパスなのかもしれない。しかしここはタイ国パンガー県タクワパー郡のヤンヤオ寺院なのだ。そんなものは通用しない。ここを管理している側が必要としているのは、ここに来た人間の所属先を誇示されることではなく、誰なのかを証明する書類なのだ。それに彼女は中国系の顔立ちではあったけれども、英語圏の人間だった。その人間に漢字で書かれた腕章を見せてどうするというのだ。私は表に記名し、はい、これに書いて下さい、と言って表を渡す。Hさんは渋々パスポートを出してそれに記帳をはじめた。すべての手続きが終わり、ようやくヤンヤオ寺院の中に入ると、そこは十日前に来た時とはすべてが違っていた。あちこちがきっちり区切られていて、何もかもがきっちり管理されていた。前回来たときに検死をやっていた奥の方には、受付テーブルが設置されて西洋人が座っている。そしてその上には「私たちはポンティップ博士とここで働く皆さんを、励まし応援しています」というタイ語の垂れ幕がかけてあった。すげえな、と私は思った。国家の学術機関のトップに近く、国王から称号までもらった女性が、災害発生時からすぐにパンガー県入りして検死作業に当たっているのだ。ただでさえ博士は何冊もベストセラー本を出している有名人なのに、その有名人が先頭に立って検死作業をする様子がずっと全国に流され続けている。国民の気持ちが動かないはずはない。

寺院の中は見ることができなかったが、とりあえず私は左手の検死をやっている場所に近づいてみた。すると、赤い髪を逆立てたポンティップ博士がこちらに向かって歩いてきた。私は合掌して、こんにちは、と挨拶してみた。彼女は、ほんの零コンマ何秒かだけ私に笑顔を向け、こんにちは、と言うとすぐに足早に歩いていった。撮影もインタビューも、とにかく何もかもが禁止されていた。出来ることはこの状況を誰のコメントもなしに記事にすることだけだ。Hさんはもうお手上げだという顔をして、どうしようもないですね、と言った。

帰りの車の中でHさんは私のギャラの計算をはじめる。私たち二人に残された時間は今夜までだった。一六時前にホテルに戻ると、Hさんは何度か金額を確認し、ホテル前の両替所で日本円をバーツに両替した。いろいろありがとうございました、とHさんは言ってそのお金を私に渡す。私はすぐに領収書を書き、預かっていた経費とともに渡す。バンコクまでの交通費は大丈夫ですか？とHさんが聞いたので、明日から勝手にひとりでパンガー県の方を取材して帰りますから、ぜんぜん大丈夫ですよ、これだけあれば何回飛行機に乗っても大丈夫だし、と答えた。年長記者と女性記者が戻ってくると私たちは食事に行った。女性記者の助手さんも一緒だった。彼はプーケットにある大学に通っているという青年で、英語にかなり自信があるようだった。食事しながら話をしていると、女性記者が彼に払う助手費用が私より高いことがわかった。それを聞いた瞬間、Hさんの表情が曇った。おそらくHさんは私に対して、日本語が話せる助手なのにタイ人の助手よりも安い費用で申し訳ないと思ったのだろう。女性記者は、これから何を取材したらいいかあんまりわからないと言った。それはそうだろうと思う。邦人がらみの情報はほとんどないし、現状を伝えても独自性がない限り採用されにくい。私は女性記者にポンティップ博士のことを話してみた。あれだけ災害発生時から検死の中心的人物として働いていて、英字新聞やタイのメディアで報道されているのに、日本の報道が彼女を扱わないのが信じられない、と私は主張した。そして、私は助手さんに話を振ってみる。助手さんはポンティップ博士の本を何冊も読んでいて、私よりもはるかに彼女に対する予備知識があった。日本の報道はどこもやってないんだからやること自体に意義があると思うんですけど、と私は少し大げさに言った。助手さんも私の言葉にやや大袈裟に同調し、取材する価値がある、と言う。おそらく彼には有名なポンティップ博士に会えるかもしれない、というミーハーな気持ちがあるのだろう。

食事が終わって二一時半頃にホテルに戻ると、ロビーで別れることになった。私が、じゃ、私は明日朝早く勝手にチェックアウトして帰りますから、今まで皆さんどうもありがとうございました、と言うとHさんは、なんかわからないことがあったら電話しますからお願いします、と言う。私はその言葉に頷いて、いい記者になって下さいね、と言ってHさんと抱き合った。年長記者さんが悪ノリして、じゃ僕も僕も、と言ってきたので年長記者とも抱き合って別れた。

部屋に戻ってバスタブに張ったお湯の中に浸かり、もうお湯に浸かるようなことはないんだな、と思った。よくよく考えてみるとこの三週間、私の生活は普段とはかけ離れていた。冷房のきいた部屋やお湯が出るバスルーム、移動用の車、まとまった現金。それらのものがまわりにあって、私の仕事を支えていた。だが、明日からはもうそんなものはない。

バスルームを出てメールをチェックし、四通ほど返信をしてからベッドに横になり、『サブ・ナムターー・アンダマン』を流しながら目を閉じた。こうやってこの歌を聴きながら眠れるのも今夜までだろう。明日からはパソコンなんて開く余裕はないだろうから。

第4章 スリン島へ

■パンガー県タクワパー郡、および同県クラブリ町、スリン島

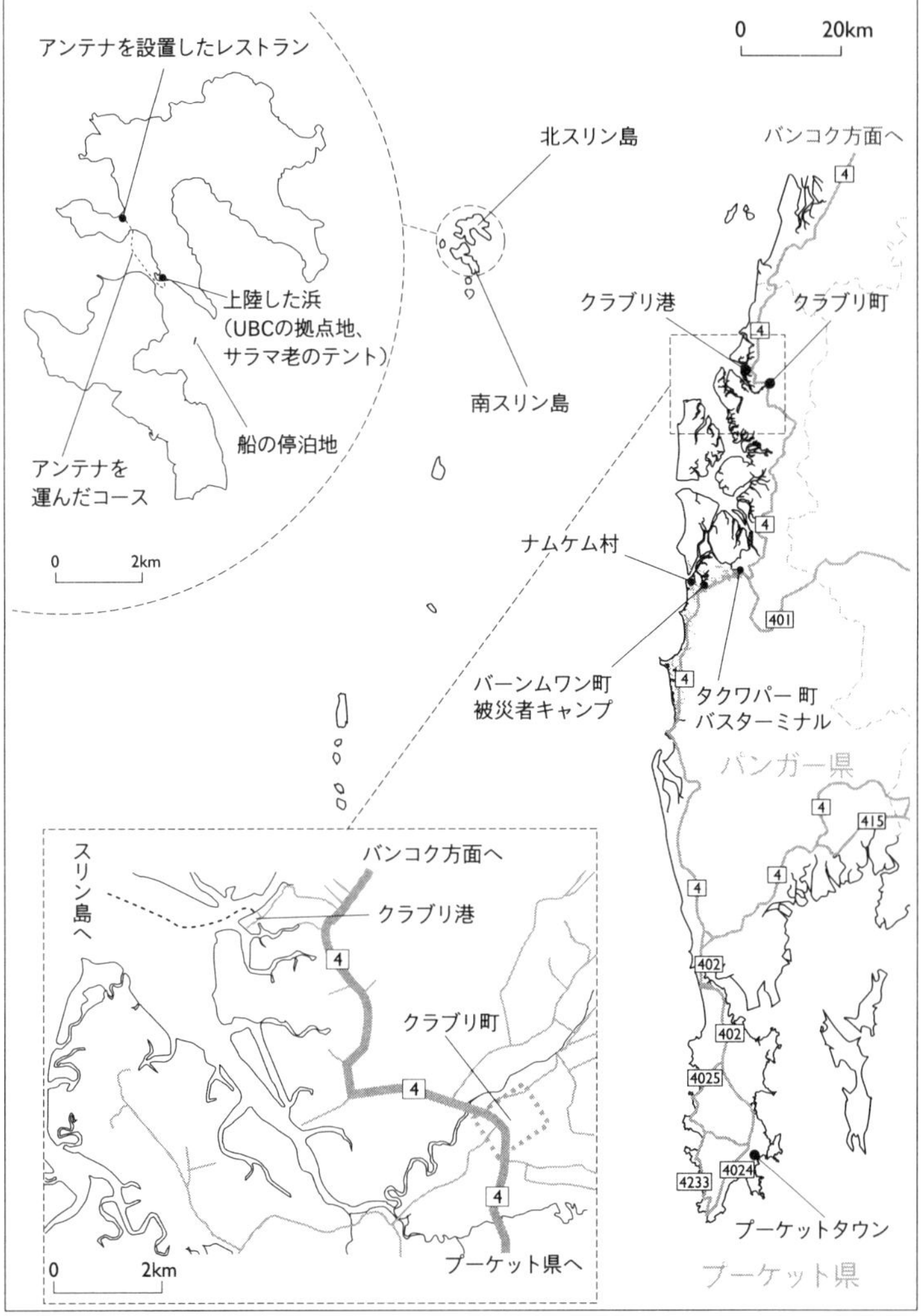

二〇〇五年一月一七日（月）

ビジネスじゃなく、ナムチャイ

六時少し過ぎに目が覚め、すぐにネットに繋ぐ。今日から自由だと思うと、気持ちに不思議な余裕があった。一通だけメールを書く。気分がハイだったせいか、被災者キャンプに一泊して歌ってきまーす、などというような内容になった。そして自分のブログに、今まで伏せていたが取材助手として津波被災地に来ていて今日で終わりました、というようなことを書く。そこまで書くと掲示板にどうでもいいことと、やたら威勢のいいことを書いてから食事に行った。最後のビュッフェだったので、思う存分胃の中に食べ物を蹴り込んだ。特にローストビーフとか、クロワッサンとか、これからの自分の食生活には登場しそうにないものを中心に食べまくった。部屋に戻って荷物をまとめてチェックアウトすると、時間は八時半くらいになっていた。私はホテルを出て、入口にいたポーターさんに、農民銀行はどこですか？　と聞く。

あっちの方、と指さされた方向に向かって私は歩き始めた。とにかくまず、今自分の腹に巻かれた貴重品袋の大金を銀行口座に入れる必要がある。こんな大金、危なくて持って歩けるわけがない。強い日差しの下を歩きながら私は車で通るときに実に多くの物を見過ごしていたことに気づく。アパートの前を通ると「貸部屋あります月二千バーツ」という貼り紙が目に入った。これくらいの部屋を一ヵ月借りて、電話線とデジカメさえあれば自分の金で取材したりすることも出来るだろうなと思う。やがて大通りに出ると、私は再び農民銀行の場所を聞く。農民銀行は数百メートル先にあった。私がバックパックを背負ったまま歩いてそこまでたどり着くと、私の身体にはすでに汗がにじんでいた。昨日までとは何もかもが変わってしまっていた。世界そのものが変わったみたいで、歩いて移動するという行為そのものが新鮮だった。

農民銀行の中に入ると私はすぐに預け入れ用紙を取って行列に並ぶ。時間はもう九時をとっくに過ぎていた。行動自体がなんだかゆったりしている。こんなんでちゃんと今日中にバーンムワン町の被災者キャンプまで行けるのかな、と思った。そのうち自分の順番が来たので、私は貴重品袋の中から一気に円とバーツの札束を出して両替し、三千バーツほど残して、残りの金額を口座に入れた。そこで携帯電話が鳴った。Hさんからだった。おはよーございまーす、と私は電話に出るなりそう言った。あの白石さんすいませんけど、昨日話を聞いたユース・コミュニティー・センターの役人の名前が……、とそこまでHさんが言ったときには、私はメモ帳を出してすでにその名前を探り当てていた。私は書かれている名前を言い、年齢は四十六歳、他に質問は？　と答えた。へ？とHさんは言う。私は、英文字での役人さんの名前のスペリングを読み上げていった。それが終わるとHさんが礼を言ったので、お願いしますよ、プロならちゃんとどこにメモしたか覚えておきましょうよ、と少し厳しい口調で言った。今日からはHさんと助手の関係ではないから、少しノリを変えてもいいと思ったのだ。Hさんは恐縮したまま、すみません、ありがとうございました。あの、また何かあったら電話するかもしれませんがよろしくお願いします、と言う。私が、電波が届く範囲内だったら大丈夫ですよー、と答えると、それでは失礼します、と言って電話は切れた。自分でも少し底意地悪い対応だなとは思ったが、私はHさんにいい記者になっていただきたいのだから、こういう対応もあながち間違いではないと思う。

九時半に大金を銀行に預け入れ終えると、私は気分も身体もすべて軽くなったような気がしていた。なにしろ私は普段現金を持ち歩かない。バンコク都内にはいたるところに二十四時間営業のATM機があるから、キャッシュカードさえ持っていれば困ることなんてほとんどない。バスターミナルに着くと、すぐにパンガー県タクワパーのバスターミナル行きのバスが見つかった。ノンエアコンのローカルバスだった。一〇時前にはこちらを出発して、一四時までにはタクワパー町のバスターミナルに着くらしい。私は即決して切符を買い、売店で水と新聞を一部買った。そして近くの屋台で、鶏胸肉の唐揚げ一切れと糯米《もちごめ》を買う。揚げニンニクもたくさん入れてもらった。自分がたっぷりと朝食をとってきたことはすっかり忘れていた。南部はやっぱりこれだな、と私は思う。タイの南部は概して鶏の唐揚げがうまい。おそらくイスラム教徒が多いせいだ。豚を喰えない人たちは鶏の美味い喰い方を知っている。朝、揚げたての南部唐揚げは絶品なのだ。

バスに乗り込むと窓際の席に座り、自分が背負っていたバックパックを抱きしめるように膝の上に乗せ、動き始めたバスの中でビニール袋に入った唐揚げを取り出し、糯米と一緒に手づかみで食べた。美味い。やはり美味い。どうしてホテルのビュッフェはこの唐揚げを出さないんだろうと思う。私はほとんど一気と言っていいほどその胸肉を自分の歯で骨から剝がしとり、糯米と一緒に嚙み砕いて嚥下した。そして残った骨の端をかじり、中の骨髄をすすると、脂まみれになった手を新聞紙で拭い、買ったばかりでまだきんきんに冷えているボイルド・ウォーターの水を半分ほど飲み干した。ようやくそれらしくなってきたな、と思いながらバスの窓から入ってくる風に当たっているると、いきなり眠くなった。おかしい。六時間ほど寝ているのにどうしてこのタイミングで眠くなるんだ？　と思ってその原因を探る。そして、じきにそれは朝食を満腹になるまでとった三時間後に、唐揚げと糯米を食べたからだという結論に達した。特に糯米は食べると著しく眠くなるのだ。三週間前までは毎日訳していたウドム・テーパーニット氏の本にもそう書いてあった。私はそう書かれていたタイ語の原文を思い出しながら、おそらく自分は今週中にバンコクの彼の事務所に戻って、翻訳の仕事を再開するのだろうな、と思った。

目覚めるとバスは町中を走っていた。その景色に見覚えはあったが、思い出すまでには十秒くらいかかった。タクワパーだ。そこはバーンムワン町の被災者キャンプをすでに通り過ぎ、ヤンヤオ寺院に向かう途中の道だった。やばい寝過ごした。時計を見ると一三時を過ぎている。私は、このまま被災者キャンプに行かずに北上してもいいかな、と思った。寝ぼけているときの私は結構、簡単に自分で決めたことをないがしろにしたりする。だがその瞬間、建物の塀にかけられている垂れ幕が目に入った。


一七日、『カラワン』コンサート　バーンムワン町被災者キャンプにて開催

その垂れ幕にはそう書いてあった。今日じゃん。私の中でこのまま北上しようかと思っていた気持ちが一気に吹き飛ぶ。私はやはり被災者キャンプに行かなければならない。なんと言ってもカラワンなのだ。ンガーことスラチャイ・ジャンティマトンが来るのだ。これは外せない。

カラワンは、カラバオよりも先に出てきたタイ国フォークロックの第一人者で、ある意味七〇年代の民主化運動の象徴とも言えるバンドだった。メンバーは当時、政府の圧力から逃れるために、他の知識人たちと同じように何年か森に逃げ、それ以来三十年以上ずっと、社会性のある歌を歌ってきた。ンガーことスラチャイの発言や詩は邦訳されたものもいくつかあり、来日して度々コンサートをやっている。もうおそらく六十歳近いだろう。そのスラチャイが今夜、被災者のためにバーンムワンの被災者キャンプで歌うのだ。

私が乗ったバスは遺体の腐臭にまみれたヤンヤオ寺院の前を通り過ぎ、一三時半にタクワパー町のバスターミナルに着いた。私はバスから降りてすぐにターミナル内の雑貨屋へ行って水を買った。そして、他にも何か買おうと考えた結果、雑誌の棚から一冊の本を取り出した。それはギターのコードブックで、その表紙には『プア・チーウィット』(เพื่อชีวิต)というタイ語の文字が書いてある。それはタイにおいて音楽ジャンルとしてのフォークロックを表す言葉だった。直訳すると〝for Life〟「生命や生活、人生のため」という意味になる。私はふと、そのタイ語で「チーウィット」という言葉、すなわち英語における〝Life〟について考えはじめた。そのことは、タイ語を日本語に訳す上でたびたび気になっていた。日本語にはタイ語における「チーウィット」に相当する言葉が三つもあるのだ。生命、人生、生活。この単語を目にする度に、私はそれが日本語にするならどれが最もふさわしいのか考えなければならなかった。

その本の表紙にはエート・カラバオやポンシット・カンピー、そしてンガー・カラワンことスラチャイ・ジャンティマトンなどの写真があった。私はもしかしたらあのアルバムの曲が、もうこうしてコード本になって売られているのかと思いページをめくってみた。だが、そこに載っている曲はどれもこれも彼らのスタンダードなヒット曲で、『サプ・ナムター・アンダマン』は見あたらなかった。でも私は、これでもいいかな、と思ってその雑誌を買った。

とりあえず私はターミナルに停まっていたバスの中から、カオラック地区経由プーケットタウン行きのバスを見つけそれに乗り込んだ。走り出したバスは、再びヤンヤオ寺院の前を通りすぎて、しばらくするとバーンムワン町の被災者キャンプの手前にある国道脇の沼地に着いた。私はそこで降りると、沼の脇道をまっすぐに歩いてキャンプまで向かう。今まで何度となく車で入ってきたこの坂道を、初めて自分の足で登るのは新鮮だった。坂を登り切ると左手にバーンムワン町公社事務所の建物と、その前に平屋の屋根ほどの高さの盛り上がりが見えた。それは山に見えたが、近づいていくと山ではないことがはっきりした。衣類だ。昨日までは車で通りすぎていたから、こんなに大量だとは思わなかった。津波発生時から地上波のテレビ局は特別報道体制になり、各テレビ局が全国に支援を求めていた。その結果、これだけの衣類がここに集まっているのだ。一体トラック何台分なのだろう？　このキャンプにいる被災者が好きなものを選び取っているにもかかわらずまだこの量だ。子供が上に乗って落ちたりしたら危ないな、と私は思う。明らかな供給過剰だった。困っている人を助けようと思った気持ちがここで小山になっている。ナムチャイだ。全国のタイ人たちが心の水が尽きて困っているここの被災者に対して、自分の中にある心の水を分け与えた結果が今、私の目の前に山となって存在していた。

私は何百ものテントの間を通ってNGO管理事務所の方まで歩いた。そしてベンチに腰掛け、水を飲んだ。昨日少年を泣かせてしまったベンチだった。この間テントを貸してくれたNGO代表の姿は見えなかったし、また泊めてくれと言うのも気が引けたので、私はしばらく休んでから行動しようと思っていた。時間はまだ一四時前だった。プーケットを出てから四時間足らず。寝過ごしたことを差し引くと、ワゴン車で移動するのとそんなに時間的に変わらないな、と思う。突然、携帯電話が鳴った。出るといきなりHさんの声がした。昨日話聞いた塗り絵の子、とそこまでHさんが言ったとき、私はああまたか、と思い、名前ですか？　と聞く。いや、会社の方からどうしてこの色で塗ったとか、もう少し確認した方がいいって言われたんです、だから、あの子の連絡先調べられますかね？　とHさんは言う。私はそこまで聞いて、本当にこの人はついてるな、と思った。普通の助手なら仕事が終わってから取材先をぶらぶらしたりせずに、とっくに帰っているから絶対に無理だ。だが私は今、調べようと思えば行動できる場所にいる。おそらくHさんは私がバーンムワン町の被災者キャンプにいることを見越して電話してきたのだろう。私は素直に言うことを聞くのがしゃくだった。そもそんなもの、子供を泣かさずに聞いておけば良かったのだ。塗った色の理由を聞くくらいでは子供は泣いたりしない。まあ、いま被災者キャンプにいるから調べられないこともないですけど、あの子、ナムケム村に住んでるからそこまで行かなきゃならないんですよ、と私は言った。実際に行くとなると時間もお金もかかる。昨日までとは違って、クールな運転手さんが指示通りに運転してくれる涼しいワゴン車などはないし、取材の為の費用を持っているわけでもない。すみません、僕、これから飛行機に乗ってバンコクに行くんで、調べてから連絡もらえますか？　私の言葉に反応するわけでもなくHさんはそう言う。私は、いいですけど、明日からスリン島の方に行くから、それまでに連絡取れなきゃこの携帯、電波届かなくなりますよ多分、とHさんに言った。Hさんは再び、すみません。お願いします、とだけ言う。どうやらこっちの事情を理解しようとする余裕さえないみたいだった。私はとりあえず、わかりました、やってみます、と言って電話を切った。

ああクソうぜえ。私は正直そう思った。ナムケム村に行くにはさっき登ってきた坂を再び歩いて四号線に出て、何らかの交通手段を用いて村の入口まで行き、そこからまた何らかの交通手段に乗り換えて海岸沿いまで行かなければならない。早くても一時間半はかかる。よっぽど私は、数時間後に電話して、行ったけどわかりませんでした、とウソをつこうかと思った。ウソついたってわかりゃしない。だがしばらく考えて私は、バンコクに戻ってネットに接続したときに、この子供の塗り絵の記事が採用されているのがわかったらうれしいだろうな、と思った。私は腰を上げ、ユース・コミュニティー・センターに行った。そして子供たちの中に昨日の少年がいないのを確認して、そこにいた大人に少年がいるかどうか聞いてみる。すぐに、今日は来ていないし、土日しか来ないだろう、という答えが返ってきた。念のためにNGO管理事務所にも戻って聞いてみたが、ここにいる人ならともかく、仮設住宅に入った人がどこにいるのかはわからないという予想通りの答えが返ってきた。しかたがない。行くしかないようだ。私は再びもと来た道を沼の方に向かって歩き始めた。何百ものテントを背中にしながらキャンプの出口まで来て坂を下りはじめると、後ろから走ってきたバイクが私の隣で停まった。

兄さん、どこに行くんですか？　とそのバイクにまたがった、おそらくはまだ十代前半であろう少年が私に声をかける。ナムケム村です、と私は答えた。彼は、なら乗って下さいバイクの後ろに、と言った。私は、どうもありがとうございます、と言ってすぐに彼の後ろに乗る。正直、助かったと思った。この重い荷物を背負って国道で車を拾うことを考えると、バイクが拾えたことがありがたかった。たとえ片道何十バーツか出すことになったとしても、その方が気分的にはかなり楽だ。それに何より、国道をバイクの後ろに乗って走るのは涼しくて気分が良かった。兄さん日本人ですか？　と彼が運転しながらそう私に聞き、その声が前方からの風とともに私の耳に届く。そうです、と答えたあと私は、ナムケム村の人ですか？　と聞いてみた。すぐに彼から、そうです、という言葉が返ってきた。おそらく彼は被災者キャンプで暮らしていて、これからバイクで出かけるところか、もしくはナムケム村の仮設住宅に移っていて、何か用事があって被災者キャンプに来ていたかのどちらかだろう。詳しいことを聞こうかとも思ったがやめておいた、私にはまだ昨日子供を泣かせたことが引っかかっていた。

兄さん、ナムケムのどこですか？　と彼が聞いてきたのでとりあえず、役人さんたちがいるところに行ってもらえますか？　と答えた。バイクは村に入ると打ち上げられたままの漁船脇を通り、まだ小さい瓦礫や土埃が被さっている道を走って、海が見えるところまで来た。たぶんここです、と彼が言ってバイクを停めた場所はドアがない建物の前で、机が出されていた。テーブルに座っているのが役人らしく、他にも何人かの人が集まっている。奥にはパソコンがあって表計算のソフトが開かれていた。おそらくここで住民のデータを整理しているはずだ。私は壁に掛けてあった真新しい時計を見る。時計は一四時半を指していた。

私は役人さんに近づき、塗り絵少年の名前を告げ、住所を教えてほしい、と言った。私のメモ帳には、少年の両親の本名が記してあったので、住所はすぐに見つかった。しかし、それは津波が来る前に少年の家族が住んでいた住所でしかなかった。あっちの方の仮設住宅にいるはずだ、と役人は南側を指差しながら言う。そこは私たちがバイクで通ってきたときに見た仮設住宅ではなかった。どうやら、どの家庭がどこの仮設住宅に入っているかどうかのデータはここにはないらしい。私はこれ以上は無理だな、と思った。何百世帯もあるのに虱潰しに当たれるわけがない。私は一応その津波が来る前に少年の家族が住んでいた住所をメモして役人に礼を言った。バイクに戻ると少年は、じゃあ兄さん行きましょう、と言う。少年は私と役人の会話を聞いていたらしく、仮設住宅に行く気満々だった。私が後部座席に乗ると、バイクは瓦礫がのけられただけの埃っぽい道をしばらく走って仮設住宅に着く。私はすぐにバイクを降りて、そこにいた人に少年の父親と母親の名前を告げた。タイでは、こういうときは非常に面倒だ。本名がわかっていてもニックネームがわからない。タイ人同士はニックネームで呼び合うことが多いから、ご近所同士でも本名を知らないということが十分あり得るのだ。私はその、三列ほど長屋状に建てられた仮設住宅にいる人たちに聞いてまわる。とにかく聞いてまわるしかない。父親の名前と母親の名前、そして探しているあの子の名前を、全部で十人くらいの人に聞いてまわったが、誰も知らなかった。

私はもういいや、と思った。ここまで調べたんだしHさんへの義理は十分果たしている。津波前に住んでいた住所はわかったたし、それさえ伝えておけば、Hさんが本当に使いたい情報ならバンコク支局の方で調べてもらうだろう。支局はそのためにタイ人を雇っているのだ。第一、親切心でバイクに乗せてくれたこの少年に、いつ終わるともわからない人探しをさせるのは忍びない。ありがとう、と言って私がポケットに手を入れてお金を出そうとした瞬間、少年は、被災者キャンプまで送っていきますよ兄さん、と言った。私は不思議に思って、ナムケム村に用事があったんじゃないの？　と聞く。少年は、いやないですよ、と言った。そして、どうぞ、と言ってバイクにまたがった。わけがわからなかった。この少年が被災者キャンプに住んでいるのか、それともナムケム村の仮設住宅に住んでいるのかがよくわからないのだ。一体この少年はどこからバイクに乗ってきて、どこに向かう途中で私を拾ったのか？　後部座席に座ってそのことを考えていると、バイクは一五時二〇分頃バーンムワン町の被災者キャンプに着いた。私はバイクから降りると、すぐにポケットに手を入れ、青い紙幣を一枚と緑色の紙幣を一枚ずつ、ありがとうございました、と言って少年に差し出した。プーケットからタクワパーまでのバス代よりは高い金額だったが、ここからナムケム村までの往復の運賃としてはそんなに高いと言えるような金額ではなかったし、何よりも私は少年に感謝していた。少年は笑顔を真顔にして私の方を見つめ、小さく小刻みに首を振ると、気にしないで、ナムチャイだから、と言ってすぐにバイクをスタートさせた。走りながら少年は一度だけ私の方を振り返って手を振り、そのまま滑るように坂を下っていく。私は慌てて紙幣を持ったままの右手を少年に向かって振り、ありがとうございましたー、と大声で言ったが、私のその声が彼に届いたかどうかはわからない。

　私はひとりそこに残されたまま、わけがわからずにいた。どうして私が被災者に情けをかけてもらっているのだろう？　恥ずかしさと共に、私はHさんに対して無性に腹が立ってきた。私の手元には塗り絵少年の、津波に遭う前の住所があったが、それを私が手に入れるまでにこんな風にバイク少年の心の水を分けてもらっていることなんて、Hさんは知るはずもない。Hさんはただ単に何とかしてくれるだろうと思って携帯電話で頼んでいるだけに過ぎないのだ。それを考えるとさらに腹が立ってきた。電話があってからすでに一時間半以上が経過していた。あれからすぐに飛行機に乗ったはずだから、今頃はもうバンコクに着いているはずだ。私は何て言ってやろうか、と思いながらHさんに電話する。だが、電話には誰も出なかった。

私は再びテントが並べられたキャンプの中を歩き、センターのところまで来ると、もう一度Hさんに電話したが、Hさんは出なかった。私はしばらくしてから電話することにしてユース・コミュニティー・センターのテントに行った。そして、泊まったときにギターを貸してくれた西洋人青年に、これあげるよ、タイのフォーク・ソング、と言って『プア・チーウィット』のギターコード雑誌を渡した。子供に指差してもらいながら歌ってもらえば弾けるでしょ、と言うと、彼は少し私の言っている言葉の意味を考えてから笑顔を見せ、ありがとう、と言った。私はテントをあとにすると、NGO管理事務所の裏手の方に歩いた。そこからギターの音が聞こえたからだった。そこには高校生くらいの青年たちが集まってギターを弾いていた。かなり巧い。私は彼らの前では調子に乗って弾いたりしないようにしよう、と思った。そこには塗料が入った缶や、いくつかのタライが置いてあり、そのまわりにはカラフルに染められた布が干してある。そしてその布には〝TSUNAMI〟〝KHAO LAK〟などの英文字が書かれていた。染め物を作っているのだ。

ギターを弾く青年たちに混ざって歌っていると、いろんな質問が私に投げかけられてきた。私は昨日までは日本の報道の手伝いをしていて、今日からはひとりでここに来ている、と正直に答えた。そこにはひもで縛る長いパンツを穿いた男性がいた。長髪のやせたタイ人で、明らかにここにいる青年たちとは雰囲気が違う。年齢は私と同じか、少し上くらいかもしれない。話しているとやがて、彼が染め物を教えにここに来ているということがわかった。船をなくして仕事がない人たちのために職業指導をしているのだ。キャンプ内には他にも、荷物を縛る堅いビニールのひもでカゴを作っている女性たちがいた。私は彼に、ボランティアですか？　と聞いてみた。彼は、いや、仕事だ、とはっきりと言った。どこかの団体に雇われて来ているのだろう。なんかいい男だ、と思った。そしてなぜか私はHさんに電話しなければならないことを思い出した。私はすぐに電話してみたが、いつまで経ってもHさんが出るようすはなかった。

六コール、七コール、八コール、九コール、十コール。耳元で遮断されることなく呼び出し音が鳴り続ける度に、私の中で憤りが募ってくる。私は一度電話を切るとホテルに電話をかけた。Hさんが今日からチェックインしているホテルだった。Hさんは会社を経由して予約を入れていたから、三週間前、Gさんと対面したホテルと同じなのだ。フロントが電話に出るとすかさず私はHさんの名前を告げて部屋に繋いでもらう。

六コール、七コール、八コール、九コール、十コール。呼び出し音は途切れることはなかった。おそらく今、ホテルの部屋にはいないのだ。私の怒りはかなりの強度に達していた。人に調べもん頼んでおいて電話に出ねえとは何事だ。というか頼んだからにはてめえの方から電話してこい。調べてほしいって言うからわざわざナムケム村にまで行ったし、少年が親切でバイクに乗せてくれたというのに。私は深呼吸して怒りを抑えながらHさんが電話に出られない理由を考えてみた。まず考えられるのは、時間が経つにつれて私に頼んだ情報が必要でなくなったために、私からの電話をウザく思っていて居留守を決め込んでいる可能性。次が電話の調子がまた悪くなっている可能性。そして最後に本当にタイミングが悪くて電話に出られない可能性。だが、どちらにせよ私にとってはHさんが電話に出ないという事実には変わりない。
一七時近くになり、あたりが暗くなってきていたので、私は沼に近い広場の方に行ってみる。そこには六畳から八畳ほどの小さな舞台があり、楽器のセッティングなどがはじまっていた。ここで今日、カラワンがコンサートをやるのだ。そこは階段一段か二段ほどの高さの舞台で、とりあえず作ってみた、といった感じだった。舞台の近くに垂れ幕が吊してあり、

全世代芸術文化事務局と海軍の合同により、津波被災者激励のために「プア・チーウィット」のアーティストを招待できました。
於　バーンムワン町公社臨時ステージ
仏暦二五四八年一月一七日　一七時〜二〇時
地域共同体FMラジオ　一〇五・七五メガヘルツにて生中継
海軍は民衆を支援します。

と書かれている文字が見えた。だんだんと人が集まってきてはいたが、開始時間の一七時を過ぎてあたりが暗くなりはじめても、まだコンサートがはじまる様子はなかった。小さな木造のステージのまわりには、飲み物や串焼きを売る屋台などが出はじめていた。ライトがくっきりと舞台を照らし、あたりを舞う羽虫の姿がその光を横切って飛ぶ姿が見え始めると、一八時を過ぎた頃、ンガーことスラチャイ・ジャンティマトンをはじめとするメンバーが舞台に上がった。私は、コンサートを待っていた何百人もの観客たちと一緒に地べたに座る。私のすぐ後ろに座っていたおばさんが、ここに座んなさいと言って自分が持ってきた敷物の少し余った部分を私に指し示した。私は

お礼を言ってそこに座った。

ステージのスラチャイは、まず観客に挨拶をし、三十年以上全国をコンサートで回っているけど、ここに来たのは初めてです、と言った。すぐに演奏がはじまる。曲名や歌詞などは知らなくても、半分くらいは聴き覚えのある曲だった。観客は目の前で本物のカラワンが演奏している歌を聴き、時には口ずさんだりしていた。ライトに照らされたステージの後ろは大きな建物が建てられている最中で、お坊さんを含め多くの人が一列に並んで屋根材やブロックをリレーしている。そのリレーするリズムは、いま私の目の前でカラワンが演奏している曲に合わせているようにも見えた。私が座っている場所からは、ちょうどステージの上にその建物の屋根が位置していて、上に登って屋根材を設置している人の姿が小さく見えた。それを見ていると私は、自分もあの列の中に入って建材をリレーしなければならないような気がしてきた。そもそも、被災者のために開催されているコンサートに、私のような外人がひとり紛れ込んでこうして座って聴いていること自体が、何か罰当たりなことのような気がする。だが私は、今この場所でカラワンが被災者に向けて発するメッセージを聴いておかなければならない。そう思っていた。

スラチャイは曲の合間に何度か、今日はビジネスじゃない、ナムチャイだ、と言った。そして、聴きたい曲があったら言ってくれ、何でも演奏するから、とも言った。時折、子供が無邪気に低いステージを横切ったりしたが、カラワンのメンバーは気にすることなく、いくつか寄せられたリクエストに応えて演奏を続けていく。私は、かっこいいなと思った。歌という言語表現はこういう形で、絶望に近い状況にある人たちを慰め、元気づけることが出来るのだと思う。カラバオのエートから声をかけられて作ったアルバムの中に収録されている新曲を歌います、と言ってスラチャイはギターを置く。そして歌詞を書いた紙を持って、流れはじめた録音と生演奏の曲に合わせて歌い始めた。初めて聴く曲だった。いきなり「大地が揺れ」という意味の言葉から歌詞がはじまる歌だった。同時にその言葉は「地震」も意味する。そして歌詞には何度も「アンダマン」という言葉がちりばめられていた。サビの部分で、スラチャイは、

♪あなたを愛し気づかおう　アンダマン♪
♪あなたの近くにいよう　アンダマン♪

と歌った。歌詞の全体はよく理解できなかったが、その内容がアンダマン海を擬人化し、これからもこの地で暮らしていく人たちのことを歌った歌だということは理解できた。

　痛いなあ、と私は思った。まわりを見ると何人もの観客が涙ぐんでいる。この歌はまさしく今ここでこの歌を聴いていて、これからもここで暮らしてゆく、ここの人たちのために作られた歌だった。すごく痛かった。多くの人が涙を流しながら歌を聴いているこの状況が痛いのではなく、自分がここにいてこの人たちと一緒に歌を聴かせてもらっていること自体が痛かった。

　二時間と少しでコンサートが終わると、私はステージ裏にいたカラワンに挨拶しに行き、ありがとうございました。感動しました、という言葉を添えてメモ帳を出した。この三週間ずっと取材に使ってきたメモ帳だった。今日ここでこのコンサートを見たしるしをこのメモ帳に残したかったのだ。スラチャイは笑顔でそこにサインしてくれた。お礼を言ってその場をあとにすると、思い出したようにHさんに電話をかけてみた。相変わらずHさんは携帯に出なかったし、ホテルの部屋に繋いでも出なかった。Hさんはあさってまではバンコクにいるはずだから、まあそれまでには捕まるだろう。とにかく、このまま日本に帰ってもらっては非常に気分が悪い。バイクに乗せてくれたあ

の少年のナムチャイがまったくの無駄になってしまうと思うとものすごく腹が立つ。歩きながらふと、私は自分が今夜寝る場所を決めていないことを思い出した。まあ、蚊には刺されるだろうが、最悪、NGO管理事務所のベンチで野宿させてもらえばいいだろうと思い、とりあえず事務所の正面に行ってみる。するとそこには百人以上の人が集まっていた。ざわざわという声が次第に大きくなって群衆はすぐに倍の二百人ほどの数になり、その中心に若い男性が立っていた。彼は手に持っている懐中電灯をマイクのようにして持ち、自分の顔を照らしながら演説のように大きな声で言葉を放ちはじめた。まわりには警官が何人か立っていた。

金持ちだから先に仮設住宅に入れるのか！　そういう意味の言葉が拡声器を通してはっきりと聞き取れた。カラワンのコンサートのせいなのかわからないが、その二百名は軽くいるであろう群衆は何かしら感傷的な雰囲気の中にいた。その言葉を叫んでいた男性はひとりの年輩の女性を自分の脇に呼び、彼女の肩を抱きながら、僕はナムケム村で生まれて、お母さんもナムケム村で生まれ、ずっとナムケム村で暮らしてきたんだ！　と叫んだ。私はそこまで聞いてその場を立ち去ることにした。どう考えても、私が野次馬的に聞いていいような話ではない気がしたし、聞きたくなかった。昨日までの助手をやっていた時とは立場が違っていて、自分ですべて見たり聞いたりするものを選ぶことができる。だから、出来ればこういったことには極力首を突っ込みたくなかった。それになにより、今の私は感傷で身体の中がぱんぱんに膨らんでいた。これ以上ここでナムケム村の皆さんの感傷や不満を受け入れたら、自分がパンクしてしまいそうだった。もういっぱいいっぱいだった。少し休まなければならない。私は逃げるようにNGO管理事務所裏手の、染め物の作業場まで歩いた。そこではコンサート前と同じように、青年たちと染め物の先生が座って話していた。そしてその真ん中にはギターがあった。染め物の先生は私が来たことに気づくと、座る場所を空けてくれた。

私はとりあえずその場所にバックパックを置き、水浴びしてきます、と言って着替えと洗面用具、貴重品などを持って水浴びに行った。

水浴び場は男女別に分けてはあったものの、屋根などはなかった。一応トタンの壁で便宜的に仕切ってはいるが脱衣所などはなく、木材に打たれた釘があるだけだ。私は貴重品袋や洗面用具を入れたビニール袋を釘に掛け、パンツ一枚になると、洗面器でポリタンクの中の冷水を汲み、頭からかぶった。バスタブや温水のことはもうすっかり忘れていた。そもそも今朝までの三週間が異常だったのだ。屋外で浴びる冷水は肌をきっちりと引き締め、この被災者キャンプで浴びまくった土埃をきれいに洗い流した。私から二十メートルほど離れた女子水浴所では、トタン一枚越しに水浴び用の布を身体に巻いたままの女性が水浴びしていた。一応構造的にはこちらが男湯であちらが女湯なのだが、色気もなんにもない。プールの男女共用シャワースペースで水着を着たまま水浴びをしているみたいだった。水浴びを終えると私は、再び染め物の作業場に行って座った。しばらくそこでギターに合わせて歌っていると、私の手にギターが渡された。私は少しだけ考えてカラバオの曲を弾いて歌う。一曲歌い終えると、そこにいる五、六人の男性たちがほめてくれた。上手いからほめたのではないと思う。おそらく、いいかげん飽きてきていたところに外国人が来て、タイ語の歌を一曲歌ったので物珍しかっただけだろう。しばらくそこで彼らと話していると彼らの中のひとりがポケットから小さな袋を出す。そしてその中から巻紙と乾燥された植物を取り出した。そしてそれを紙の上で揉みほぐしはじめた。

大麻草だった。

二〇〇五年一月一八日（火）

津波を予知した人たち

ほぐした葉っぱを丁寧に巻紙で巻き、その先に火を点けると明らかに煙草とは違う匂いがあたりに広がった。彼らはその大麻煙草を回しながら吸い、私の方にも回してきた。私は、煙草があるからと言って、プーケットで買った刻み煙草を出して巻き、それに火を点けて吸った。何十メートルも離れていないNGO管理事務所の前に警官がいるのに、違法な植物を摂取する勇気はなかった。彼らはそういったことを恐れている様子はなく、大麻煙草を回し続け、雰囲気は次第に緩やかなものになっていった。よくよく考えてみれば人々が寝静まった頃に大麻を回している彼らを、警察がとがめたりすることはないだろう。とがめるはずはない。自分の家をなくして、もう三週間以上もテントで暮らしているのだ。大麻くらい吸わせてやってもいいじゃないか、と思う。彼らはギターを回しながら、順番に歌っていった。ひとりの、おそらく三十歳少し手前くらいの青年が歌うと、染め物の先生が、何て曲だっけ？　と聞く。彼が答えたが、私はその曲も歌手も知らなかった。そして、妻とよく一緒に聴いていた曲なんだ、と彼は言った。染め物の先生は、奥さんはどこで？と聞く。彼は、カオラックで、こないだ遺体が見つかったんだ、と答えた。目には涙が浮かんでいた。

一時過ぎに一同は解散になった。染め物の先生に、どこで寝るんだと聞かれ、私はどこかその辺で、と答える。何も考えられなくなっていた。何か深くて重い感傷にずっと押しつぶされているような感覚が続いていた。先生は、じゃあついてこい、空いてるテントがあったはずだから、と言って懐中電灯を持ち、歩いて空いているテントを見つけ出すと、ここで寝ろ、と言った。私はお礼を言ってテントの中に入る。ファスナーを閉めて寝ころぶと、結局自分はここで被災者に何かをしてあげることは出来ないんだな、と思った。テントの中で目を閉じると、建設中の仮設住宅の方からは相変わらず釘を打つ音が止むことなく続いていた。

朝目を覚ましてすぐに携帯電話を見る。時間は八時頃だったが、私は一瞬、ここがどこなのかわからなかった。目の前の青い布地が視界に入り、釘を打つ音が聞こえて、ようやく今自分が被災者キャンプのテントで寝ていることを思い出した。私は身体を起こし、あらためてこれからどうしようかと考えて、昨日自分がスリン島に行くと決めたことを思い出す。テントの外に出ると、昨夜の感傷が信じられないほど空は晴れていた。私は知っている顔に会うと挨拶をして、もう行きます、と言った。彼らは一様に、幸運を、と言ってくれた。染め物の作業場に行くと、そこは明るい朝の光に満ちていて、昨夜、自分が感傷に押しつぶされて座っていた場所だとは思えないほどだった。私は、もう行きます、ナムチャイをありがとうございました、と彼に言う。先生が、どこに行くんだこれから？　と聞いてきたので、私は、スリン島、と答える。先生は型どおりに、幸運を、と言って私を送り出してくれた。広場をあとにして坂道を下り四号線に出ると、そこでバスを待つことにした。バスでも乗合自動車でもなんでもいい。とりあえず公共の交通手段に乗るしかない。ひとりの女性がそこに立っていたので、そこが車を待つ場所であることは間違いない。だがバスも乗合自動車もなかなか来なかった。私は、来ないね、と言ってその女性と顔を見合わせる。すると被災者キャンプの方から下ってきたピックアップトラックが私たちの前で停まった。運転席から身を乗り出すように、中年の男性が、どこに行くんだ？　と聞く。私はタクワパーのバスターミナル、彼女はヤンヤオ寺院、と答えた。ヤンヤオ寺院の手前まで行くから、それでもいいなら乗りなよ、と運転手は言う。私はお礼を言ってトラックの荷台に乗り込む。彼女は助手席に乗った。昨日の少年といい、今日のこのピックアップトラックといい、ここの人たちはこうしてずっと助け合ってきたのだろう。荷台で感じる風は気持ちよく、私は対向車線を走る車の荷台に乗っている人たちと手を振り合ったりした。一〇時少し前にトラックはどこかの広場の脇に着いた。広場にはヘリコプターが停めてある。おそらく軍の施設なのだろうと思う。荷台から降りて運転席に座っている男性に合掌してお礼を言うと、男性は笑顔で、どういたしまして、とだけ言ってそのまま車を走らせ去っていった。助手席から降りた女性は、バスターミナルまでだったらバイクタクシーで十五バーツくらいだから、それに乗っていくといいわよ、と教えてくれた。おそらく何とかなると思った。こうしていろんな人のナムチャイに助けられながら、私は何とかスリン島までたどり着くのだろう。

道路の方に歩いていくと、バイクタクシーはすぐに見つかった。走り出した後部座席で風に当たっていると、しばらくして空気がはっきりと腐臭を帯びはじめ、右手にヤンヤオ寺院の尖った門と、その前に何台もの車が停まっているのが見えた。ちょちょちょちょっと停まって、と私はバイクタクシーの運転手にそう言った。左手に見覚えのあるワゴン車が見えたのだ。私とHさんが使っていたワゴン車だった。そして、そのワゴン車が停めてある雑貨屋のテーブルには女性記者と助手の青年が座っていた。

私はバイクを降りて、おはよーございまーす、と彼女たちに挨拶をした。彼女は、あらどうしたんですか？　と私を見て言う。いや、ここ通ってたら車が見えたんで、もしかしたらと思って、と答えると彼女は、ポンティップ博士に朝、そこで話聞けましたよ、と言った。私は、素晴らしい、と呟くように言った。私は隣に座っていた助手の青年に、インタビューできたんだってね、すごいね、と言うと、彼は少し照れたように、ありがとうございます、と言った。昨夜はどこにいたんですか？　と女性記者が聞いたので、バーンムワン町の被災者キャンプに泊めてもらってました、と答える。それよりも私はポンティップ博士に話を聞いたときのことを聞きたかった。インタビュー禁止の寺院内で、どうやって彼女に話を聞いたのか気になったのだ。女性記者は彼女が朝、食事をしに表のテントに出てくることを聞いて、そのときにインタビューしたらしい。素晴らしい、と私は再度呟く。女性記者は、こないだ白石さんが言った垂れ幕って、どこにあるんですか？　と聞いた。私は彼女と寺院の正面まで行き、門の奥に見える白い布に赤い文字で書かれた垂れ幕を指さして伝えた。しばらくすると、運転手さんが戻ってきて、私の姿を見て驚く。ここにいて幽霊怖くないの？　とからかうと、運転手さんはにやりと口だけで笑った。公営のバスが来たので、三人に別れの挨拶をして、私は飛び込むようにそのバスに乗った。

バスは十分ほどでターミナルに着いた。バスの車掌さんに、スリン島に行きたいんですけど、と聞くと、あそこからクラブリ郡行きのバスに乗りなさい、という答えが返ってきた。私は言われた建物に行き、クラブリ郡の港までのバスのチケットを買う。出発まではまだ二十分くらいあった。私は何をしようかと考えて食事をとることにした。ターミナルの屋台で唐揚げと糯米《もちごめ》を買い、少し迷ってから雑貨屋で象ビールを買った。食べながら、建物の入口に設置されていた地図を見た。地図と言うより路線図だった。ここタクワパー町からクラブリ郡までは国道四号線が一本あるだけなので、間違って別のところに行くようなことはないだろう。もしスリン島に行けなかったら、おそらくそのままバンコクに戻るんだろうな、と思った。私は、もうこれ以上いろんな現場を見たくないのかもしれない。食べ終えた骨をビニール袋に入れ、ビール瓶と一緒にゴミ箱に捨てると、持っていた水で鶏の脂にまみれた指先を洗った。そして思い出したように友人に電話して、これから携帯の電波が届かなくなるとブログのコメント欄に書いておいて下さい、とお願いした。津波発生当日にクラビ県から電話してきた友人だった。電話を切ると、もうひとり電話をかけなければならない人を思い出した。私はHさんの携帯電話に電話する。予想していたことだが、呼び出しの音だけが私の耳元で寂しく鳴り響いた。万一、携帯電話の調子が悪いのだとしても、着信記録は残っているはずだから、私にものを頼んでおきながら無視している可能性が高い。今の時間に部屋にいる可能性は低いとわかってはいたが、私は一応、ホテルの部屋にも電話してみた。だが、電話には誰も出なかった。

私はかなり頭に来ていた。わざわざバイクに乗せてナムケム村まで連れていってくれた、あの少年が軽く見られているような気がした。確かHさんはホテルを二泊以上予約していたはずだから、明日まではいるはずだ。だが、どっちにしろ私はもうすぐ電話が通じないアンダマン海の沖合に行ってしまう。明日、本土に戻ってきてからでないとどうしようもない。バスに乗ると、私は車掌さんにクラブリの港に着いたら教えて下さい、と頼み、前の方の空いた席に座った。ビールの酔いで眠くなるかと思ったが、バスが心地良く揺れながら走りはじめても、いっこうに眠くはならなかった。窓の外には白樺のような樹々が数多く立ち並んでいて、その幹には螺旋状の溝が彫られ、小さめの丼のような容器がくくりつけられている。ゴムの木だった。流れてゆくゴム林のむこう、右手に見える山々にはやんわりとした雲が空に吸い上げられようとしていて、夜の間にゆっくりと山に浸み込んだ水分が、太陽に照りつけられて昇ってゆき、再び雲になっているところだった。豊かな土地だ。おそらく、東北地方みたいに日照りで農作物に影響が出たりすることはないのだろう、ゴム林や山が途切れると、国道脇に店のようなものが建ち並んでいる場所に出た。ここがクラブリの町なのかもしれないと思い、車掌さんに聞くともう少し先だと言う。しばらく走った国道脇でバスは停まった。車掌さんに、ここで降りてあそこにいるバイクタクシーに乗りなさいと言われ、バスから降りる。時間は一一時四四分だった。私はバイクと交渉し後部座席に乗った。

スリン島行きの船が出ているかどうかはまだわからない。私の前でバイクのハンドルを握っている運転手さんに聞こうかとも思ったがやめた。バイクはすでに港に向かって走り出しているし、もし、出てないと言われても私は港まで行くだろう。この三週間、実際に行ってみなければわからないことだらけだった。現場の状況は日々変わっていく。昨日までは船が出ていなかったとしても、今日から出ることだってあり得るし、実際にタイの報道が入って取材しているのだから、何とかして島に渡る手段はあるはずだ。定期便が出ていなくても、予算が許す範囲内であれば、船をチャーターしたっていい。潮の匂いが近づいてくるにつれ、バイクの脇を流れる景色が徐々に変化してきた。町はところどころが崩れていた。この三週間、至るところで何度も見てきた破壊の光景だった。アンダマン海に面していて、標高が低い海岸は、例外なく巨大な海水のかたまりに激突されている。おそらく、このさらに北のラノーン県や、国境を越えたビルマ（ミャンマー）でも同様だろう。地底の形状によって海水の高さや威力は変わったりするだろうが、問題は、そこに人が住んでいるかどうかだった。津波が来た場所に人が住み、建物があればそこは分け隔てなく破壊される。建物がない場所は、じっくり見てみないと津波が来たかどうかなんてわからない。椰子の木などの樹木は、大量の海水に激突されたくらいで倒れたりはしないからだ。

バイクが右折して何かの建物の敷地内に入ると、その奥に多くの漁船が見えた。海だった。まわりの建物はところどころ壊れてはいるけれども、全壊している建物はそんなにはなかった。私はバイクタクシーに料金を払い、運転手さんに示されたレストランのような場所に歩いていった。その店の中には長テーブルが置いてあって、ツアー会社のカウンターとして機能しているようだったが、客を迎えるといったような雰囲気はなかった。私はテーブルまで歩いてゆき、スリン島行きの船は出ていますか？　と聞く。そこに座っていた女性は、今日はUBCが行くから船は出るわ、と言った。タイの大手ケーブルテレビ局だ。取材なのかもしれない。私はさらに、その船に乗ることが出来ますか？　と聞いた。彼女は頷いて乗船料を伝える。私は料金を払い、象ビールを一本とチャーハンを注文した。しばらくして運ばれてきたそれらの料理を食べながら、モーケン族には長老と呼ばれる人がいるんですか？　と彼女に聞く。彼女は、サラマ老って人がいて、その人がモーケンの村の長老なのよ、と教えてくれた。私は少し考えて、長老はお酒飲みます？　と聞いてみた。彼女は、飲むわよ大好きよ、と即答する。私はそこで度数四十度の焼酎大瓶を四本買い、さらに彼女に詳しく話を聞く。彼女の話によると、サラマ老はタイ語も英語も問題なく話せるらしかった。今日行くUBCのチームは三人くらいだった。ケーブルテレビの会社だからてっきり取材だと思っていたが、彼らが取材用の機材を持っている様子はない。彼らはいきなり現れた私を明らかに面白がっていて、いくつか質問してきた。私は、おとといまでは報道の助手をやっていたが、昨日からフリーで被災地の取材をしている、と答えた。UBCのチームは、寄付の品をスリン島に持っていくらしい。私はさらに象ビールを一本注文した。沖合六十キロだったら、少なくとも二時間はかかるだろう。出来れば酔った勢いでぐっすり眠りたい。

一四時前に船は出発した。全長二十メートルくらいだろうか、二階建てで上が操舵室になっていたが、本来なら座席となっている一階の部分が、棕櫚の葉で作られた屋根材で満たされていた。屋根材がなければ百人くらいは乗れる船だ。もしかしたらこの屋根材がUBCからの寄付の品なのかもしれない。操舵室の後ろとそのまわりには少しスペースがあるだけで、乗っている人間は十人もいなかった。操舵している船長が、おまえはここに寝てろ、と言って私を操舵室の後ろにある四畳ほどのスペースに入れてくれた。かなり酔っていると思ったのだろう。私はさっき飲んだ大瓶二本のビールにも船の揺れにも酔ってなかったが、確かに少し眠かった。私は言われるままにその場所に横になり、自分の荷物を枕にして目を閉じた。そして、無線で連絡を取り合う船長の南部方言や、無線機から聞こえる誰かがふざけて歌う声などを聞きながら眠りについた。

目を覚ますとあたりはだいぶ暗くなっていた。甲板に出るとUBCのスタッフが、ほら、あそこだ、と言って前方を指さす。その方向にはぼんやりと島の姿が見え、その姿は少しずつ大きくなっていった。時間を見ると一八時を過ぎていた。出発から四時間くらいだ。だんだんと島に近づいてゆくにつれ、あたりは真っ暗になってゆき、島の影さえ見えない暗闇の状態になってしまうと、船はエンジンを停めた。船員がライトで島の方を何度か照らすと、しばらくして何百メートルか離れた遙か遠くから、ひとつの灯りが船の方に近づいてきた。小さな舟だった。小舟が船の横につくと、私はUBCの人たちの指示に従い、自分の荷物を持ってその小舟に乗り込んだ。全員が乗り込むと小舟は再び島の方に向かって走り出す。夜なのに月明かりで照らされた海底がぼんやりと見えた。海水がものすごく澄んでいるのだ。かすかに見えた灯りの正体は、小さな電球と浜で焚き火をしている炎だった。小舟は岸まで百メートル近くを残して停まった。これ以上陸地には近づけないらしい。身を乗り出して水面を見ると、水深は四十センチくらいだった。遠浅なのだ。私は言われるままに荷物を持って小舟から降りる。慎重に、転ばないように。ビールの酔いは完全に失せていたが、一歩ずつゆっくりと歩いた。万一転んだりするとバックパックに入っているノートパソコンが水浸しになってしまう。海水がやがて足首の深さになり、乾いた砂の上に来ると、五人くらいの子供が焚き火の前にしゃがんでいるのが見えた。子供たちは不審そうに私を見ていて、その後ろには何十ものテントが張られていた。この人たちは先月の二六日から三週間ずっとテント暮らしなのだ、と私は思った。

一九時少し前に上陸して私はすぐに、テントの間を歩いて電灯の方へと歩いていった。そこには米やおそらくはセメントなど、津波が来てからこの島に運ばれてきたと思われる物資が積んであり、その前で何人かの若い女性が焚き火をしていた。私は彼女たちに、サラマ老はどこにいるんですか？　と聞いてみる。彼女たちからは、会ってどうするんですか？　という質問が返ってきた。私は、取材をしようかと思って、お酒でも飲みながらサラマ老と話をしたいんです、と正直に答え、手に持った四本の焼酎大瓶を示した。するとその女性は表情を変え、そんなにたくさんはあげないで下さい。サラマ老は明日も家を建てる仕事をしなくちゃならないんです。四本もあげたら全部飲んじゃって仕事が出来なくなります、と言った。私は、全部飲んじゃう人なんだ、と思いながら、ますますサラマ老に会うのが楽しみになってきた。彼女たちは私を不審に思っているらしくいろいろと質問してきた。私は自分が三週間、プーケットで日本の報道の助手をしていたこと、普段はバンコクで翻訳の仕事をしていること、ここのことを新聞で読んで取材をしたくなったことを聞かれるままに話した。彼女たちは、自分たちはユネスコの人間で、今現在ここにはユネスコとチュラロンコン大学が来てモーケンの人たちを支援していると言った。

とりあえず今夜は一本だけ持っていき、あとの三本は彼女たちに預けて、後日サラマ老に渡してもらうことになると、彼女たちはひとりの青年を呼んだ。ひょろりと背が高い若者で、ひもで縛るタイプの裾の長いパンツを穿いている。彼は、自分はチュラロンコン大学でモーケンの文化について研究していて、もう何ヵ月もここにいる、津波後、一度バンコクに戻ったけれど、再びここに来てボランティアをやっているんだ、と言った。そして、先月二六日からここで起こったことやサラマ老やモーケンのことなどを私に説明しはじめた。だが、私は気持ちが高ぶっていた。一刻も早く長老と酒を飲んで話をしたかったのだ。青年は、そう主張する私をあきれたように見ていたが、やがて懐中電灯を持ってテントまで連れていってくれた。青年がテントの外から声を掛けると、ひとりの老人が身体をテントから半分だけ外に出した。そして青年が、日本人が話をしたいって来てるけど、と言うと、ああ？　いいよ、と言ってテントの前にゴザを敷いて私を座らせてくれた。小さな老人だな、と私は思った。

これおみやげです、と言って私は持っていた焼酎のボトルをサラマ老に渡した。サラマ老は合掌をしながら、ありがとうありがとう、と言って受け取ると、テントの中からグラスを出してきた。私が座っているすぐ後ろには、背もたれのような形で一メートルくらいの高さに衣服が積まれている。全国から集まってきた寄付の品だ。私は焼酎の栓を開封し、グラスに酒を注いだ。半分ほど飲んでから、サラマ老はそのグラスを私に渡す。どうやらグラスはひとつだけしかないらしい。私はその、グラスに残っていた焼酎を一息で全部飲んだ。グラスに二杯目を注ぐと、サラマ老は大きな声で誰かの名前を呼ぶ。すると暗闇の中から、髭を生やした男性が出てきた。おそらく私と同じくらいの年齢だろう。サラマ老は、息子だ、と言って、焼酎を注いだグラスを息子に渡しながら、私にはわからない言葉で何かを言った。どうやら、この日本人が酒を持ってきた、というようなことを説明しているらしい。グラスを手にすると、息子さんは、ありがとう、とタイ語で私に礼を言った。年齢を聞くとサラマ老は少し考え、六十五歳、と答える。そして、私はさらにどうやって今回、津波から逃れたのか聞いてみた。サラマ老は、水がすごい速さで引いたからみんな高台に逃げたんだ、と言う。そうだろ？　と長老が同意を求めるように言うと息子は、うん、みんな逃げた。ダイビングに来てた外国人もみんな手を引っ張って高台に連れてったよ、日本人もいたよ、女の子がひとり、もう帰っちゃったけど、と言った。私はサラマ老と息子さんの話をメモする。酒盛りのようすを見て、何も問題はないと思ったのか、チュラロンコン大学の青年は、じゃあ僕は向こうに戻ってますから、と言って背中を向け、再びテントの間を歩いていった。

　どうして、潮が引いたら大きな波が来るって知ってたんですか？　と聞くと、サラマ老は、みんなナマット・ダのことは知ってるんだ。ちゃんと子供の頃から話を聞かされているから、と言う。「ナマット・ダ」ってその、大きな波のこと？　と聞くと、長老は、そうだ、と答える。彼らにはすでに言葉が存在していた。三週間前までこの国には、津波を表現する言葉がなかったというのに。タイではまず二六日から「鬼波」に相当する、「クルンヤック」（คลื่นยักษ์）というタイ語が用いられ、その後「鬼波ツナミ」――クルンヤック・ツナミ（คลื่นยักษ์สึนามิ）という言い方が標準的に使われはじめた。だが、よくよく考えてみればそれはタイだけに限らないかもしれない。英字新聞やＣＮＮを見ていても、災害発生から徐々に「ＴＳＵＮＡＭＩ」という呼び方が定着していった。経験として存在するから、日本には「津波」という言葉が存在したし、モーケンの人たちには「ナマット・ダ」という言葉が存在している。それそのものを定義する言葉さえもない未知のものから逃れることは困難だ。知っていて、すぐそばに在る海の変化を感じることができたからこそ、ここにいる人たちは、家をすべて潰されてもひとりとして命を落としていない。この島には携帯電話の電波も届かないから、何の情報媒体も警報も意味がなかった。それなのに何十年いや何百年も前からの言い伝えに基づき海の変化を読み取って津波を予測し、避難したのだ。

　もしかしたら情報媒体なんて、経験や、その経験から生まれた言葉がなければなんの役にも立たないのかもしれない。私は彼らの言葉に興味があったので、挨拶の言葉を聞いてみた。

ブンカーイ　＝　おはよう

アモン・カ　＝　こんにちは
アレタガ　＝　こんばんは

日本語と同じで三つあるんですね、と私はメモしながらそう言った。私たちが今、会話するのに使っているタイ語は厳密に時間を区別して挨拶したりはせず、基本的には英語の「ハロー」に相当する「サワッディー」しか使うことはない。何ヵ国語話せるんですか？　と私は聞いてみる。サラマ老は、モーケン語、タイ語、マレー語、英語だね、と答えるが、話の流れの中で筆談で質問すると、字は読めないんだ、と言い、でも、息子は読める。タイの学校に行ったからね、と自慢気に言った。私が息子さんの方を見ると、息子さんは無言で頷いてから一口ほど焼酎を飲み、グラスを私に返した。私は、昔は、いろんなとこに行って漁をしてたんでしょ？　と聞きながら焼酎を新しく注いでサラマ老に渡す。サラマ老は、くいっ、とグラス半分くらいを一口で飲み、昔はどこにでも行けたね、今はパンガーとクラビ、プーケットの三県しか行けないけど、昔はマレーシアとかインドの方まで行ったよ。インドには一年半くらいいたこともある、と言った。私は、一年半？　どうして？　と聞く。サラマ老は、逮捕されたからね、と言った。それいつくらいの話ですか？　と聞くとサラマ老は、四十歳くらいの時だね、すごく大きな貝があるんだ、一キロくらいの、それをこっちに持ってくるとすごくいい値段で売れるから、ずっと追っかけて探してたら捕まっちゃって、一年六ヵ月、向こうで禁固刑を受けてたよ、と言った。どうやって帰ってきたんですか？　と私はすかさず聞く。他国で領海を侵犯して密漁したらどうやって帰ってくるのか興味があったのだ。まさかタイ国の領海まで船を曳航していって、それでは釈放ですおつとめごくろうさまでした、というわけにはいかないだろう。

飛行機で、とサラマ老は言った。飛行機ってパスポートは？　と私が聞くと、ないよ、インドから飛行機に乗せられてバンコクまで帰ってきたんだ。そこからまた警察の車でこの島に戻ってきたよ、サラマ老は平然と言った。私は反射的に声を出して笑った。私の声に触発されたようにサラマ老と息子さんが笑い声をあげる。じゃ二十五年前だから、子供の時お父さんは一年以上家にいなかったんだ、と話を振ると、息子さんは微笑みながら、うん、そう、いなかった、と言った。私はヘンだ、と思った。なぜこの人たちは家を失ったのにこんなに明るく身の上を話せるのだろう。この親子の表情にはバーンムワン町の被災者キャンプにいる人たちのような影はなく、何もかもがナムケム村やプーケット島で被災した人たちとは違っていた。それは、この人たちが津波を予知できて、死者が出なかったことだけが理由ではないような気がした。私はサラマ老に再び、津波が来る前の様子を聞いてみる。

海面にあぶくのようなものが出て、潮がすごい勢いで引いていったから、ここにいるモーケンの誰もが、ナマット・ダが来ると思って、北スリン島と南スリン島のそれぞれ四ヵ所の高台に逃げたんだ。波はインドの方からまず来て、そして逆の方からもう一度、浜を横からさらうように来た、何メートルもある高い津波で、五十世帯以上が全部壊された、とサラマ老は言った。それで、誰も死ななかったんですね、と私が口を挟むと、サラマ老は、うん、誰も死ななかった。逃げたからね、と言った。私はこの島にはどういう人が来るのか聞いてみる。ダイバーもタイ人も来るけど、ビルマ人も来るね、とサラマ老は言った。ビルマの人と仲はいいんですか？　私が質問を続けるとサラマ老は、ビルマで捕まると殴られるからイヤだ、と言った。もしかしたら、最近でもまだ密漁していたりするのだろうか？　と私は思ったが、そのことは聞かなかった。どう考えても無意味だった。生まれる前からこの海で自由に漁をしながら、あちこち転々としてきた人たちなのだ。領海や国境という概念は、モーケン族の文化が成立したあとに定められている。そんな人たちに国境などという概念をきっちり定着させるのは無意味だと思ったのだ。

サラマ老は少し考えて、あ、でもビルマの酒は美味いよ。度数が強くてね。火を近づけると燃えるんだ、と言って私に焼酎が入ったグラスを渡した。私はなんかうれしくなってグラスの焼酎を一気に飲み干し、新たに注いで息子さんに渡した。かなり酔っぱらって気持ちよくなっていた私はサラマ老に、実はあと三本焼酎を持ってきたんです。でも家を建てる仕事に差し障りがあるから、今夜は一本だけです、残りはユネスコに預けてきました、と打ち明けた。サラマ老はすぐに、じゃあもう一本持ってきて飲もう、と言う。いやダメですよ、家を作るのが先でしょ、二本飲んだら仕事にならないじゃないですか、と私が言うと、サラマ老は少しすねたような表情を見せた。本気ですねているようだった。私は少し考えて鞄の中から適当な紙切れを出し、その紙切れに、

ユネスコ銀行お酒カード
家の建設が全部終わったら、預けたお酒を三本、サラマ長老に渡して下さい。
白石昇

とタイ語で書いて息子さんに渡す。息子さんはそれを見て私が意図していることが理解できたらしく、小さな声を上げながら笑った。

ここにいるのは全員モーケンなんですか？　と聞くとサラマ老は、そうだ、と頷いて、浜に繋いである屋根つきの船に住んでいるのが百パーセントのモーケンだ、と言った。国民登録証はあるんですか？　と聞くと、自分は持ってるし息子も持ってる、でも、ここにいる全員は持っていないし、

船に住んでるモーケンは持っていない、と言う。私は、この人たちはタイ国民としてはいろいろと難しい立場なのだろうなと思った。瓶に残った焼酎を空いたグラスにすべて注ぐと、私は一口だけ飲んでから、サラマ老に渡した。サラマ老は目を細めながら、それを一気に胃の中に嚥下する。酒が終わったからもうこれくらいでいいだろう、と私は思った。まだいろいろと聞きたいことがあるような気がしたし、それよりももっと他愛もない話をしたい気持ちもあったが、私は合掌をしながら、ありがとうございましたと言って立ち上がった。

サラマ老は、ありがとう、と言って私を見送ってくれた。暗闇に目が慣れてはいたが、焼酎の酔いのせいか、私の足は少しふらついていた。焚き火のところにいたチュラロンコン大学の青年が、私に気づいて立ち上がる。私が、ありがとうございました、話が聞けました、と言うと青年は右手を横にして大きなテントを指さし、このテントが空いてますからここで寝て下さい、と言った。私は合掌しながら再び礼を言って、とりあえずバックパックだけをテントの中に入れ、トイレに行くことにした。

どこにトイレがあるのかわからなかったが、電球の明かりがついている方を目指して海とは逆の方に向かって歩く。発動機のブーンという低い音が近づいてきて、UBCのスタッフが食事しているのが見えた。そこにはテーブルがあり、その前にある建物には電気が引かれていた。家は他と同じように壊れてはいたが、綺麗に掃除してあり、トムヤムやカレーなど、普通の食事が出されている。トイレはすでに修理され、真新しい便器が備え付けられていた。トイレから出てくると、UBCのスタッフが私を呼び、飯食うか？　と聞いてきた。テーブルにはたくさんの料理が余っていて、スタッフの人たちはもう満腹といった感じだった。私は合掌して礼を言い、椅子に座る。すぐに皿に盛られたご飯が運ばれてきて、私が食べはじめると、スタッフのひとりが、サラマ老と酒飲んできたの？　と聞いてきた。私が、ええ、と答えると、ニュースになりそう？　と聞く。そう聞かれて私は、自分が聞いた話を誰に向けてどこに発表するのか、まったく考えてもいないままここに来てしまっていることに気づく。ここで今日サラマ老と話したことを書いて、すぐに何らかの形でニュースとして流すことは難しいだろう。私自身が、今まで三週間プーケットにいて、その後どういった理由があって、その仕事を終えたあとここまで来てしまっているのか、自分でもよくわからないままだった。そんな状態でここの状況だけ切り取ることは難しい。スタッフの人たちには、フリーの報道だとか、プーケットで日本の報道助手をやっていたと言ってはいたが、私は実際のところ、自分が何のためにここまで来たのかはっきりしていなかった。

私は考えながら目の前の皿に乗せられていた甲殻類を手に取った。蟹のような形だったが、なんとなくうちわエビにも似ていた。だがそれは間違いなく蟹で、見たことがない種類の蟹だった。私は、その蟹の甲羅をパカリと開け、指で蟹味噌をすくって食べてみた。普通の蟹よりも少し多めの味噌で、濃い味噌の存在感がしっかりと感じられる。美味い。私は顔を上げて、この蟹がおいしいってことはニュースになりますね、と言うとスタッフの人たちは笑った。余っていたらしく、とにかく食うようにすすめられたので腹一杯食べ、食べ終えるとスタッフの人たちにお礼を言ってテントに戻った。横になるとテントの中は砂だらけでざらざらしていたが、すぐに気にならなくなった。すぐそばの砂浜から波の音がはっきりと聞こえる。今が何時なのかさえもわからなかった。携帯の電源を入れればわかるのだろうが、それさえもする気がおきなかった。波の音に耳を傾けながら私は、いくら何でも今再び津波があったら一発でみんなやられるだろうな、と思った。夜だったら潮が引いてもわからない。だが、そこまで考えて私はその考えが間違いであることに気づく。夜だろうが潮が引けば、海の上に係留している屋根付きの船で眠っている百パーセントモーケンの人たちが気づいて目を覚ますのだ。そうすればすぐにみんなを起こして逃げることが出来る。暗闇だろうがなんだろうが関係なかった。ここには人間による完璧な予知のための装置が完備されている。ここにいる限り、どんなに海が近くても命を落とすことはないだろう。いつも海のそばにいるこの人たちにとって、津波は逃げることが可能な災害なのだ。私は、だからみんな明るいのかもしれないな、と思った。

二〇〇五年一月一九日（水）

透明な海

瞼の裏が赤く染まっているのに気づいて目を開ける。昨日の暗闇が信じられないほどテントの中は明るく、光に満たされていた。携帯電話の電源を入れると、時間は八時を過ぎていた。私は何をするでもなく短パンを穿いて外に出た。外は晴れ渡り、昨日暗闇の中で見たときはよくわからなかった景色が、信じられないくらいの光度をまとっていた。青いテントが浜辺を満たしていて、砂浜の向こうには五艘ほどの屋根付きの小舟が係留されている。私はゆっくりと、砂をビーチサンダルで踏みしめながら海に入った。山奥の湧き水をそのまま流したみたいに海水は透明で、小さな魚が四匹くらいの群になったまま、侵入してきた私の足を避けた。足を濡らしながら屋根つきの小舟のところまで歩き、中を覗き込む。船の中は四畳半もないくらいの広さで、屋根の高さは大人がしゃがんで行動できるくらいの高さだった。小舟の中にはかまどが設置されていて小さな煙が上がっている。屋根の内部がくすんでいるところを見ると、この船はもう何年も生活拠点として使われてきたのだろう。私はかまどの前で火を見つめている若い女性にモーケン語で「アモン・カ」と挨拶をする。女性は数秒だけ無表情のまま私を見つめたあと「アモン・カ」と挨拶を返した。女性の脇に小さな子供がいたが、その子供は私の姿を見ると、逃げるように女性の陰に隠れた。タイ語話せますか？　と私は聞いてみたが、女性からは困ったような笑顔が返ってきただけだった。引き返そうと振り返り、しばらく歩いて再び砂浜にたどり着く。モーケンの人たちは、七輪に流木を入れて火を点け食事の準備をしていた。私は目が合った人たちに、アモン・カ、と挨拶していった。挨拶を返す人もいれば、黙って私の顔を見るだけの人もいた。そのまま米袋が入れられた建物の前を通り、昨日、UBCの人たちが食事をしていた家の前を通って、西側の浜に出た。そこにはUBCのスタッフが二人いた。おはようございます、昨日は食事、ありがとうございました、と私が言うと、彼らは、そんなの気にするな、と言った。彼らがそう言った瞬間、私は自分の腸に流動的な物体が流れ込む音を聞いた。やばい、と思った。本当にやばい。私の直腸はいきなり緊急事態になったが、昨日使ったトイレまでは百メートルくらいの距離がある。間に合わない、と思った。私は肩からさげていた鞄を砂の上に置き、いえーい、うみー、と叫びながら海水の中に駆けていった。出来る限りの全力疾走だったが、水深はいっこうに深くならない。私は遠浅の砂浜を呪いながら走り続け、何とか海面が腿のところまで来るとしゃがんで短パンをおろし、用を足した。そして何食わぬ顔で仰向けになり、さらに水深が深いところに向かって、何かをごまかすように浮いたまま移動していった。首を少し傾けると、私の直腸から放たれた物体が海面に小さく浮かんでいるのが見える。私は遠浅の砂浜と同じように、この島を取り巻く海水の、すべてをあからさまにしてしまう透明度を憎んだ。臀部をきれいに海水で洗うと、再び立ち上がる。かなり深くまで進んだと思ったのに水深はまだ胸までも達していない。私はゆっくりと歩き、犯行現場を迂回して砂浜に上がった。

私は、突っ込まれる前に何かごまかすような発言をしようと思ったが、何も思いつかなかった。二人が立っているところから犯行現場まではたかだか三十メートルくらいしか離れていない。この透明度だからもしかしたら私のあらわになった臀部もすっかり目撃されているかもしれなかった。考えてみれば彼らにとって私は、まったくもってわけがわからない存在だろうと思う。昨日いきなり港に来たかと思ったら、ビール飲んで酔っぱらったまま船に乗り込んできて船の中で爆睡し、島に上陸したら長老と焼酎飲んで酔っぱらい、飯を食わせるとただごとではないくらい食ったと思ったら、今日は朝から海で脱糞だ。自分で自分を客観的に見ても、とにかく恥ずかしい存在だと思う。UBCのスタッフは、目の前で目撃した私の行動には何ひとつ触れず、ほら、これ、見てごらん、と言って砂浜に落ちている物体を指さした。私はなんて優しい人たちなんだと思いながら、砂浜に視線を移す、珊瑚だった。文庫本くらいの大きさで、そんなに表面は滑らかではなかった。明らかに最近、海中から剝がされてこの浜にうち上げられたものだ。

九時過ぎに、反対側の海岸にテレビのアンテナを設置しに行くけど、一緒に行くか？　とスタッフに誘われた。昨日、食事をすすめてくれた人だった。行きます、と私は答える。私はテントに戻り、今着ている服を脱いで、新しい服に着替えた。そして塩水を吸い込んだ短パンと下着、Tシャツをテントの脇に干した。水浴びがしたかったが、おそらく現在、この島では真水が貴重なはずだから我慢することにした。明日かあさって、バンコクに戻ったらいくらでも好きなだけ水浴びが出来るのだ。今日一日浴びなかったからってどうってことはない。私は、昨日食事した場所より手前のテーブルに座って、スタッフの人たちから声をかけられるまで待つ。風が気持ちよかった。風だけではなく、光も潮の香りも、すべてが気持ちよかった。

ふと、木から木に大きな影が飛び移るのが見えた。その影は羽ばたきもせず、木の幹の低い部分に貼りつくように摑まり、じりじりとその木を登ってゆく。鳥だと思っていたがそうではない。鳥は木の幹をよじ登ったりは出来ないし、その動物は明らかに四本の足でしっかりと木の幹を摑んでいる。ムササビだ、と私は思った。よじ登っている前足の下に、振袖のような皮膚がぷらぷらと揺れていた。そのムササビはじりじりと木の、これ以上登れないほどの高さまで来ると、再び空中に身を投じた。凧のようにその身体を広げ、ゆっくりと空を滑って高度を下げながら昨夜ユネスコの人たちがいた倉庫の屋根に着地する。そして脇の下の皮膚を揺らしながら、再び屋根の脇に生えている大きな木の幹をよじ登りはじめた。私はそこに座ったままずっと、三回か四回、そのムササビが飛行する様子を見ていた。何のために木をよじ登って、また違う木に飛び移ってを繰り返しているのかはよくわからなかった。もしかしたら木の幹に餌となる昆虫とか木の実があるのかもしれないが、ムササビがそれをとらえて食べている様子はなかった。なんでそんなに意味もなく飛んだり登ったりしてるんだろう、と私は思ったが、よくよく考えてみると、おとといからの私の行動もそのムササビと変わらなかった。なんのために移動しているのかわからない。ただ、見たい状況があり、話を聞きたい人がいるから移動しているだけにすぎない。

スタッフの人に声をかけられ、立ち上がって浜まで歩くと、昨日のチュラロンコン大学の青年とサラマ老が立って船を待っていた。おう、家を建てるんだけどおまえも行くか？　とサラマ老は私に声をかける。私は、すみません。昼には帰らなきゃならないんです、と行って頭を下げた。サラマ老は、えぇえぇ？　行かないのお？　と残念そうな表情をしていたが、やがて迎えの小舟が来ると、青年や他のモーケンの男性たちと一緒に乗って行ってしまった。

私たちが乗る小舟もじきに着いたので、私はUBCと書かれたパラボラアンテナを持って海の中に入り、小舟まで歩く。他のスタッフの人は、チューナーと新しいテレビを抱えていた。大変だなあと私は思う。転んで落としたらすべてが終わりだ。四人で乗り込むと、小舟は南スリン島と北スリン島の間を通り抜け、私がさっき脱糞した入り江を右手にしながら、少し先の岬の方に向かう。走る小舟の脇に海底がはっきりと見えた。水が澄みきっている。この小舟のまわりすべてが、湯気のない大きな一番風呂のようなものだった。海底の魚も珊瑚も、光で少しゆがんではいるけれど、しっかりとその姿を目でとらえることが出来る。視線を沖に向けると、ずっとその透明な海水が水平線まで続いているような気がした。目の前には空と海とが交わる淡い線しか見えない。小舟はすぐに岬を右に折れ、砂浜にたどり着くと、砂浜まであと十メートル、というところで遠浅の砂に阻まれてこれ以上進めなくなった。私たちは再び、海水を踏みながらパラボラアンテナとチューナー、テレビを運ぶ。ここから少し歩くから、とスタッフの人が言ったので、私は彼らの後について歩いた。砂浜から続く道を歩いて森に入ると、そこはジャングルのような山道だったが、あちこちのくぼんだところによどんだ水がたまっていて、かすかに潮の匂いがした。海水だと思った。津波はここまで海水を運んだのだ。何百メートルか森の中を歩くと再び浜に出た。あちこちが壊れてはいたが、そこにはバンガローやレストランのような建物があった。私は立ててあった地図で、このビーチの位置を確認する。おそらく、岬と森が防波堤のような役目を果たしたのだろう。しかしレストランに行ってみると、テレビがあった二メートル半以上の高さのところに喫水線が見えた。あの高さまで波が来たんだと私は思う。テレビの設置をはじめたスタッフに私は、これUBCからの寄付なんでしょ？　と聞いてみた。スタッフの人は、うん、そうだ、と答える。おそらくこの島では、無線機とラジオ、そしてこのテレビが、唯一と言っていいリアルタイムでの情報入手手段なのだ。このビーチではモーケンではなくタイ人らしき人たちがバンガローの再建に向けて活動していた。

私はふと、一ヵ月くらいここにいたら、いろんなことを気分良く忘れるだろうなと思う。それほどこの島の海と景色は明るく、美しかった。テレビの設置が終わると、私たちは再び森を通って浜に出た。浜には私たちが乗ってきた舟の姿はすでになく、コンクリートで作られた休憩所に座って待つことになった。そこには二人ほどの青年がいた。普通にジーンズとシャツを着ていたので、あなたたちはモーケンですか？　と聞いてみる。彼らはすぐに、いや僕たちはクラブリの方から働きに来ている、と言った。彼らが持っていたギターでしばらく遊んでいると小舟が着いたので、私たちは再び透明な海を進んで、最初に上陸した浜まで戻った。時間はもう正午になっていた。テントがある砂浜に戻ってくるとすぐに私たちは荷物を持ち、再び小舟に乗った。昨日私たちが乗ってきた船は沖に停泊しているから、そこまで行って乗り移らなければならない。小舟から船に乗り移ると、船の脇にはもう一艘の小舟が横付けされていた。サラマ老が建設作業に出かけるときに乗っていった小船だった。荷物を操舵室の後ろに置くと、すぐに作業がはじまった。私もみんなと一緒に作業をすることにした。船に満載されている屋根材をその横付けしている小舟に積み込むのだ。

まず一階の客席に積んである屋根材を積み込む。屋根材は何百枚もあった。棕櫚の葉と竹で出来ている軽いものだったが、一度に持つのは四枚が限度だった。何人かで投げ入れるように積んでいくとやがて小舟は満杯になり、岬の奥までその屋根材を運んで行った。小舟は屋根材の重みでかなり低くなり、水面に沈みそうになっていた。やっているうちに汗がにじみ出てきて、汗をかいた身体に屋根材のかけらが貼りついてチクチクした。しばらくすると空になった小舟が軽快に海面を進んできて、再び船の脇にぴったりとくっついた。私たちは二階に上がって、そこから小舟に屋根材を落としていった。満杯になった小舟が再び空になって戻ってくると、また屋根材を落とす。それを何度か繰り返すと船に積んである屋根材はすべてなくなった。あのテントと同じ数だけ壊された家を新築するとして、だいたい五十軒分、今回運んだ分だけでまかなえるとは思えない。仮に今回、この船に五百枚積んできたとしても、十枚で一軒の家の屋根がまかなえるはずがない。おそらくこの船は、モーケンの人たちの家が元通りになるまで、何度も屋根材を積んで戻ってくるのだろう。船内の風通しがすっかり良くなった一三時過ぎに船は出航した。昨日と同じ体格のいい中年の船長が操舵する。船には、来たときのメンバーの他に、何人かモーケンの人たちが乗っていて、子供連れの母親が二組ほどいた。どこに行くんですか？　と聞くと母親はたどたどしいタイ語で、子供の具合が悪いから病院に連れてゆく、と言った。

私は昨日と同じように操舵する船長の後ろで横になって眠った。眠っていると私の後ろでカチャカチャという音が聞こえはじめた。ステンレスのレンゲが皿に当たる音だった。船長と他の乗組員が食事をはじめたのだ。私が起きたのに気づくと、船長が、食事だ、と言う。その輪の中に入ると私に皿とレンゲが渡された。私は合掌してお礼を言いながら、そのビニール袋の中からご飯とカレーが残されていた。ほとんどの人がもう食べ終えていて、私の前には大量のご飯とカレーをかけて食べる。鶏肉のカレーで豚肉は入っていない。船長たちはイスラム教徒なのだろうと思いながらひたすら食べた。考えてみれば私は朝起きてから今まで、何も食べていなかった。満腹になるまで食べてもカレーとご飯はまだ袋の中に余っていた。私は、船長に、ありがとうございました、と合掌しながら言って、階下のトイレに行き、そこに貯めてある水で食器を洗った。そして、戻ってくると再び操舵室の後ろで横になって眠った。

再び目を覚ますと、マングローブの林が少しずつ近づいてきていた。まだそう暗くはない。私は思い出したように携帯電話の電源を入れてみる。電波は届くようになっていた。私はすぐに、Hさんの携帯に電話をしてみるが出なかった。ホテルにも電話してみたが、呼び出し音が再び空しく鳴り響くだけだった。たぶん早くて今夜、Hさんは日本に帰るだろうから、もうチェックアウトしたのかもしれない。向こうから連絡を取ってこない、ということは、私に頼んだことはもう必要ではないのだろう、おそらく連絡してもHさんにとっては役に立つ情報ではないのだ。だが、だからといって無視されたままなのは気にくわなかった。私は実際にHさんから頼まれてナムケム村まで行って調べたし、そしてその私を初対面の少年が何の見返りも求めずバイクに乗せてくれたのだ。

絶対に何かひとこと、言っておかなければ気がすまない。

船が岸に着くと、昨日と同じように旅行代理店の女性が座っていて、これからどこに行くの？と聞いてきた。私は、今夜、バンコク行きのバスがあれば乗りたい、と言った。彼女はすぐに、クラブリの町から一八時か一九時頃に出るバスがあるから、それに乗ればいいわよ、と言ってツアー会社の乗り合いピックアップトラックに私を乗せてくれた。車が進むにつれて風は涼しく、太陽は低くなっていった。じきにクラブリの町に到着すると、代理店でバンコク行きの切符を購入した。出発は一八時半。まだ一時間以上もある。私はふと、その代理店にファクスがあることに気づいた。そうか、バンコク支局の方にファクスを送っておけば、Hさんの手にナムケム村で調べてきた少年の住所が渡る可能性がある。私は受付にいた女性に、ここ、ファクス送れますよね？と聞いてみた。はい出来ます、という返事がすぐに返ってくる。私は手帳を広げてすぐに支局の電話番号を見つけだし、携帯でその番号に電話した。すぐに繋がったので、もしかしたら、と思い、Hさんの名前を告げてみる。はい、少々お待ち下さい、と言う声があり、しばらくして電話の向こうで、もしもし、と言う懐かしい声が聞こえてきた。

コイツここにいやがった。

私はいきなり、あの白石ですけど、人に調べもの頼んどいて電話に出ないってどういうことですか？と言った。受話器から、え？と言う声が聞こえる。Hさんは明らかに戸惑っていた。おそらく、今この瞬間まで自分がそんなことを頼んだことも忘れていたに違いない。何秒か間があって、すみません、と言い、上司からかかってきた電話に出るときと同じ声のトーンで、携帯の調子が悪かったんです、すみません、と言葉を続けた。ナムケム村までバイクに乗せてもらって調べに行ってきたんですよ、あの子の住所。仮設住宅何軒もまわって、結局わかんなくて、前住んでた住所だけしかわかんなかったんですけど、調べてきたんですよ。何様のつもりか知りませんけど、ひとに頼み事したなら、そっちから電話かけてくるべきじゃないんですか？　と私はさらに言葉を続けた。そう言ったあと、まあそれは無理だなと思った。Hさんは人に物事を頼んだまではいいものの、その頼み事がそれほど必要でなくなった時点でどうでも良くなるタイプの記者だということは、あらかじめわかっていたからだ。おそらく、バーンムワン町の被災者キャンプからナムケム村まで何の交通手段もなく、調べものをしに行くということがどれくらい手間がかかるかということも、大して考えていなかったに違いない。Hさんは、すみません、と繰り返し言った。私はさらに、一応住所メモしてきましたけど要るんですか？　要るならここからファクスで支局に送りますけど、と強い調子で言葉を続ける。

え、あ、う、すみません。出来れば欲しいです。お願いします、と電話の向こうでHさんは言う。これ以上言うと逆ギレするかな、と思ったが私の言葉責めは止まらない。ちゃんと相手の状況考えないとダメですよ頼んだらちゃんとあとから連絡入れるのも常識でしょ、ちゃんとやるべきことやっていい記者になって下さいね、と私はフォローにもなってないほとんど罵倒とも言える言葉を吐いたあと、じゃ、支局のひとにかわって下さい、ファクス番号聞くんで、と一方的に言った。Hさんは、わかりました、と言って電話を支局のタイ人に替わる。私は彼から番号を聞きながら、これくらい言ってもいいだろう、と思った。そうでなければHさんは今後、報道災害を起こしかねない。この三週間の私もそうだったが、目の前の取材対象を追っているうちに、人への対応が失礼になってしまいがちな仕事なのだ。特に、Hさんのように海外の取材現場で腕章だけ見せて中に入ろうとするような勘違いをしている人間には、このくらい言っておいた方がいい。

ファクス番号をメモすると、受話器の向こうのひとにお礼を言って電話を切る。そしてすぐにその旅行代理店から白紙の紙を貰い、タイ語であの子の住所を転記して支局に送った。その紙がファクス機を通過し、出力された送信記録を受け取ってお金を払うと、ようやく私は、この三週間の、自分の仕事がすべて終わったような気がした。

とりあえず飯にしようと思い、旅行代理店の脇にあった注文食堂に入る。私は思い出したかのようにタイスキはありますか？ と聞いた。もちろん、注文食堂には専門店のような電気鍋で作るタイスキなどはない。中華鍋の中で料理人があらかじめ材料をゆで、それをまとめてどんぶりによそった庶民向けのものしかなかった。私はそれを注文し、イカやエビ、豚に鶏、すべてを入れてもらう。普段、私がバンコクで注文するときには、こんなにたくさんの具を入れたりはしない。私は今、この二年近く手にしたことがないような大金を得て、金銭感覚がおかしくなっているようだった。明日からはバンコクで再び地道な生活に戻らなければならないというのに。私は自分が今回の仕事で得たその大金の意味を考えてみる。たくさんの人が命や家族、知人、住む場所や財産などを失ったのと引き替えに、私の手元にそのお金が残ったような気がした。確かに私はこの仕事のために三週間という時間を費やしたが、そのお金はその時間のために支払われているお金ではないような気がしたのだ。食事が終わると私はとりあえず近くにあったミニマートで大瓶の象ビールを買った。そしてそれを四口くらいでほとんど一気に飲み干した。

まるで西部劇に出てくる町のように、まっすぐな国道四号線の両脇に店や住居が建ち並んでいる夜のクラブリ町は、道脇から明かりが湧き出しているみたいに国道をそこだけ光に染めていた。たとえばここで民間のエアコンバスではなく、タクシーでバンコクに戻るということだって今の私には可能だ。私の貴重品袋には農民銀行のキャッシュカードが入っていて、目の前の国道を横断して銀行前のＡＴＭ機にそのカードを突っ込み暗証番号を入力すればそのくらいのお金は出てくる。飲もうと思えば象ビールの倍くらいするハイネケンの大瓶だって何百本も飲める。

だが、何かが違うような気がした。そして、いくら考えてもどう違うのかはわからなかった。ただ、わからない、ということだけが理由もなくはっきりしていた。そして、これからずっと私は、そのことについて考えなければならないということもはっきりしていた。

私は飲み終えた象ビールの瓶をゴミ箱に入れた。もう一本くらい飲もうかな、と思ってミニマートに近付くと、旅行代理店の女性が「バスが来たわよ」と教えてくれた。私は置いていたバックパックを背負い、指示されるまま国道を横断して、向こう側に停まったバスに乗り込む。

空席に案内されて座ると、隣に座っていた若い女性が私の方を見て少し顔をしかめた。私はそこで初めて自分が今朝から海水や、棕櫚の葉の屋根材にまみれたにもかかわらず水浴びしていないことに気づく。それだけではない、さっき象ビール一本飲んだからさらに酒臭い状態なのだ。すみませんごめんなさい、明日の朝、バンコクの南バスターミナルに到着するまでの辛抱です、すみません、とそう思ったものの、そのことを口に出すことは出来なかった。

動き出したバスの中で車内の電気が消えると、私はすぐに何かに引きずられるように目を閉じる。目を閉じると瞼がスイッチにでもなっているみたいに、私の後頭部の中心で『サプ・ナムター・アンダマン』のイントロが再生され、エート・カラバオの声が全身を満たしはじめた。その、自分の中から流れている歌を聴きながら私は、バンコクに着いたら、とにかく可能な限り知っている人に会おう、と思っていた。

巻末資料／註

*1……それぞれのデータ出典は以下のとおり。

- 発生時刻、震央、震源地、規模、余震域……アメリカ地質調査所（http://earthquake.usgs.gov/eqcenter/eqinthenews/2004/usslav/）
- 津波観測値……羽鳥徳太郎「2004年スマトラ沖地震の規模と屈折効果」（『津波工学研究報告』第23号 2006年 pp.35-40）
  なお、観測されたうちで最も高い津波は、都司嘉宣『スマトラ島地震津波の最大被災地・Banda Aceh市の調査結果』（2005年1月）（http://wwwsoc.nii.ac.jp/ssj/for_member/NL/v16n6/06.html）によれば、インドネシアのバンダ・アチェにおける34.9mである。
- 各国の被害者……Karl F. Inderfurth, David Fabrycky, Stephen P. Cohen, *The Tsunami Report Card*, Foreign Policy Magazine, December 2005, p. 3. (http://www.brookings.edu/views/articles/cohens/tsunami_dec2005.pdf)

*2……アルバム収録時に曲名が『サプ・ナムター・アンダマン』（アンダマンの涙を拭う）から『ナムター・アンダマン』（アンダマンの涙）に変更され、『サプ・ナムター・アンダマン』はそのままアルバム名となった。なお、試聴リンクは以下のとおり。

http://www.nicovideo.jp/watch/sm4832234

*3……試聴リンクは以下のとおり。

http://wacca.tv/m/1188

*4……カラワン関連日本語書籍

- カラワン楽団の冒険　生きるための歌（ウィラサク・スントンシー著、荘司和子訳、1983年、晶文社）
- カラワン・ソングブック（森下ヒバリ編、小野崎忠士・高岡正信訳、2004年、ビレッジプレス）
- 現代タイ名詩選（岩城雄次郎訳注、1997年、大学書林）

アンダマン……あなたのそばで《カラワン》[*4]（日本語訳詞）

作詞・作曲……………………………………トーンクラーン・ターナー
リードボーカル・ギター……………………スラチャイ・ジャンティマトン
サポートボーカル……………………………モンコン・ウトック
ヴィオラ・ギター・サポートボーカル………トーンクラーン・ターナー
ドラム・パーカッション……………………ウート・ヤンナワー
ベース・ピアノ・ミキシング………………モリ・ヒデキ
アシスタント…………………………………モチ
録音……………………………………………MORI STUDIO
日本語訳………………………………………白石昇

大地が揺れ響き
アンダマンは引き裂かれ嘆き悲しむ
愛する人と引き裂かれ
別れの言葉も残せないまま

津波が飛び込み
押し寄せて家を粉々に破壊した
死人が散らばる光景が
砂浜を処刑場に変える

おお　アンダマン　　　　おお　アンダマン
あなたは嘆き悲しみ　心を痛めしおれた心を癒す
全世界の人々がそれを知り　参加して来た
あなたの涙を拭う手助けをしよう
あなたを愛し気づかう　アンダマン
あなたの近くにいよう　アンダマン

空が曇ってやがて明るくなり　さらなる道をさがす
悲しみの場所が訪れて過ぎ去り　甦る心が戻って来た
あなたの涙を拭う手助けをしよう
あなたを愛し気づかう　アンダマン
あなたの近くにいよう　アンダマン

อยู่เคียงข้างเธอ . . . อันดามัน คาราวาน

(アンダマン……あなたのそばで／タイ語原詞)

คำร้อง, ทำนอง ทองกราน ทานา
ร้องนำ, กีตาร์ สุรชัย จันทิมาธร

ร้องประสานเสียง	มงคล อุทก
วิโอล่า, กีตาร์, ประสานเสียง	ทองกราน ทานา
กลอง, เพอร์คัสชั่น	อู๊ด ยานนาวา
เบสเปียโนมิกซ์เสียง	ฮิเดกิ มอริ
บันทึกเสียง	เจษฎา สุขะตุงคะ
ผู้ช่วย	โมจิ
บันทึกเสียง	MORI STUDIO

แผ่นดินไหวสะเทือนเลือนลั่น
อันดามันวิโยคโหยให้
ผู้ที่รักพลัดพรากจากไป
ไม่เหลือไว้แม้แต่คำบอกลา

สึนามิถาโถมกระหน่ำ
สาดซัดซ้ำบ้านเรือนแหลกสลาย
ภาพที่เห็นผู้คนเกลื่อนตาย
เปลี่ยนหาดทรายกลายเป็นแดนประหาร

โอ้ อันดามัน โอ้ อันดามัน
เธอปวดร้าวระทม ใจแหบล้มเยียวยา
ผู้คนร่วมรู้ทั้งโลกา ไหลหลั่งมา
ช่วยซับน้ำตาให้เธอ รักและห่วงเธอ อันดามัน
จะอยู่เคียงข้างเธอ อันดามัน (ซ้ำ)
ฟ้ามืดมาแล้วสว่าง หาหนทางสู่อีกหน
ทุกข์ผ่านมาแล้วผ่านไป พลิกฟื้นใจเราคืนมา
รักและห่วงเธอ อันดามัน จะอยู่เคียงข้างเธอ อันดามัน

アンダマンの涙（日本語カヴァー詞）[*3]

日本語詞・ボーカル…………白石昇
作曲・サポートボーカル……ユンヨン・オーパークン（エート・カラバオ）
ギター……………………………ユンヨン・オーパークン（エート・カラバオ）
　　　　　　　　　　　　　　コチョンサック・フタワッタナ（ミー・カラバオ）
キーボード……………………ルーチャイ・ガームソム（ドゥク・カラバオ）
ベース…………………………ソヤーボン・シントーン（ノーン・カラバオ）
録音……………………………センター・ステージ（2005年3月5日）

INTRO: | Dm | Dm | B♭ | Dm (2 Times)

Dm　　　　　　　　Gm
よどんだ空気に　ゆれる大地

　　　　Bb　　C　　　Dm
間に合うはずもない　考えたこともない

　　Dm　　　　　　　　　Gm
聞いてない　いままで　気にもかけてない

　　　　Bb　C　　　　Dm
津波だなんて　見たこともない

　　　　Dm　　　　　　F　　　　　Dm　C　　Dm
まるで悪魔が　ためらいもなく　すべて壊した……　津波

| Dm | Dm | B♭ | Dm (2 Times)

Dm　　　　　　　Gm
数え切れない　死体の山

　　Bb　　C　　　Dm
残酷な海に　大地はないた

　　Dm　　　　　　　　　　Gm
差別はない　関係ない　どこの誰でも

　　　Bb　　C　　Dm
自然の前では　人は砂粒

　　　　Dm　　　　　　F　　　　　Dm　C　　Dm
まるで悪魔が　ためらいもなく　すべて壊した……　津波

| Dm | Dm | B♭ | Dm (2 Times)

　　　Bb　C　　Dm　　　　　　Gm　　C　　　　Dm C Dm
アンダマン　楽園の海　止まらない運命に　引き裂かれた

　　Bb　　C　　　　　　Dm
何なんだ？　間に合わなかった

　　　　Gm　　　C　　　　Dm
あの海にやさしさを集めて流そう

　　　　Gm　C　　　　　F
あの海の涙を　やさしさで拭おう

Gm　　　　C　　　　　Dm
おぉ……　おぉ……　ツナミ

アンダマンの涙（日本語訳詞・白石昇）

作詞…………………ユンヨン・オーパークン（エート・カラバオ）
ティワー・サーラヂューダ
作曲・ボーカル……ユンヨン・オーパークン（エート・カラバオ）
ギター………………ユンヨン・オーパークン（エート・カラバオ）
コチョンサック・フタワッタナ（ミー・カラバオ）

考えもしなかった　夢に見たこともなく　間に合わなかった
空がよどんで　大地が揺れ動いた

直面したことがなく　見たこともなく　気にしたこともない
ツナミって何だ？　知ってるのはサシミだけだ

死神のようになだれ込んで来て砂浜を廃墟にし
全てを払い去り破壊する……ツナミ

想像したことなどなく　数えたこともない　多くの死体
大地は泣き続け　海は非情になる

誰だろうが　どこの国籍だろうが　例外などなく
自然の理の前では　人間は砂粒に過ぎない

死神のようになだれ込んで来て砂浜を廃墟にし
全てを払い去り破壊する……ツナミ

アンダマン　美しい世界の楽園が　巨大に引き裂かれなければならなかった
これは宿命なのだ

アンダマン　準備が出来ていなかった楽園に
やさしさの小川を流して　アンダマンの涙を拭おう
やさしさの小川を流して　アンダマンの涙を拭おう
おぉ……　おぉ……　ツナミ

น้ำตาอันดามัน (アンダマンの涙／タイ語原詞)[*2]

ไม่เคยคิด ไม่เคยฝัน ไม่ทันตั้งตัว
ท้องฟ้ามืดมัว แผ่นดินเลื่อนสั่นสั่นไหว
ไม่เคยพบ ไม่เคยเห็น ไม่เคยสนใจ
ซูนามิคืออะไร รู้จักแต่ซาชิมิ

มันมาดังวมัจจุราช ทุ่มโถมโทรมใส่ชายหาด
มันกวาดทุกสิ่งพินาศ ซูนามิ

ไม่เคยนึก ไม่เคยนับ สรรพศพมากมาย
แผ่นดินร่ำไห้ แผ่นน้ำไยเลือดเย็น
ไม่ว่าใคร ไม่ว่าชาติไหน ไม่มีข้อยกเว้น
ธรรมชาติถือกฎเกณฑ์ มนุษย์เทียบเท่าเม็ดทราย

มันมาดั่งมัจจุราช ทุ่มโถมโทรมใสชายหาด
มันกวาดทุกสิ่งพินาศ ซูนามิ

อันดามัน... สวรรค์บนโลกวิไลซ์
ต้องวิปโยคครั้งยิ่งใหญ่ นี่คือชะตากรรม
อันดามัน... สวรรคไม่ทันเตรียมกาย
ไหลไปเถิดธารน้ำใจ ซับน้ำตาอันดามัน
ไหลไปเถิดธารน้ำใจ ซับน้ำตาอันดามัน
โอ๋ย... โอ ซูนามิ

ร้องนำคำร้อง ยืนยง โอภากุล (แอ๊ด)
ทิวา สาระจูทะ
ทำนอง, ร้องนำ ยืนยง โอภากุล (แอ๊ด)
กีตาร์ ยืนยง โอภากุล (แอ๊ด)
ขจรศักดิ์ หุตะวัฒนะ (หมี)
โกโตะ ธนากร ธูปแล้ว (อ็อด)
อัดเสียง เซ็นเตอร์ สเตจ 29 ธ.ค. 47

巻末資料

インド洋津波（スマトラ沖地震）について[*1]

● 発生時刻	2004年12月26日7時58分53秒（インドネシア時間）	
● 震央	インドネシア、北スマトラ島西岸沖約160km	
● 震源地	北緯3度19分／東経95度51分24秒、深さ30km	
● 規模	モーメントマグニチュード（Mw）9.1	
● 余震域	1,300km×200km（震源からインド・アンダマン列島にかけて）	
● 津波観測値	バンダ・アチェ（インドネシア）	15～30m
	プーケット（タイ）	5～20m
	スリランカ南部	5～10m
	ビシャカパトナム（インド）	2.4m
	サララ（オマーン）	2.3m
	昭和基地（南極）	0.75m

● 各国の被害者（出典: Foreign Policy Magazine）

	死者・行方不明者	避難民
インドネシア	165,708	532,898
スリランカ	35,262	519,063
インド	16,389	647,599
タイ	8,240	6,000
モルジブ	108	21,663
その他	227	13,000
合計	225,943	1,740,223

謝辞

この文章は二〇〇五年一月二十日から二〇〇六年四月二十一日までメールマガジン『藝道日記』で連載されたものです。いったん書き上げたあと、二年半かけてバンコク、長崎、東京と移動しながら大幅に書き直しました。

連載中から読んでくださった読者の皆様には、励ましのお言葉や絶対に最後まで書けというほとんど脅迫に近いありがたいお言葉などをいただきました。最後までちゃんと書くことが出来たのは、ひとえにメールマガジンで最後まで読んでくださった読者の皆様や、ネットなどでお言葉を下さった皆様のおかげです。

出版に際しては藤田正さん、猫島礼さん、近藤樹子さん、中島マリンさんにご助力をいただきました。ドキュメンタリーとしては時期的に遅い、内容がシリアスすぎる、うちでは報道に批判的な内容のものは出せないなど、いろんな理由で十九社ほど出版を断られ続けましたが、このたび、ようやくなんとかなりました。

最終的にフリー編集者の小形克宏さんに編集、組版、版元との交渉など全面的にお世話になり、本の形にすることができました。第一稿を書き終えてから何の見通しも立たないまま、二年半もこの作品につきあっていただき感謝しております。小形さんと一緒にこの仕事が出来て本当に良かったです。

そして、このようないろんな意味でからみにくい作品を出版するという英断を下してくださった、めこんの桑原晨社長にも心よりお礼を言いたいと思います。

また、作中にも登場する被災者や亡くなった方々、現地で活動されていた皆様には、目に見えないたくさんのお力をいただきました。書いている間、ずっと誰かに急かされているような気がしてましたから。

第一稿を書き終えて日本に帰国するまで、ウドム・テーパーニットさんに生活と仕事環境の両面で支援していただきました。何年もお世話になりっぱなしですみません。

そしてなによりこの作品を書くきっかけとなった曲『アンダマンの涙』を作り、日本語版のレコーディングまでプロデュースしてくださったエート・カラバオさんには、いくら感謝しても足りないくらいです。

この本は、あなたの歌がなければ書かれることはありませんでした。

最後に、私という底意地が悪く生意気な助手を、最後まで使ってくださったGさんとHさんの二人に感謝の気持ちを記したいと思います。

私たちが四年前、現地から伝えきれなかったことを、もしこの作品で伝えることが出来たとしたら、私に機会を与えてくださったあなたたち二人のおかげです。

本当にたくさんの皆様にお力をいただき、この作品を書かせていただいたと思っております。

皆様、本当にありがとうございました。

平成二〇年一一月二三日、東京にて

白石昇

白石 昇（しらいし のぼる）
言語藝人。1969年5月1日長崎県西彼杵郡多良見町生まれ。
『抜塞』で第12回 日大文芸賞を受賞。
訳書にノート＝ウドム・テーパーニット『エロ本』、『gu123』。

津波
アンダマンの涙

初版第1刷発行 2009年2月28日

定価 1500円＋税

著者 白石 昇
装幀 水戸部 功
企画編集・本文組版 小形克宏（うさぱら有限会社）
発行者 桑原 晨
発行 株式会社 めこん
〒113-0033 東京都文京区本郷 3-7-1
電話：03-3815-1688
FAX：03-3815-1810
http://www.mekong-publishing.com
印刷・製本 モリモト印刷 株式会社

ISBN978-4-8396-0221-5 C0030 ¥1500E
3030-0902221-8347

パトンビーチ。